Introdução à Morfologia

Conselho Acadêmico
Ataliba Teixeira de Castilho
Carlos Eduardo Lins da Silva
Carlos Fico
Jaime Cordeiro
José Luiz Fiorin
Tania Regina de Luca

Proibida a reprodução total ou parcial em qualquer mídia
sem a autorização escrita da editora.
Os infratores estão sujeitos às penas da lei.

A Editora não é responsável pelo conteúdo deste livro.
A Autora conhece os fatos narrados, pelos quais é responsável,
assim como se responsabiliza pelos juízos emitidos.

Consulte nosso catálogo completo e últimos lançamentos em **www.editoracontexto.com.br**.

Maria Carlota Rosa

Introdução à Morfologia

Copyright © 2018 do Autor

Todos os direitos desta edição reservados à
Editora Contexto (Editora Pinsky Ltda.)

Capa
Antonio Kehl

Diagramação
Gustavo S. Vilas Boas

Preparação de textos
Lilian Aquino

Revisão
Ana Paula Luccisano

Dados Internacionais de Catalogação na Publicação (CIP)

Rosa, Maria Carlota
Introdução à morfologia / Maria Carlota Rosa. –
7. ed., 1ª reimpressão. – São Paulo : Contexto, 2025.
208 p.

Bibliografia
ISBN 978-85-520-0066-2

1. Morfologia 2. Língua portuguesa – Morfologia
3. Linguística I. Título

18-0970   CDD 415

Andreia de Almeida CRB-8/7889

Índices para catálogo sistemático:
1. Morfologia : Língua portuguesa

2025

Editora Contexto
Diretor editorial: *Jaime Pinsky*

Rua Dr. José Elias, 520 – Alto da Lapa
05083-030 – São Paulo – SP
PABX: (11) 3832 5838
contato@editoracontexto.com.br
www.editoracontexto.com.br

A todos os meus alunos.

Sumário

Prefácio à nova edição 11

Prefácio à primeira edição 13

Lista de Abreviaturas 15

Lista de Quadros 17

Lista de Figuras 19

PARTE 1
UM LUGAR PARA A MORFOLOGIA

Introdução 23

1. A palavra nos estudos linguísticos sem *morfologia* 27
   - 1.1 De *arte de letras* a uma disciplina 27
   - 1.2 O uso infinito de meios finitos: a palavra mínima e indivisível ... 34
   - 1.3 Um milênio de influência: Donato (320-380) e Prisciano (*fl.* 500) ... 36
   - 1.4 Quantas são as *partes do discurso*? 39
   - 1.5 A *palavra* ganha diferentes perspectivas 42
   - 1.6 A arquitetura gramatical 43
   - 1.7 Do ouvido para o olho 46
   - 1.8 A descrição amplia seu repertório: que *parte da oração* é essa? ... 48
   - 1.9 Um instantâneo de transição 51
   - 1.10 Uma explosão de línguas 53
   - 1.11 Comparando línguas 54

2. Morfologia: a criação de um novo termo científico.................................61
    2.1 A língua como organismo...61
    2.2 Biologia, evolução e linguagem...61
    2.3 A necessidade de designar um novo conceito na ciência...............64
    2.4 Schleicher: a *morfologia* nos estudos linguísticos..........................64
    2.5 Baudouin de Courtenay e o surgimento do *morfema*....................65
3. É necessário ter morfologia na gramática?...67
    3.1 Saussure: "a morfologia não tem objeto real e autônomo"............67
    3.2 A contra-argumentação de Câmara Jr. 70
    3.3 Uma tensão teórica ainda presente...71
4. O léxico...77
    4.1 Um lugar para a arbitrariedade..77
    4.2 Os significados de *léxico*...79
    4.3 Distinguindo *léxico* de *morfologia*: a produtividade.....................81
    4.4 Mais uma restrição à produtividade: o *bloqueio*...........................82

Para concluir...83

PARTE 2
O MORFEMA

Introdução..87
5. Três modelos de análise linguística...89
    5.1 A palavra no centro: o modelo *Palavra e Paradigma* (PP).............89
    5.2 O morfema no centro da análise: o modelo *Item e Arranjo* (IA)..92
    5.3 Uma tradição do Oriente: *Item e Processo* (IP).............................94
6. A definição clássica de *morfema*...95
    6.1 Os tipos de morfemas..96
        6.1.1 Morfema aditivo...97
        6.1.2 Morfema reduplicativo..99
        6.1.3 Morfema alternativo..101
        6.1.4 Morfema zero..101
        6.1.5 Morfema subtrativo...102
    6.2 O morfema é uma classe de morfes..103
    6.3 A alomorfia...104

6.4 A morfotática 106
6.5 A morfofonêmica 107
6.6 Alguns problemas para a análise morfêmica 108
    6.6.1 Os fonestemas ou elementos fonestéticos ou simbolismo fonético 109
    6.6.2 Os morfes supérfluos 109
    6.6.3 O morfe vazio 110
    6.6.4 O morfe cumulativo 110

7. Preparando o retorno da palavra 113
   7.1 O morfema na derivação 113
   7.2 A flexão: o abandono do morfema 115
   7.3 Um para um *vs.* um para muitos, muitos para um 116
   7.4 Morfemas, formativos, expoentes 117
   7.5 Morfologia baseada em morfemas e morfologia baseada em palavras 117

Para concluir 117

PARTE 3
A PALAVRA

Introdução 121

8. A palavra gráfica 123
9. A palavra fonológica 127
10. A palavra como unidade sintática mínima 131
11. A palavra como unidade da morfologia 133
   11.1 A forma de palavra 133
   11.2 O lexema 133
   11.3 A palavra morfossintática 134
12. Classes de palavras, tipos de significado e questões relacionadas 135
   12.1 Das *partes do discurso* às *classes de palavras* 135
   12.2 Há classes universais? 136
       12.2.1 O nome (N) e o verbo (V) 137
       12.2.2 O adjetivo (A) 138
       12.2.3 As interjeições 140

12.3 A classificação das palavras...140
    12.3.1 Quanto ao tipo de significado:
    palavra lexical e palavra funcional.......................................140
    12.3.2 Quanto à possibilidade de gerar vocabulário:
    classes abertas e classes fechadas..143

Para concluir..144

PARTE 4
AS SUBDIVISÕES DA MORFOLOGIA

Introdução..147

13. A flexão e a formação de palavras..149
    13.1 Flexão..149
        13.1.1 A questão do gênero do nome em português................152
        13.1.2 E a vogal temática? (Afinal, o que é uma vogal temática?)......156
    13.2 A formação de palavras...157

14. Flexão ou derivação?...161

15. Derivação ou composição?...165

16. Categorias e flexão...167
    16.1 A combinação de elementos semânticos...............................169
    16.2 Categorias e propriedades..170
    16.3 As categorias morfossintáticas...172
        16.3.1 Propriedades inerentes...172
        16.3.2 Propriedades de concordância..173
        16.3.3 Propriedades configuracionais ou relacionais..............174
        16.3.4 Propriedades de constituinte..175

Para concluir..178

Para discussão..179
Glossário..189
Referências bibliográficas...195
Índice de assuntos..205
A autora..207

Prefácio à nova edição

Este livro trata de morfologia e tem por objetivo ser um guia introdutório ao seu estudo. Introdutório para quem? Em princípio, para graduandos em cursos de Letras. Por esta razão, termos e conceitos são apresentados de modo a poderem ser compreendidos por estudantes que, nos anos iniciais do curso de Letras, podem estar sendo apresentados a diferentes orientações teóricas. Como é impossível estar a cavaleiro de todas as teorias, o pano de fundo é a visão lexicalista da morfologia gerativa.

Esta segunda edição recebeu o acréscimo de três partes. A primeira, *Um lugar para a morfologia*, expande significativamente a informação sobre a criação do termo *morfologia* que, na edição anterior, restringia-se ao étimo. Além do objetivo mais óbvio de procurar demonstrar por que os estudiosos sentiram necessidade de criar uma nova denominação para um campo de estudo da gramática, um dos objetivos dessa parte foi criar uma ponte com trabalhos relevantes do passado, em especial com o *Curso*, de Saussure, e com a obra de Câmara Jr. – o que levou a Varrão, citado em muitas de suas obras em razão dos conceitos de *derivatio naturalis* e *derivatio voluntaria*. O segundo acréscimo, *As subdivisões da morfologia*, reuniu e aprofundou questões que estavam dispersas na primeira edição. Esta é, basicamente, a razão da introdução de um *Glossário* muito breve nesta edição: reunir as definições que estavam dispersas em notas ao longo do texto. Em lugar dessas notas, agora um <G> maiúsculo e sobrescrito imediatamente após um termo indica que há informação sobre o termo no *Glossário*.

* * *

Gostaria de expressar meus agradecimentos a colegas que me deram sugestões, especialmente no tocante a traduções, ou aceitaram ler partes ainda iniciais desta revisão. São eles os professores Henrique Cairus, Tatiana Oliveira Ribeiro, Gean Nunes Damulakis, Álvaro Bragança Jr. e Diana Maul de Carvalho (todos da Universidade Federal do Rio de Janeiro – UFRJ), Kátia Abreu (Universidade do Estado do Rio de Janeiro – UERJ), Luiz Claudio Walker de Medeiros (Universidade Federal Rural do Rio de Janeiro – UFRRJ) e Paulo Osório (Universidade da Beira Interior, Portugal – UBI). Agradeço ainda a Stelamaris Domingos, agora ex-aluna, que conhece muitas palavras novas no português.

Rio de Janeiro, 14 de fevereiro de 2018

Prefácio à primeira edição

Este livro representa o resultado de vários anos de trabalho na UFRJ, nos cursos de graduação, e minha maneira de responder a muitas das inúmeras perguntas que meus alunos me têm feito ao longo dos semestres. As informações historiográficas que permeiam todo o trabalho refletem questões que me foram apresentadas em aula, que podiam envolver desde o número de classes (como "por que não são só as dez classes tradicionais?") até a nomenclatura empregada ("por que *substantivo* vira *nome* na aula de Linguística?").

Gostaria de expressar meus agradecimentos a várias pessoas, por comentários a partes do manuscrito e por ajudas variadas: agradeço a meus colegas de Grupo de Pesquisa, Jânia Ramos e Lorenzo Vitral, mas também a Luiz Antônio Marcuschi, Daniel Everett, Maria Cristina Altman, Marco Antônio de Oliveira, Humberto Menezes, Henrique Cairus, Álvaro Bragança Jr., Sonia Cyrino e, em especial, a Margarida Basílio, com quem aprendi a gostar de morfologia.

O CNPq propiciou o suporte financeiro, por meio de bolsa de produtividade em pesquisa (Processo 521811/97-0).

Rio de Janeiro, janeiro de 2000

Lista de Abreviaturas

1	Primeira Pessoa	N	Nome
2	Segunda Pessoa	NEG	Negação
3	Terceira Pessoa	NOM	Nominativo
4	Quarta Pessoa	NT	Neutro
A	Adjetivo	NPC	*Noun Phrase Constraint*
ADV	Advérbio	NUM	Número
AG	Agente	O	Objeto
AT	Ativo	PART	Particípio
BEN	Benefactivo	PAS	Passado
CI	Constituinte imediato	PESS	Pessoa
CL	Classe	PL	Plural
CLASS	Classificador	PP	Palavra e Paradigma
DAT	Dativo	PRES	Presente
DEF	Definido	S	Sujeito
ERG	Ergativo	SG	Singular
FEM	Feminino	SN	Sintagma nominal
FUT	Futuro	SUB	Subjuntivo
GEN	Genitivo	TRANS	Transitivo
IA	Item e Arranjo	TMA	Tempo-Modo-Aspecto
IMPER	Imperativo	VT	Vogal temática
IND	Indicativo		
INF	Infinitivo		** * **
IP	Item e Processo		
LIH	*Lexical Integrity Hypothesis*	c.p.	*comunicação pessoal*
MASC	Masculino	*fl.*	*floruit*

Lista de Quadros

Parte 1

Quadro 1.0   A introdução do termo *morfologia* em português
Quadro 1.1   A gramática é una? A questão da universalidade da linguagem
Quadro 1.2   Grécia: e o "certo e errado"?
Quadro 1.3   Grécia: o conceito de *gramática*
Quadro 1.4   A conjunção
Quadro 1.5   As unidades de análise na tradição greco-latina
Quadro 1.6   Uma tradição descritiva distinta: *raiz* na descrição do hebraico
Quadro 1.7   Sobre o tupinambá (Leite, 2000: 46)
Quadro 1.8   Hervás e a multidão de línguas
Quadro 1.9   William Jones (1786): a semelhança entre o sânscrito, o grego e o latim e a hipótese de uma protolíngua
Quadro 1.10   O conto de Schleicher
Quadro 1.11a   A comparação de línguas: *Bantu Notes and Vocabularies*, I, 536.
Quadro 1.11b   A comparação de línguas: *Polyglotta Africana Orientalis* ([1885]: 29; 65)
Quadro 1.12   O desapontamento com as *leis* na Ciência da Linguagem
Quadro 1.13   A estrutura interna da palavra ganha importância (Basílio, 2004: 73-4)
Quadro 1.14   A interferência da língua escrita na delimitação da palavra: Doke (1935: 11)
Quadro 1.15   Morfologia na gramática gerativa: hipóteses iniciais
Quadro 1.16   Gramática gerativa: alguns desdobramentos quanto à morfologia
Quadro 1.17   Em defesa do Lexicalismo (Fábregas e Scalise, 2012: 5)
Quadro 1.18   Morfologia e léxico: a hipótese lexicalista fraca
Quadro 1.19   Quando o que aconteceu não pode mais acontecer: Basílio (1987: 25)
Quadro 1.20   O termo *produtividade*: das gramáticas escolares para a teoria morfológica (Rosa e Abreu, no prelo)

Parte 2

Quadro 2.1   A formação prisciânica: exemplo
Quadro 2.2   O morfema no léxico
Quadro 2.3   Raiz, radical e base
Quadro 2.4   Unidades descontínuas
Quadro 2.5   Seis princípios para a identificação dos morfemas de uma língua (Nida, 1949)

Parte 3

Quadro 3.1 Um erro de leitura famoso
Quadro 3.2 As formas dependentes (Câmara Jr., 1972a: 59-60)
Quadro 3.3 Unidades fonológicas que parecem palavras
Quadro 3.4 Sobre nomenclatura

Parte 4

Quadro 4.1 Um problema também de terminologia quando se volta aos clássicos
Quadro 4.2 *Vaca* é feminino de *boi*?
Quadro 4.3 Um problema de terminologia
Quadro 4.4 Exemplos de categorias morfossintáticas em classes abertas

Lista de Figuras

Figura 1   Exemplo do modo predominantemente visual de entender a palavra
Figura 2   Exemplo de matriz de traços inerentes (Chomsky, 1975b: 169)
Figura 3   Exemplo de matriz de traços contextuais (Chomsky, 1975b: 181)

PARTE 1
UM LUGAR PARA A MORFOLOGIA

Introdução

> *No romance* Glos pana *[ed. em port. com o título* A voz do mestre – MCR*], de Stanislaw Lem, o matemático Prof. Hogarth descreve um projeto de pesquisa cuja tarefa era investigar um misterioso sinal vindo do espaço. Quando se juntou à equipe, pareceu-lhe óbvio que deveria primeiro de tudo estudar Linguística, mas logo começou a ter sérias dúvidas porque descobriu que nessa disciplina [...] científica não há qualquer acordo quanto aos conceitos mais elementares. Como é possível trabalhar nesta área, perguntava, quando as autoridades não podem nem mesmo alcançar unanimidade sobre temas básicos como o que exatamente são fonemas e morfemas?*
>
> (Mugdan, 1990: 49)

Este texto trata de morfologia e procura ser uma introdução ao seu estudo. Que entender por *morfologia*? Como no caso de muitos outros conceitos utilizados em Linguística, a resposta pode variar quando se precisa de mais informação que aquela na definição de um dicionário.

A consulta a um dos grandes dicionários de Língua Portuguesa nos dirá que o termo é relativamente recente (*vide Quadro 1.0*), que foi cunhado com os elementos de origem grega *morphḗ*, 'forma', e *logos*, 'estudo, tratado'. *Morfologia* significa, com base nos seus elementos de origem, o 'estudo da forma'. O dicionário também dirá que essa palavra tem diferentes acepções, uma delas específica dos estudos linguísticos. É uma primeira aproximação. Se passamos a um dicionário de Linguística, constataremos que ele poderá definir a morfologia:

- como o estudo "dos morfemas e sua estruturação no vocábulo (sintagma lexical)" (Câmara Jr., 1973b);
- como "o ramo da gramática que estuda a estrutura das palavras" (Crystal, 1992); ou ainda que
- a morfologia "lida com a correlação de forma e significado no interior da palavra" (Bauer, 2004: 1).

É um ponto de partida, mas quem começa a estudar Linguística descobrirá, aos poucos, que há questões de base (como a própria concepção de *linguagem* e de *língua*) que, não raro, dividem os linguistas e trazem muitas vezes à mente o prof. Hogarth, lembrado por Joachim Mugdan no excerto que abre este texto.

Embora haja divergências quanto à sua exata abrangência, parece haver um consenso entre os linguistas de que a morfologia está voltada para "as palavras, suas estruturas, suas diferenças e semelhanças" (Silva e Medeiros, 2016: 7). O que traz à mente uma pergunta na página inicial de uma obra já clássica: por que a morfologia ficou confinada tão estritamente às palavras? (Aronoff, 1994: 1). Uma hipótese ali levantada levou em conta o tipo de estudo linguístico que se fazia no século XIX e mesmo depois: em Saussure, por exemplo, a frase era *parole*, não *langue*.

A pergunta de Aronoff nos leva a começar esta introdução à morfologia com um panorama – seletivo e ligeiro, é certo – da tradição ocidental que nos legou grande parte da terminologia em uso nos estudos morfológicos. O panorama que se segue procura ilustrar: (a) a formação de um corpo de conhecimentos linguísticos para focalizar a palavra, na tradição gramatical greco-latina; e (b) a necessidade, num dado momento dos estudos linguísticos, de um termo novo, *morfologia*. Um passeio pela história dos estudos linguísticos permite perceber que o interesse dos estudiosos e a concepção que têm de seu campo de estudo podem ser bem diferentes ainda que contemporâneos. É estranho? Não, não é.

> O mundo das *aparências* (o mundo das coisas tal como se apresentam) é um mundo de diversidade: pouco ou nada há de comum na multiplicidade das coisas individuais, que parecem diferir radicalmente umas das outras. As ciências, assim como outras espécies de saber, fazem *reduções parciais* da diversidade, isto é, recortam o campo da diversidade observacional de maneiras que lhes parecem apropriadas para o tipo de entidades e de explicações que lhes são preferenciais. (Dascal e Borges Neto, 1991: 17 – ênfase no original).

Isto significa que cada teoria "delimita uma certa 'região' da realidade como seu objeto de estudos" (Dascal e Borges Neto, 1991: 18). "Um erro comum" – e citamos mais uma vez Dascal e Borges Neto (1991: 19) – "é supor que as divisões da ciência correspondem a divisões naturais da realidade. [...] O loteamento do observacional é resultado de um trabalho humano sobre a realidade e, em consequência, já é um primeiro momento de teorização". *Morfologia* é um termo que não tem a mesma realidade de uma pedra ou de uma árvore: pressupõe determinado modo de se conceber o que sejam linguagem e língua, e somente como parte desse quadro mais amplo – isto é, de uma teoria – é que podemos compreender que tipo de estudo está sendo levado em conta. Até mesmo se precisamos de ter na gramática algo que chamemos *morfologia*. É este o ponto que procuramos ilustrar nesta primeira parte.

A perspectiva aqui adotada é a da gramática gerativa. Conhecida inicialmente como gramática gerativo-transformacional, desenvolveu-se a partir dos trabalhos do linguista norte-americano Noam Chomsky (n. 1928). Por conseguinte, é uma perspectiva *formalista* e não *funcionalista*. Que vem a ser isto?

O *formalismo* é um modo de focalizar a descrição gramatical cuja ênfase recai na *forma* ou estrutura gramatical – não nas funções dessas formas. *Formalismo*, muitas vezes, se confunde com o uso de *formalização*, i.e., com o emprego de "formulações totalmente explícitas que captem a intuição acerca da estrutura linguística em termos que requeiram tão pouco quanto possível [...] a contribuição [...] de um leitor compreensivo" (Anderson, 1996: 1). Segundo Chomsky, "há quem considere a formalização importante", mas, afirma, não é o caso dele.[1] Ao classificar o enfoque adotado como formalista, estamos dizendo que estão fora do âmbito deste trabalho aspectos relevantes para a pesquisa sobre o funcionamento de uma língua, como, por exemplo, o conhecimento que os membros de uma comunidade têm das regras que tornam o uso linguístico adequado às diferentes situações sociais.

No âmbito de uma perspectiva formalista na atualidade, as questões de interesse dizem respeito à interação entre a morfologia e o restante da gramática e também entre ela e o léxico. Qual a unidade básica de estudo na morfologia? O que implica perguntar: que tipo de estrutura as palavras têm? Como essa estrutura está relacionada à gramática e ao léxico? Como essa estrutura reflete a relação entre palavras?

Parte dessas questões não foi levantada por estudiosos de algumas épocas, ao passo que outras tiveram respostas bem diferentes, como veremos adiante.

---

[1] Chomsky (1999, c. p.): "There are people who think that formalization is important; I don't, for reasons I've explained. We all think that clarity is important." [Há quem pense que a formalização é importante; eu não, por razões que já expliquei. Todos pensamos que a clareza é importante.]

Quadro 1.0 – A introdução do termo *morfologia* em português

Resultante da combinação de dois elementos de origem grega, *morphé*, 'forma', e *lógos*, 'estudo, tratado', *morfologia* entra no português vinda do francês *morphologie*, por sua vez tomada do alemão *Morphologie*, criação do naturalista e escritor Johann Wolfgang von Goethe (1749-1832) em 1796 no âmbito da Biologia.

A entrada da palavra *morfologia* em português é, portanto, relativamente recente. De acordo com o dicionarista José Pedro Machado (1914-2005), a primeira atestação num dicionário de português data de 1873; já o *Dicionário Houaiss* recua em 15 anos a primeira atestação, para 1858. A primeira data remete ao *Grande Diccionario Portuguez ou Thesouro da Lingua Portugueza*, de Fr. Domingos Vieira (1775-1857), publicado no Porto nesse ano; por sua vez, 1858 é o ano da publicação da sexta edição do *Diccionario da lingua portuguesa*, de Antonio de Moraes Silva (1755-1824).[2] No entanto, ambas as obras, ainda que contassem com um verbete para *morfologia*, nele não incluíram uma acepção referente aos estudos linguísticos. *Morfologia* é em Vieira a "*Historia das fórmas que póde tomar a matéria*" (Vieira, 1873: IV). Já o ano de 1858 é anterior ao emprego pioneiro do termo nos estudos linguísticos por August Schleicher (1821-1868).

Somente em 1881 o *Diccionario contemporaneo da lingua portugueza*, de Caldas Aulete (1826-1878), incluirá no verbete várias acepções, a segunda e a terceira com a rubrica Ling: *"(Ling.) A formação das palavras; as diversas transformações por que ellas podem passar ou na mesma lingua ou na transição de uma lingua para outra: Ora está hoje demonstrado á evidencia que a* **morphologia** *da nossa lingua é apenas uma variação no typo da latina (Lat. Coelho) || O estudo da formação e da transformação das palavras*".

---

[2] Agradeço a informação sobre as obras a que as datas remetem ao prof. Luiz Claudio Walker de Medeiros (UFRRJ).

A palavra nos estudos linguísticos sem *morfologia*

Há cerca de século e meio – desde 1859 –, os estudos linguísticos contam com a palavra *morfologia*. Mas e antes de 1859? Como podia haver uma gramática sem *morfologia*?

Não existia a palavra *morfologia*, mas isso não significou: (a) que temas que focalizaríamos atualmente sob esse rótulo não pudessem ser objeto de interesse e análise; nem (b) que as questões que podem ser centrais num dado momento e para um dado grupo de estudiosos tenham de ser centrais sempre e para todos.

1.1 DE *ARTE DE LETRAS* A UMA DISCIPLINA

A criação do alfabeto grego (como de qualquer outro sistema de escrita) teve por base uma análise linguística (Daniels, 2013: 54). Distinguiu-se a voz humana da voz animal: diferentemente desta, a voz humana era *articulada* (gr. *phōnē engrammatos*), isto é, 'representável por letras'. A necessidade de ensinar a combinar adequadamente as letras levou ao desenvolvimento de uma *arte* (gr. *tékhnē*), termo então empregado para designar um gênero textual com fins didáticos, que se pode supor contivesse o "alfabeto, rudimentos de fonética, exercícios para leitura em voz alta, especialmente textos metrificados" (Lallot, 2006: 598).[3]

Essa arte específica que tratava da *letra* (gr. *grámma, -atos*)[4] e sua combinação era chamada *arte de gramática* (gr. *tékhnē grammatikḗ*, lat. *ars grammatica*). É com esse significado voltado para o conhecimento das letras que encontramos a expressão *arte de gramática* em Platão (*Sofista,* 253a), em Aristóteles (*Tópicos, VI,* 8)... em outras palavras, em autores do *período clássico*.[5] Um exemplo desse uso:

---

[3] Lallot assume que os métodos de ensino não deveriam ser, então, muito diferentes do material mais antigo que nos chegou, que data do século v.

[4] Além de *grámma* e *littera*, gregos e latinos tinham uma outra palavra para o que traduzimos como *letra*: gr. *stoikheîon,* lat. *elementum*. Este equivalia ao som da fala (por exemplo, em Aristóteles, *Metafísica,* v, 1014a), enquanto aquele referia a representação na escrita desse elemento, embora nem sempre a distinção fosse feita, o que foi criticado por gramáticos da época (Rosa, 2017).

[5] Costuma receber essa denominação o período que vai desde começo do conflito com a Pérsia até a ascensão da Macedônia, isto é, séculos vi a iv a.C.

Estrangeiro
Agora, todos sabem que letras combinar com quais outras? Ou aquele que pretender combiná-las apropriadamente tem a necessidade de uma arte?

Teeteto
Tem a necessidade de uma arte.

Estrangeiro
Que arte?

Teeteto
A arte de gramática.

(Platão, *Sofista*, 253a)

Ainda na Antiguidade, o estudo da combinação apropriada das letras passaria a ser referido como "a velha gramática", e os gregos criaram para ela a palavra *gramatística* (*grammatistikḗ*). A distinção entre a velha acepção e a nova continuaria familiar e era ainda encontrada bem depois, como neste pequeno trecho de Sexto Empírico (*ca.* séc. II-III):

> [...] a "Gramática" é dupla, uma delas professando ensinar os elementos do alfabeto e suas combinações, e, em geral, sendo uma arte de escrever e ler, e a outra, por sua vez, sendo uma faculdade mais profunda que a primeira, e não consistindo em mero conhecimento das letras, mas também no exame detalhado de sua descoberta e sua natureza, e, ainda, das partes do discurso compostas pelas letras e todos os outros temas do mesmo tipo. (Sexto Empírico, *Contra os gramáticos*, 2, 49)

ou mesmo séculos mais tarde, no registro que o português João de Barros (1496-1570) nos deixou:

> GRAMMATICA, E uocabulo Grego: quer dizer, çiença de leteras. E segundo a difinçám que lhe os Grãmáticos dẹram: ẹ hũ módo çerto e iusto de falár, & escreuer, colheito do uso, e autoridáde dos barões doutos. Nós podemos lhe chamár artefíçio de paláuras póstas ẽ seus naturáes lugáres: pera que mediãte ellas, assy na fála como na escritura, uenhamos em conhiçimento das tenções alheas. Por que bem assy emtram as leteras pela uista, como as paláuras pelos ouuidos: instrumento comque o nósso intendimẽto reçebe as mais das cousas. (Barros, 1540, fl. 2-2v)

Paralelamente à velha *arte de gramática* se desenvolvia a visão de linguagem não como objeto de estudo em si próprio, mas como instrumento na busca da verdade. É na Filosofia onde encontramos inicialmente o estabelecimento de um vocabulário para falar da linguagem. Um exemplo. Em *Sobre a interpretação* (16a), Aristóteles (384-322 a.C.) focaliza as proposições e nesse contexto define, por exemplo, o *nome* (*ónoma*): é uma voz (*phōnē*) com significado por convenção, sem referência a tempo, cujas partes, em isolado, não têm significado. Embora fale de uma classe de palavras, de sua impossibilidade de expressar tempo gramaticalmente, de sua estrutura interna – como em descrições atuais do nome –, não é a descrição do grego que está em jogo, mas o que é potencialmente verdadeiro ou falso: o nome *homem* (entenda-se 'no nominativo'), por exemplo, sem mais nada, não é verdadeiro nem falso. Precisa de fazer parte de uma proposição, isto é, de uma construção declarativa em que é predicado (*o homem é cego*, por exemplo). *Predicar*, nesse sentido, era colocar *tempo*, marcado no verbo (gr. *rhẽma*), que sinalizava o que se diz de outra coisa, pertencente ao sujeito ou contida no sujeito (Aristóteles, *Sobre a interpretação*, 16b).

Da busca em distinguir verdadeiro de falso surgem outros conceitos que se tornariam caros à análise linguística; por exemplo, a noção de *caso do nome*, conjunto de variações na forma do nome na dependência de sua função sintática numa estrutura oracional. *De Fílon* (no grego, a forma de genitivo singular Φίλωνος), ou *para Fílon* (no grego, a forma de dativo singular Φίλωνι) – em grego, portanto, formas diferentes que o antropônimo *Fílon* pode tomar na oração – se combinadas com *é, foi* ou *será* nada dizem sobre a verdade (Aristóteles, *Sobre a interpretação*, 16b). Dito de outro modo: o *nominativo* (que marca a função *sujeito*) é *ónoma*, porque pode ser predicado; as demais formas não são *ónoma*, mas *casos* desse nome – não têm verdade nelas. Não é a descrição do grego que está em jogo, é certo, mas características dessa língua começariam a ser compreendidas como universais, o que a similaridade morfossintática do latim com essa língua viria a reforçar (ver Quadro 1.1).

Quadro 1.1 – A gramática é una? A questão da universalidade da linguagem

Para a Antiguidade Clássica, que classificou como bárbaras quaisquer línguas que não o latim ou o grego, a questão da universalidade da linguagem (isto é, a hipótese de que todas as línguas compartilharam traços, que por isso seriam universais) foi uma questão que não recebeu maior importância, embora seja possível encontrar comentários sobre propriedades das línguas de todos os homens, como em Varrão, VIII, 3 (*seção 1.2*).

A questão ganharia corpo na Idade Média do confronto do latim com os vernáculos de um Império Romano que se desmantelava. Trentman (1976: 285) coloca nas palavras de Santo Agostinho (354-430 d.C.) o resumo da visão medieval sobre a linguagem: haveria uma linguagem do conhecimento comum a todos os homens, "*que não era nem grego nem latim, nem uma língua natural nem nacional, mas universal para todas as línguas e para todo o conhecimento*" (Agostinho, *De Trinitate*, XV, 10, apud Trentman, 1976: 285). Essa linguagem do conhecimento diferia das línguas humanas particulares, que necessitam de algum tipo de expressão física, seja som, seja letra.

Os ensinamentos bíblicos afirmavam ter havido "*hũa sô lingua quando a razão era mais unida*" (Reboredo, 1619: b4verso). Nesse mundo impregnado de religiosidade, a linguagem é um dom divino, distribuído a todos os homens, até mesmo em seu aspecto prescritivo, captado nesta frase de Carlos Magno (742-814): "*aqueles a que apetece agradar a Deus devem também agradá-lo não negligenciando o falar correto*" (Luitpold Wallach, apud Amsler, 1989: 175-6).

O contato com as línguas do Novo Mundo em consequência dos Descobrimentos intensificaria a especulação acerca de o quanto as línguas podiam ser semelhantes. A hipótese de uma gramática universal se manifesta, por exemplo, neste trecho do gramático português Amaro de Reboredo (1619: c2verso):

> *O Mestre, que quiser meter em outras linguas o Discipulo [...], como na Italiana, Francesa, Grega, Hebrea &c. Ensine nella a declinar, & cõjugar, ajuntãdo as irregularidades a hũa partes [...] em lugar dos exemplos Latinos [...] meta, como fica ditto, os da lingua que quer ensinar.*

No século xx, a Linguística estrutural partiu da hipótese de que "*as línguas podem diferir entre si sem limites e de modos imprevisíveis*" (Joos, 1966 [1957]: 96), uma vez que aprender uma língua era formar hábitos por meio de mecanismos de imitação. O interesse e a relevância em se pesquisar uma gramática universal inexistem nesse período. Como afirmaria Bloomfield (1984 [1933]: 20), as únicas "*generalizações úteis acerca das línguas são as generalizações indutivas. Traços que pensamos que deveriam ser universais*" – e Bloomfield dá como exemplo a distinção entre o nome e o verbo – "*podem estar ausentes na primeira língua que se vier a estudar*". No entanto, deve haver uma explicação de por que alguns traços são comuns a muitas línguas, mas isto, segundo Bloomfield, seria uma pesquisa para uma época futura: "*quando tivermos dados adequados sobre muitas línguas, teremos de retornar ao problema da gramática geral e explicar essas semelhanças e divergências, mas esse estudo, quando for feito, não será especulativo, mas indutivo*" (Bloomfield,1984 [1933]: 20).

Em meados do século xx, com a gramática gerativa, a hipótese da universalidade voltaria a ser retomada na atualidade, embora em bases diferentes.

Tinham outro viés, portanto, diferente do que nos habituamos a ver nos estudos linguísticos na atualidade, observações que parecem demonstrar interesse pela estrutura da palavra. Um exemplo. Antropônimos gregos como *Kállippos*, *Hippokrátes*, *Phílippos* têm na sua estrutura a forma *híppos*, 'cavalo'. Para Aristóteles, ela nada significa num antropônimo como *Kállippos*, por exemplo, diferentemente do emprego de *híppos* numa construção como *Kalòs híppos,* 'belo cavalo'. O requisito de que nenhuma parte de *ónoma* pode ser significativa em si derivava da estipulação de que *ónoma* significa *por convenção* (κατὰ συνθήκην);[6] afinal, não se evocam cavalos ao nomear *Cálipo*, *Filipe* ou *Hipócrates*.

---

[6] Agradeço esta observação aos professores Henrique Cairus e Tatiana Ribeiro (UFRJ).

Remonta ao século II a.C., provavelmente, a primeira gramática ocidental de que se tem notícia, a *Tékhnē* ou *Arte*, de Dionísio da Trácia. O que dela chegou até nós é um texto de pouquíssimas páginas com cerca de 4.500 palavras (Lallot, 2006: 599).[7] Não era mais a velha *tékhnē grammatikḗ* apenas, indispensável para o aprendizado da leitura e da escrita; já tinha tomado outro vulto: conhecimento prático para a apreciação da literatura.[8] Ainda se apresentava sem caráter prescritivo (vide adiante Quadro 1.2):

> Gramática é a perícia no que o mais das vezes se diz nos poetas e também nos prosadores. As partes dela, por sua vez, são seis: a primeira, a versada leitura com relação à acentuação; a segunda, a explicação com relação aos tropos poéticos presentes [no que se diz]; a terceira, a exposição corrente de palavras estranhas e também de histórias; a quarta, a descoberta da etimologia; a quinta, a demonstração da analogia; a sexta, o julgamento dos poemas, a qual de fato é a mais bela das que há na arte [gramatical]. (Dionísio da Trácia, 1, ed. Martinho, 2007)

A *Tékhnē* de Dionísio resume esse conhecimento prático, definindo cada conceito e mostrando suas partes constitutivas. Seus 20 capítulos focalizam: (a) a leitura em voz alta, levando em conta o gênero do texto, a modulação da voz, a interpretação da pontuação (capítulos de 1 a 5); (b) a leitura e a escrita, levando em conta o alfabeto e as quantidades de vogais e sílabas (capítulos de 6 a 10); e (c) a palavra, a oração e suas oito partes (capítulo 11) e cada uma destas: *nome* (capítulo 12), *verbo* (capítulo 13) e conjugação (capítulo 14), *particípio* (capítulo 15), *artigo* (capítulo 16), *pronome* (capítulo 17), *preposição* (capítulo 18), *advérbio* (capítulo 19) e *conjunção* (capítulo 20). Por isso, para Lallot (2006: 599), a *Tékhnē* de Dionísio Trácio pode ser caracterizada como um *compendium*, uma vez que reúne os fundamentos da disciplina e apresenta ao leitor a terminologia técnica da área. Nessa obra estão cerca de 150 termos técnicos que chegariam aos dias atuais (Taylor, 1995: 86).

Dentre esses termos, lá está *palavra* (*léxis*), definida como a menor parte da oração (*lógos*). Robins (1979: 92) apontará essa definição como sinal de Dionísio ter compreendido a gramática em dois níveis, ou essa definição poderia ser aplicada à letra.

---

[7] A *Arte* de Dionísio da Trácia é conhecida através de manuscritos bem posteriores à época em que teria sido escrita, os mais antigos remontando ao século X, sobre traduções para o armênio ou para o siríaco feitas em torno do século V (Lallot, 2003: 13).

[8] Com as mortes de Alexandre, o Grande (323 a.C.), e de Aristóteles (322 a.C.), costuma-se assinalar o fim do *período clássico* e considerar que tinha início o *período helenístico*, marcado pela difusão da cultura grega para não gregos, que se estenderia até a conquista do Egito por Roma (31 a.C.) e a supremacia política do Império Romano.

Quadro 1.2 – Grécia: e o "certo e errado"?

Inicialmente ausente da gramática, a questão da correção ganharia força em torno do século I da nossa era, final do período helenístico.
Para Amsler (1989: 16-7), no período helenístico, os gramáticos se tornavam os garantidores do uso correto e da verdade textual, que refletia o uso da *idade de ouro* grega, especialmente Homero.
Em Roma, a questão da correção toma a forma de preservação da *latinitas*: daí a preocupação com a pronúncia, a ortografia, os paradigmas, as classes de palavras e a sintaxe (Amsler, 1989: 25). A questão da correção já é clara em Quintiliano (35-100), ao dividir a gramática em *metódica*, sobre o falar correto, e em *histórica*, a explicação dos autores (Quintiliano, *Instituição Oratória*, I, ix, 1-2).

Embora uma formação com elementos de origem grega, a palavra *morfologia* não vem da Antiguidade. Dionísio menciona *etimologia* e Quintiliano discute sua denominação:

> A etimologia, que investiga a origem das palavras, foi chamada *notatio* ('notação', 'exame', 'escolha'), porque sua designação é encontrada em Aristóteles como σύμβολον ['sýmbolon'], que em latim é *nota*. Em verdade, a tradução exata dessa palavra, que é *veriloquium*, o próprio Cícero, que a criou, mostra receio de usá-la. Outros, mais fixados no conteúdo da palavra, a denominam *originatio*.
> A etimologia é indispensável toda vez que o assunto de que se trata necessita de interpretação [...] (Quintiliano, *Instituição Oratória*, I, VI, 28-9)[9],[10]

A etimologia, no período helenístico, podia ser compreendida como:

> [...] a estratégia textual pela qual a língua original perdida é recuperada num texto cujas formas foram obscurecidas pelas incrustações do tempo e da mudança linguística. O discurso etimológico se constitui na autoridade pedagógica através da qual o gramático se coloca diante do texto literário e extrai seu significado pela aplicação de sua *expertise* profissional. (Amsler, 1989: 17)

Durante o período helenístico, com os gramáticos alexandrinos (dos quais Dionísio é o representante mais famoso), a etimologia passa a buscar a palavra literária apropriada, restaurando, através de emendas, a pureza ática da literatura do passado (Amsler, 1989: 23).

---

[9] A etimologia não estava livre de críticas: "imaginações errôneas deslizam para enganos detestáveis", advertia Quintiliano (*Instituição Oratória*, I, 6,32), embora acrescentasse depois de Varrão todos mereciam condescendência (Quintiliano, *Instituição Oratória*, I, 6,37). A má fama da etimologia se acentuaria com o tempo. Atribui-se ao filósofo francês Voltaire (1694-1778) a frase: "*L'étymologie est une science où les voyelles ne font rien, et les consonnes fort peu de chose*" [A etimologia é uma ciência onde as vogais não fazem nada e as consoantes fazem pouco] (mas vejam-se as postagens do prof. Kevin Tuite, da Universidade de Montreal, na Linguist List, datadas de 5 e de 11 de agosto de 2002, sobre a autoria dessa frase).

[10] A manipulação permitia alterar letras, sílabas e durações (Quintiliano, *Instituição Oratória*, I, VI, 32).

A palavra nos estudos linguísticos sem *morfologia* 33

Quadro 1.3 – Grécia: o conceito de *gramática*

Período		Significado de gramática	Alguns autores
Clássico	VI-IV a.C. (500-336 a.C.)	**Arte que trata das letras e da pronúncia** "*se definiu a 'gramática' como o 'conhecimento de como escrever sob ditado': pois devia dizer que é também o conhecimento de como se deve ler. Pois, ao apresentá-la como o 'conhecimento da escrita', ele não a definiu melhor do que se tivesse dito que era o 'conhecimento da leitura': com efeito, nenhuma das duas definições consegue o seu fim, mas somente aquela que menciona ambas essas coisas, visto ser impossível haver mais de uma definição da mesma coisa*". (Aristóteles, *Topica*, 6:5)	Platão, Aristóteles, Hipócrates
Helenístico	IV a.C. – V d.C. (336-146 a.C.)	**Estudo de língua e literatura** "*Gramática é a perícia no que o mais das vezes se diz nos poetas e também nos prosadores. As partes dela, por sua vez, são seis: a primeira, a versada leitura com relação à acentuação; a segunda, a explicação com relação aos tropos poéticos presentes [no que se diz]; a terceira, a exposição corrente de palavras estranhas e também de histórias; a quarta, a descoberta da etimologia; a quinta, a demonstração da analogia; a sexta, o julgamento dos poemas, a qual de fato é a mais bela das que há na arte [gramatical].*" (Dionísio da Trácia, 1) "*tendo em vista que a 'Gramática' é dupla, uma delas professando ensinar os elementos do alfabeto e suas combinações, e, em geral, sendo uma arte de escrever e ler, e a outra, por sua vez, sendo uma faculdade mais profunda que a primeira, e não consistindo em mero conhecimento das letras, mas também no exame detalhado de sua descoberta e sua natureza, e, ainda, das partes do discurso compostas pelas letras e todos os outros temas do mesmo tipo, não é nossa intenção argumentar contra a primeira*" (Sexto Empírico, *Contra os gramáticos*, 2, 49)	Alexandrinos (ex.: Dionísio da Trácia); Estoicos (ex.: Diógenes da Babilônia, Diógenes Laércio), Sexto Empírico

Por volta do século I a. C., a *arte de gramática* é uma disciplina autônoma (Taylor, 1995: 87; Luhtala, 2005: 67), com metalinguagem e níveis linguísticos estabelecidos. Já é, então, possível discutir diferentes propostas de análise, como "quantas e quais são as partes do discurso", como fez Quintiliano na *Instituição Oratória*:

> Pois os Antigos, entre os quais estão Aristóteles e Teodectes, legaram apenas os verbos, os nomes e as conjunções (*convinctiones*), é claro que consideraram estar nos verbos o essencial do discurso, nos nomes a matéria [...] e nas conjunções, a ligação deles. [...] Aos poucos, o número delas tem sido aumentado pelos filósofos, sobretudo estoicos: primeiramente foram acrescentados os artigos e depois as preposições, aos nomes juntou-se a apelação, depois o pronome, em seguida o particípio ligado ao verbo e os advérbios ao próprio verbo. Nossa língua não tem necessidade de artigos, cujas funções são exercidas por outras partes do discurso, mas também se somou às anteriores a interjeição. (Quintiliano, *Instituição Oratória*, I, 4,17-9)

1.2 O USO INFINITO DE MEIOS FINITOS: A PALAVRA MÍNIMA E INDIVISÍVEL

Por volta do século I a.C. em Roma, Marco Terêncio Varrão (116 a.C.-27 a.C.)[11] definia a palavra (lat. *verbum*) como a parte da oração mínima e indivisível.[12] Esses átomos linguísticos, para Varrão, eram em número finito, mas a língua, ao combiná-los, criava resultados infinitos – e para Taylor (1974: 10), Varrão procurou explicar esse paradoxo em *De Lingua Latina*, propondo três níveis na teoria gramatical: a criação de palavras (ou imposição), a flexão e a sintaxe:

> Uma vez que a fala é por natureza tripartite [...] – sua primeira parte é como os nomes foram impostos às coisas; sua segunda, em que modo os derivados desses nomes chegaram a se diferenciar; a terceira, como as palavras, combinadas, produzem uma sentença [...]. (Varrão, *De Lingua Latina*, VIII, 1)[13]

Taylor (1974: 12) ressalta que, para Varrão, a *declinatio* é o princípio universal[14] que permite à língua criar um número infinito de entidades a partir de um número finito de elementos. Os dois primeiros níveis da análise de Varrão assinalavam

---

[11] *De Lingua Latina* foi composta entre 47-45 a.C. e era constituída de 25 livros. Deles apenas os livros 5 a 10 chegaram aos dias atuais.

[12] *De Lingua Latina*, X, 77: "*Verbum dico orationis vocalis partem quae sit indivisa et minima*" [Digo que a palavra é a parte indivisível e mínima da oração falada].

[13] "*Quom oratio natura tripertita esset,* [...] *cuius prima pars, quemadmodum vocabula rebus essent imposita, secunda, quo pacto de his declinata in discrimina ierint, tertia, ut ea inter se ratione coniuncta sententiam efferant* [...]".

[14] *De Lingua Latina*, VIII, 3: "*Declinatio inducta in sermones non solum Latinos, sed omnium hominem*" [A *declinatio* foi introduzida não apenas na língua dos latinos, mas também de todos os homens].

que a mudança nas palavras podia ser de dois tipos:[15] de tipo arbitrário (*declinatio voluntaria*), sobre a formação de palavras; e de tipo natural (*declinatio naturalis*), sobre a morfologia flexional (Varrão, VIII, 21-3). E exemplificava: Rômulo impôs o nome *Roma* à cidade (*declinatio voluntaria*), mas, aceito o nome, ninguém precisava de perguntar a ele como decliná-lo (*declinatio naturalis*).[16] A imposição do nome se fazia no nominativo (o *caso reto*)[17] – que é independente da oração; os demais casos (os *casos oblíquos*) se seguiriam naturalmente (Varrão, VIII, 7).

À *declinatio voluntaria* Varrão associou *impositio, voluntas, inconstantia, historia, consuetudo, anomalia* – i.e., assinalou o caráter arbitrário da língua; à *declinatio naturalis* associou *natura, constantia, ars, ratio, analogia* – i.e., assinalou o caráter sistemático da flexão (Taylor, 1974: 23; 35). O tratamento gramatical de cada tipo de *declinatio* deveria ser diferente. A *declinatio voluntaria,* assistemática e arbitrária, precisava de uma narrativa histórica[18] – a *etimologia*, em que cada resultado é independente e não participa de um sistema (Taylor, 1974: 60n23); a *declinatio naturalis*, com sua sistematicidade, precisava de uma *ars*, ou método sistemático de descrição (Varrão, VIII, 6).

O objetivo do estudo da *declinatio naturalis* é o estabelecimento de conjuntos de *paradigmas*, isto é, a classificação de palavras em acordo com a semelhança entre elas. Para extrair semelhanças era necessário tomar as palavras que podiam ser flexionadas e subdividi-las inicialmente em quatro grupos, comparando dentro de cada grupo (Varrão, X, 17): (a) as que têm caso, mas não têm tempo; (b) as que têm tempo, mas não caso; (c) as que têm tempo e caso; (d) as que nem têm tempo nem caso. A classificação dependia de dois critérios de estabelecimento de semelhanças (Taylor, 1974: 79): a semelhança fônica (*materiae figura,* 'a figura da matéria') e a semelhança morfológica (*verborum materia,* 'a matéria das palavras'). A *materia* dizia respeito a categorias e traços que caracterizam cada palavra flexional (Taylor, 1974: 118-9), ao passo que a *figura* seria sua forma externa, em termos de sons ou letras da *terminação* (lat. *exitus*).

---

[15] *De Lingua Latina,* VIII, 21: "*Declinationum genera sunt duo, voluntarium et naturale*".

[16] *De Lingua Latina,* X, 15: "*Voluntatem appello, cum unus quivis a nomine aliae <rei> imponit nomen, ut Romulus Romae; naturam digo, cum universi acceptum nomen ab eo qui imposuit non requirimus quemadmodum is velit declinari, sed ipsi declinamus, ut huius Romae, hanc Romam, hac Roma*" [Chamo *vontade* quando alguém impõe um nome a algo, como Rômulo a Roma; chamo *natureza* quando, aceito um nome, não perguntamos a quem o impôs como quer que o declinemos, mas nós mesmos o declinamos: *Romae* (genitivo), *Romam* (acusativo), *Roma* (ablativo)].

[17] A declinação do nome na Antiguidade parece estar associada à imagem do quadrante superior direito do círculo: o raio vertical é o *caso reto*; os demais raios são *oblíquos*. Essa imagem estaria na base da denominação grega para caso, *ptôsis*, derivada do verbo *píptō*, 'cair', e da denominação latina *casus*, de *cadere*, 'cair'. Ver Thorp (1989).

[18] Taylor (1974: 38) discute o significado de *historia* em Varrão, defendendo que o termo se refere ao tratamento da natureza assistemática e arbitrária da língua representado na *declinatio voluntaria*: *historia* seria a listagem do comportamento linguístico idiossincrático. Nenhuma *arte* seria possível no caso da imposição dos nomes.

1.3 UM MILÊNIO DE INFLUÊNCIA: DONATO (320-380) E PRISCIANO (FL. 500)

Donato, que foi professor de São Jerônimo, escreveu as duas gramáticas mais famosas do mundo romano (Law, 2003: 65): a *Ars Minor* e a *Ars Maior*.[19] Dedicaremos espaço à primeira. O contato com essa pequena obra nos traz à mente (e permite compreender de imediato) a observação de Câmara Jr. (1904-1970) de que gregos e latinos nos legaram uma gramática baseada no vocábulo.

A *Ars Minor*, originariamente voltada para crianças, foi a gramática elementar padrão por cerca de um milênio (Bland, 1991: 22) – em outras palavras, ainda era referência no século XVI. Organizada em perguntas e respostas (tradição didática da Antiguidade que atravessaria a Idade Média), a *Ars Minor* focalizou as oito partes do discurso e sua morfologia. O início do texto, ou seja, a primeira pergunta – "quantas são as partes?" – já deixa claro que há apenas uma resposta correta. São oito; em seguida, enumera as partes: *nome, pronome, verbo, advérbio, particípio, conjunção, preposição, interjeição*.

> *partes orationis quot sunt?* octo.
>
> *quae?* nomen pronomen uerbum aduerbium participium coniunctio praepositio interiecto.

A discussão quanto à divergência entre autores no tocante ao número de classes não tem lugar nessa gramática elementar.[20] Cada classe é então focalizada, na ordem presente na enumeração, pelo mesmo método dialogado, apresentada inicialmente a definição. Para o nome, por exemplo:

> *nomen quid est?* pars orationis cum casu corpus aut rem proprie communiterue significans.
>
> [Que é o nome? É a parte da oração com caso que significa o concreto[21] ou o abstrato (corpus aut rem), que é próprio ou comum.]

---

[19] A *Ars Maior* foi fonte para interpolações de exemplos e perguntas na transmissão da *Ars Minor* ao longo do tempo. Contava com três livros, que dividiam a matéria gramatical do seguinte modo: I – *uox, littera, syllaba, pedes, toni, positurae*; II – *partes orationes, nomen, pronomen, uerbum, aduerbium, participium, coniunctio, praepositio, interiectio*; III – *barbarismos, soloecismus, cetera uitia, metaplasmos, schemata, tropi*.

[20] Mas tem lugar na *Ars Maior*: "Multi plures, multi pauciores partes orationis putant' [Muitos contam mais partes da oração, muitos contam menos – ed. Keil, IV, 372].

[21] A explicação para se entender *corpo ou coisa* (*corpus aut rem*) ficou registrada em *comentaristas*, por exemplo, em Servius (ed. Keil, IV, 406): "*corporale autem nomen vel incorporale grammatici ita definierunt, ut corporale sit quidquid videtur et tangitur, ut lapis, incorporale quod nec videtur nec tangitur, ut pietas*" [na verdade os gramáticos definiram o nome em *corpóreo* ou *incorpóreo*; corpóreo aquilo que pode ser visto ou tocado, como *a pedra*, e incorpóreo aquilo que nem pode ser visto nem tocado, como *a piedade*]. Para a transmissão de *corpus aut rem*, Grondeux (2003).

Em seguida, os *acidentes* – e *Accidens* se tornaria na Idade Média uma forma de referência alternativa para a *Ars Minor*. Assim, à definição da classe gramatical seguia-se a pergunta "*quot accidunt?*" para cada classe, pergunta para a qual Bland (1991: 25) afirma ser impossível apresentar uma tradução exata, mas que deveria ser compreendida como "quantas mudanças na forma a parte do discurso sofre?". No tocante ao nome, a resposta é que são seis *accidentes*, a saber, *qualidade, comparação, gênero, número, figura* e *caso*:

> *nomini quot accidunt?* sex.
> *quae?* qualitas comparatiuo genus numerus figura casus.[22]

A resposta de Donato parece levar em conta a variação na forma da palavra em sentido amplo: incluiu na *acidência* a flexão (como *número*, por exemplo),[23] mas também a formação de palavras, esta acolhida sob o rótulo de *figura*. Bland (1991: 25-6) comenta que *acidente* traduzia para o latim a forma grega *symbainei* e indicava que não se alterava o significado essencial da palavra. Os exemplos na *Ars* levam a considerar que nem sempre[24]

> *figurae nominum quot sunt?* duae.
> *quae?* simplex, ut *decens potens*, composita, ut *indecens impotens*.
> *quibus modis nomina componuntur?* quattuor: ex duobus integris, ut *suburbanus*; ex duobus corruptis, ut *efficax municeps*; ex integro et corrupto, ut *insulsus*; ex corrupto et integro, ut *nugigerulus*; aliquando ex compluribus, ut *inexpugnabilis, imperterritus*.
> [Quantas são as figuras do nome? Duas.
> Quais? Simples ('*decente*', '*potente*') e composta ('*indecente*', '*impotente*').
> De quantos modos o nome pode ser composto? Quatro:
> - de duas formas livres: *suburbanu*s (sub + urbanus);
> - de duas formas presas: *efficax* (ex + fac);
> - de uma forma livre e uma presa: *insulsus* (in + sulsus);
> - de uma forma presa e uma livre: *nugigerulus* (nugae + gerulus);
> - às vezes, de vários modos: *inexpugnabilis* (in + ex + pugnabilis), *imperterritus* (in + per + territus).[25]

---

[22] *Qualidade*: a distinção entre nomes próprios e comuns (ou apelativos); *gênero*: para Donato, *masculino, feminino, neutro* e *comum*; *comparação*: graus *positivo, comparativo* e *superlativo*, aplicáveis apenas aos adjetivos, isto é, aos nomes que significam qualidade ou quantidade; *número*: singular e plural; *figura*: simples e composta; *caso*: nominativo, genitivo, dativo, acusativo, vocativo e ablativo.

[23] Essa denominação ainda estava presente na 11ª edição da *Gramática normativa da língua portuguesa*, de Rocha Lima: "Ao conjunto dos acidentes gramaticais do verbo dá-se o nome de conjugação (1965: 114); "Para estudar os vários acidentes nos diferentes modos e tempos de cada conjugação regular, toma-se um de seus verbos para modelo ou PARADIGMA" (1965: 115).

[24] Seguimos Law (2003) e tomamos a liberdade de traduzir "integris', "integro", por *forma livre* e "corruptis", "corrupto", por *forma presa*.

[25] A explicação para a classificação de *nugigerulus* e de *efficax* proposta em Law (2003: 72).

Prisciano rivalizaria com Donato. Deixaria sua marca nos estudos gramaticais com a monumental *Institutiones Grammaticae*, composta de 18 livros (ver Keil, II e III). Não foi sua única obra, e pelo menos duas outras, de caráter pedagógico, seriam influentes. *Partitiones Duodecim Versuum Aeneidos Principalium* [Análise dos 12 primeiros versos da Eneida] examinava cada palavra em perguntas e respostas, isto é, fazia a atribuição de cada palavra dos versos a uma classe e a checagem de seus acidentes. A outra obra, que resumiu as *Institutiones*, era a *Institutio de Nomine et Pronomine et Verbo*,[26] que focalizou a morfologia das três classes variáveis. Passalacqua (1993: 193) atribui o sucesso dessa obra no mundo medieval ao fato de que permitia ao falante não nativo de latim apreender o essencial da morfologia para poder declinar e conjugar. Segundo Taylor (2007: 82), a *Institutio* foi escrita para alunos falantes de grego e pressupunha um estudante que já tivesse dominado o conteúdo de uma obra do tipo da *Ars Minor* de Donato. Um excerto no tocante ao verbo, que coloca a segunda pessoa do presente ativo como aquela de que se extrai a classe de conjugação:

> Todos os verbos regulares terminam em *o* ou em *or* e têm quatro conjugações. A primeira é a conjugação cuja primeira pessoa, terminada em *o*, o muda em *as* longo e faz a segunda pessoa: *amo amās*. A segunda conjugação muda *eo* da primeira pessoa em -*es* longo na segunda pessoa, que sempre nessa conjugação tem uma sílaba a menos: *doceo, docēs*. A terceira conjugação tem a terminação em *io* na primeira pessoa, descartado *o* e somado *s* e diminui uma sílaba na segunda pessoa: *facio facis*; seja qual for a letra antecedente, *o* muda em *is* breve, como em *veho vehis, ruo ruis, lego legis*. Na quarta conjugação, a primeira pessoa termina em -*io* ou em -*eo* e, convertidas estas terminações em -*is* longo, faz a segunda menor uma sílaba: *audio audis*. (Prisciano, *Institutio*, III, 38)[27]

Na sequência, formas do paradigma verbal vão gerando outras formas do paradigma verbal, por subtração, substituição e adição de letras e sílabas, num processo que poderia ser apresentado como a seguir, para a primeira e a segunda conjugações:

---

[26] Edição em Keil (III, 441-56). Há uma tradução para o português em Conto (2011).

[27] Keil (III, 450): "*Omnia verba, quae secundum analogiam declinantur, in o vel in or desinunt et habent coniugationes quattuor. prima igitur est coniugatio, cuius prima persona in o desinens mutat eam in as productam et facit secundam, ut amo amas. secunda vero coniugatio est , quae eo primae personae in es productam convertit in secunda, quae semper in ea coniugatione una syllaba minor est, ut doceo doces, tertia coniugatio est, quae in io quidem desinens in prima persona abiecta o adsumit s et minuitur una syllaba in secunda persona, ut facio facis: alia vero verba quacumque littera antecedente o in is brevem convertunt, ut veho vehis, ruo ruis, lego legis. quarta coniugatio primam personam in io vel in eo finit eisque in is productam transversis facit secundam minorem una syllaba, ut audio audis, eo is".

Am + o = pres. ind. ativo / + r = pres. ind. passivo
+ em = pres. subj. ativo /+ r = pres. subj. passivo

Ama + bam = imp. ind. ativo /+ r = imp. ind. passivo
+ bo = fut. ind. ativo/ + r = fut. ind. passivo
+ rem = imp. subj. ativo/ + r = imp. subj. passivo
+ re = inf. pres. ativo

Amau + i = perf. subj. ativo
+ e + rim = perf. subj. ativo

Doce + o = pres. ind. ativo / + r = pres. ind. passivo
+ bam = imp. ind. aivo/ + r = imp. ind. pass.
+ bo = fut. ind. ativo / + r = fut. ind. pass.
+ am = pres. subj. ativo / + r = pres. subj. pass.
+ rem = imp. subj. ativo/ + r = imp. subj. pass.

Essas *terminações* não são morfemas, mas letras ou sílabas finais.

1.4 QUANTAS SÃO AS *PARTES DO DISCURSO?*

Até o estabelecimento do esquema canônico de oito classes, por volta do século II a.C., e mesmo depois disso, várias possibilidades de organização das palavras em classes foram aventadas nos chamados estudos tradicionais. Ilustramos em seguida parte dessas possibilidades com algumas das propostas da Antiguidade que foram relevantes para a gramaticografia ocidental.

Na *Arte Poética* (doravante *Poét.*), Aristóteles distingue **duas** classes: o *nome* e o *verbo* (*Poét.* XX, 8-9). Ambos são portadores de significado, mas seus componentes não têm significado.[28] *Verbo* e *nome* distinguem-se, respectivamente, pela presença ou ausência de tempo. Aristóteles reconhece ainda a *conjunção* e o *artigo* ou *articulação* (gr. *árthron*) também como elementos essenciais da elocução; no entanto não lhes reconhece significado, mas a função quer de atuarem como uma espécie de cimento na formação da proposição simples (isto é, de uma sentença que declara ou nega algo, e que é verdadeira ou falsa e que, por conseguinte, transmite significado), quer de identificador de unidades dentro do enunciado, como no caso do artigo. Não faz sentido, nesse sistema, incluir a conjunção ou o artigo no conjunto formado pelo nome e pelo verbo. Como nota Baratin (1989: 20) acerca das conjunções, "um elemento que une partes de um conjunto não pode ser ele mesmo uma parte desse conjunto, porque seria, ao mesmo tempo, o que une e o que é unido: seria contraditório".

---

[28] Assim, embora o nome Teodoro seja formado de *théos* 'deus' e *dóron* 'presente', "em Teodoro, o elemento *doro* não apresenta significado" (*Poét.*, XX, 8).

Quadro 1.4 – A conjunção

A nomenclatura pode ser (e normalmente é) enganadora, quando trabalhamos com épocas tão distantes, sobretudo quando os testemunhos de uma obra nos chegaram em mau estado (no caso da *Poética*, a mutilação do texto é enorme, e partes inteiras se perderam. Uma dessas partes perdidas inspirou o romance de Umberto Eco – *O nome da rosa*).

A conjunção parece ser aqui mais do que um tipo específico de palavra, pois abrange:

a. um conceito semelhante ao de coesão, e, nesse sentido, "a *Ilíada* é uma unidade por conjunção" (*Poét.* XX, 13); e
b. a sinalização explícita da coesão por meio de palavras específicas.

Varrão retoma as duas *partes* de Aristóteles e as reelabora, sem nomeá-las, em termos estritamente gramaticais, num sistema de **quatro** elementos ou *palavras variáveis*,[29] definidas as classes em relação às categorias caso e tempo. Estoicos (*ca.* século II a.C.), como Crisipo (*ca.* 280-207 a.C.) e Diógenes de Babilônia (*ca.* 240-152 a.C.), reconheceram **cinco** classes: mantiveram o *verbo*, a *conjunção* e o *artigo* e subdividiram os nomes no que poderíamos chamar *nomes próprios* e *nomes comuns*, com base na diferente declinação e na possibilidade de formação de patronímicos a partir dos primeiros, mas não destes últimos.

Várias outras possibilidades quanto ao número de partes do discurso foram propostas, como, por exemplo, um sistema de **11 partes**, que distinguia como classes independentes (e não como subdivisões no interior de uma dada classe) formas finitas[G] e não finitas do verbo, nomes próprios e comuns, além de destacar do grupo dos advérbios as partículas enfáticas (*vide* Matthews, 1994: 29-43).

O sistema que se fixou e que seguiria quase sem modificações até a Baixa Idade Média tinha **oito partes** (*vide* Matthews, 1994: 38). Segundo Matthews, o esquema padrão proposto pelos gramáticos gregos foi *nome, verbo, particípio, artigo, pronome, preposição, advérbio* e *conjunção*, que deveriam ser focalizados nas gramáticas nessa exata ordem. A justificativa para essa ordem de exposição está apresentada na *Sintaxe,* de Apolônio Díscolo (séculos I-II), e seguia a *oração perfeita* (*Sintaxe* I, 14). *Nomes* precedem *verbos* porque as entidades têm existência anterior às ações que executam ou sofrem (*Sintaxe* I, 16). Seguem-se os *particípios*, que são "a transformação do verbo em formas flexivas" (*Sintaxe* I, 21). Os *artigos* relacionam-se com

---

[29] O tratamento como *palavras variáveis* é uma simplificação a que procedemos neste texto. Varrão (*De Lingua Latina* VIII, 3) distingue dois tipos de palavras: *fecundum* e *sterile*. Ao primeiro tipo pertencem aquelas que podem dar origem a diferentes formas por flexão, como *lego* 'reúno', *legi* 'reuni', *legam* 'reunirei'. Ao segundo tipo pertencem aquelas que não podem ser flexionadas, como lat. *et* 'e', *iam* 'já', *vix* 'dificilmente', *magis* 'mais', *cur* 'porque', ou *cras* 'amanhã'

os nomes, com as formas de infinitivo e com os particípios; antecedem os *pronomes* porque estes substituem os nomes, em vez de se juntarem a eles (*Sintaxe* I, 23-5). A *preposição* vem antes do *advérbio* porque se antepõe às partes da oração (*Sintaxe* I, 26), ao passo que o advérbio "funciona sintaticamente como adjetivo do verbo", que é o segundo elemento da exposição. A *conjunção* vem por último porque não tem significado, e apenas relaciona os demais elementos (*Sintaxe* I, 28).

A tradição latina, com Donato, também manteria **oito classes**: *nome, pronome, verbo, advérbio, particípio, conjunção, preposição* e *interjeição*. O artigo, inexistente em latim, emprestou por vezes sua denominação ao que atualmente consideramos pronome,[30] e a interjeição, antes agrupada nos advérbios, foi destacada destes na medida em que não se subordinava diretamente ao verbo (Matthews, 1994: 38-9).

As principais partes do discurso na tradição greco-latina da Antiguidade, isto é, aquelas essenciais na construção de uma proposição, são o *nome* e o *verbo*, que representam, respectivamente, o argumento[G] e o predicado mais simples. O *nome* designa as entidades, ou seres, tem caso, mas não tempo ou modo; o *verbo* indica as ações executadas ou sofridas ('experimentadas') pelos seres, e contém a indicação de tempo, de modo, de voz mas não a de caso.

Para Platão,[31] os *nomes* opunham-se aos *verbos*. Note-se, porém, que os atuais *adjetivos* e *verbos* ficavam, para Platão, sob o mesmo rótulo: eram palavras que podiam expressar a ação ou a qualidade predicada, ao contrário dos *nomes*, que nomeavam as coisas sobre as quais algo era dito. Para os gramáticos alexandrinos, por exemplo, os *nomes,* como classe, opunham-se aos *verbos*. Parece repetição de Platão? Pois não é: os *nomes* abrangiam, neste caso, *substantivos* e *adjetivos*, elementos de "valor estático", ao contrário dos verbos, indicativos de "processos" (Câmara Jr., 1973a: 280). A Idade Média veria a proposta de uma subdivisão do *nome* em *nome substantivo* e *nome adjetivo,* justificada pela independência sintática (i.e., que pode ser empregado sozinho com significado) do primeiro, ao passo que o adjetivo se junta (*adiacentis*) ao substantivo (*vide* Robins, 1979: 67). A classificação tripartite *nome, verbo, adjetivo* remonta ao século XVI (Law, 2003: 71).

---

[30] Matthews (1994: 37) chama a atenção para o emprego de *artigo* em Varrão. Em *De Lingua Latina*, VIII, 45, Varrão classifica "as palavras que nomeiam" em quatro tipos, que explicitam uma escala de definitude, que poderia ser assim esquematizada:

indefinido	>	quase-indefinido	>	quase-definido	>	definido
(*provocabulum*)		(*vocabulum*)		(*nomen*)		(*pronomen*)
pron. indef.		nome comum		nome próprio		demonstrativo

Para os dois extremos da escala, isto é, o elemento mais definido e o menos definido, Varrão reservou a denominação de *artigos* (*articuli*); na parte média da escala estavam as *denominações* ou *nomes* (*nominatus*).

[31] Procedemos aqui a uma simplificação: o termo utilizado por Platão é *rhēma*, mas, como nota Hovdhaugen (1984: 24), "a exata interpretação dos termos [*ónoma* e *rhēma*] está longe de ser óbvia". Por vezes, o texto platônico parece indicar que *rhēma* pode ser traduzido como 'predicado' e não como 'verbo'.

O *particípio*, ao contrário do que se faz atualmente, era considerado uma classe distinta do verbo, a qual *participava* das características do nome (a ausência de modo, e a presença de caso e gênero) e das características do verbo (a indicação de tempo, que permitia classificá-lo em *particípio presente* ou *particípio passado*, e o fato de suas flexões serem derivadas do verbo).

O *artigo* tinha flexão (caso, número e gênero) e sua principal função era anteceder o nome, embora pudesse combinar-se também com o particípio e com o infinitivo. No primeiro caso seu uso é anafórico, uma vez que indica haver menção anterior do nome (*Sintaxe* I, 43).[32]

O *pronome*, que se flexiona para caso, gênero, número e pessoa, não se combina com o nome, como faz o artigo, antes o substitui. Ou melhor, segundo Apolônio Díscolo, na terceira pessoa, por ser *anafórico*[G], substitui não o nome sozinho, mas o artigo e o nome (*Sintaxe* I, 25). Já na primeira e na segunda pessoa é *dêitico*, i.e., aponta o referente (*Sintaxe* I, 40-5). Os casos oblíquos do pronome representam, nessa tradição, um problema extra: a acentuação, que os faria funcionar como uma sílaba de outra palavra (*Sintaxe* I, 54-102).

A *preposição* antepõe-se ao nome e, completariam os modistas séculos mais tarde, já na Idade Média, "relaciona a palavra flexionada em caso, a que sintaticamente se liga, ao verbo ou particípio" (Robins, 1979: 67); o *advérbio* relaciona-se ao verbo que está antes ou depois dele, e é indeclinável. Por fim, a *conjunção* liga elementos, embora não quaisquer elementos: não se pode unir elementos díspares como um nome e um verbo (como em '*Trifon e ler*'), mas elementos de mesma classe ('*Trifon e Téo*') ou semelhantes, como nome e pronome.

1.5 A *PALAVRA* GANHA DIFERENTES PERSPECTIVAS

Na Idade Média, o que traduzimos como *palavra* recebia diferentes designações, que levavam em conta o foco principal do gramático (ver adiante Quadro 1.5). A referência a uma forma de palavra sem atenção ao significado era *vox*; uma unidade de forma e significado, *dictio*; se o foco era o significado, *verbum*; vista na construção, era *pars orationis*, *pars* ou *oratio* (Law, 1997: 263). Neste último sentido podia ser *indeclinável* ou *declinável*.

---

[32] Autores como Apolônio Díscolo reconheceram outras propriedades do artigo, como a expressão de pluralidade, de importância em relação a outros seres de mesma categoria, ou ainda de quantificação única, se junto a um possessivo (ver Matthews, 1994: 81).

Quadro 1.5 – As unidades de análise na tradição greco-latina

Oratio	unidade com significado, seja palavra, oração ou texto.
'Palavra' • VOX	unidade formada de letras e sílabas
• DICTIO	unidade com som e significado
• VERBUM	unidade com significado
• PARS ORATIONIS	unidade com função na oração
Syllaba	som vocal sem significado, mas composto; unidade mínima no verso: *longa, breuis, communis*
Littera	representação escrita, constituída por *nomen, figura* e *potestas*

As modificações na palavra declinável eram apresentadas em paradigmas. O paradigma lançava mão do conceito de *terminação,* a parte final da palavra.

1.6 A ARQUITETURA GRAMATICAL

Até fins da Idade Média é possível encontrar uma hierarquia de níveis correspondentes às unidades de análise: a *letra,*[33] a *sílaba,* a *palavra* e a *oração,* criando um edifício gramatical formado de *ortografia, prosódia, etimologia* e *sintaxe* em consonância com cada uma dessas unidades.

> A chamada matéria primordial indivisível das letras determinava já de antemão que não admite combinações ao azar, mas segundo uma ordem necessária [...]. Se passamos a um nível mais alto, o mesmo acontece com as sílabas, as quais, satisfeitas as ordenações adequadas, constituem a palavra. E manifestamente se segue que também as palavras, que são parte da oração perfeitamente construída, recebem a ordenação coerente. (Apolônio Díscolo, *Sintaxe,* I, 2)

> A oração se resolve em palavras, as palavras, por sua vez, em sílabas, as sílabas, novamente, em letras; a letra sozinha não tem em que ser dividida. (Sergius, ed. Keil, IV: 475, 7-9)

Mesmo mais tarde essa tradição se fazia presente:

> [Os Latinos] pártem a sua Grammatica em quárto pártes, ẽ Ortografia, que tráta de letera, em Prosodia, que tráta de syllaba, em Ethimologia, que tráta da diçam e em Syntaxis, a que respõde a cõstruçã, á imitaçã dos quáes, (por termos as suas pártes), diuidímos a nóssa Grãmatica. (Barros, 1540, fl. 2-2v)

---

[33] O conceito de *letra* não coincide com o atual, como apontado em Rosa (2017).

Não focalizaremos aqui nem a *letra* nem a *sílaba*. "A Etimologia", assinalava Isidoro de Sevilha (560-636), "é a origem dos vocábulos, quando a força de um verbo ou de um nome é deduzida de sua interpretação" (Isidoro, *Etimologias*, I, 29, 1). E chamava a atenção para a sua utilidade na interpretação das palavras (Isidoro, *Etimologias*, I, 29, 2),[34] embora para ele nem todas as palavras tivessem etimologia, porque algumas coisas poderiam ser nomeadas em acordo com o capricho e não com suas qualidades inerentes (Isidoro, *Etimologias*, I, 29, 3).

A etimologia relacionava uma palavra com outras ou parte de outras para extrair um significado; assim, a interpretação tomava por base a semelhança entre sequências fônicas detectadas nas palavras postas em paralelo (o que eventualmente até podia destacar o que consideraríamos atualmente um afixo ou uma raiz, como *bene-* em Isidoro, *Etimologias*, XI, B, 22-6) ou palavras combinadas num composto. Um exemplo: o lat. *mors*, 'morte', tem esse nome, dizia Isidoro de Sevilha, porque é 'amargo' (lat. *amarus*), ou porque deriva de 'Marte' (lat. *Mars*), que é o autor da morte; ou ainda por conta de *morsus*, 'mordida', uma vez que ao morder o fruto da árvore proibida Adão teria incorrido na morte (Isidoro, *Etimologias*, XI, ii, 31).

Séculos mais tarde, *etimologia* ainda designava a parte da gramática que estuda as palavras, como se constata em Antônio de Nebrija (1441-1522), por exemplo:

> [S]Iguese el tercero libro dela gramatica: que es dela dicion: a la cual como diximos enel comienço desta obra: responde la etimologia. Diciõ se llama assi por que se dize: Como si mas clara mente la quisiessemos llamar palavra. Pues ia la palavra no es outra cosa sino parte dela oracion. Los griegos comum mente distinguen ocho partes dela oracion. Nombre. pronombre. articulo. verbo. participio. preposicion. adverbio. conjuncion. (Nebrija, 1492: [d5])

Nessa arquitetura gramatical, a sintaxe era a parte "que responde à construção" (Barros, 1540: 1). Por volta do século XVII, compreende dois aspectos. Primeiramente, as três *concordâncias* ou *conveniências*, decorrentes de variações que se dão, basicamente, na forma do nome e do verbo, estes, como afirmava Barros (1540: 1), os *"dous reis"* de *"todalas linguagens"*. Essas três variações se estabelecem: (a) ou entre o *suposto* (mais exatamente o nome no caso nominativo), e o verbo, ou *aposto*; (b) ou entre o nome e o adjetivo; (c) ou entre o relativo e seu antecedente. Em segundo lugar, pela *regência* ou *regimento* ("quando uma palavra exige outra depois de si"). A sintaxe é, por conseguinte, uma extensão do estudo das propriedades formais da flexão, expressas na concordância e também na regência.

Desse estudo da palavra não emergem automaticamente noções como *estrutura* ou *hierarquia de constituintes*. Não vale aqui substituir *suposto* ou *nominativo* pela

---

[34] Viaro (2011: 34) ressalta que a preocupação constante de Isidoro com "o que a palavra significa" o faz confundir muitas vezes "significado e étimo".

noção atual de *sujeito de uma oração*. O nome equivale ao *suposto* quando suas propriedades são, em parte, marcadas também no verbo. Não é um constituinte de uma estrutura mais ampla que está em questão, mas um conjunto de marcas morfológicas do nome e sua repetição (a *conveniência*) no verbo.

Considerar a sintaxe o estudo da concordância e da regência levou à relutância em se considerar que as línguas vernáculas tivessem sintaxe.[35] Ao transpor para a análise quer das línguas europeias, quer das línguas reveladas pelos Descobrimentos, o modelo de análise empregado nas gramáticas gregas e latinas baseado na palavra, os gramáticos constatavam que os vernáculos não tinham casos morfológicos ou apresentavam menos casos que o latim, e não viam como levar a cabo o estudo da regência. São inovadoras para sua época, portanto, afirmações sobre a natureza *acidental* da regência (a par com o carácter *natural* da concordância) e a introdução das questões de *ordem das palavras*: "cada nação tem sua ordem" – afirmava Barros (1540: 42). A questão ainda seria digna de nota cerca de um século mais tarde na gramática de Port Royal:[36]

> [...] umas [*línguas*] fazem o regime através de casos, outras, em vez de casos, empregam apenas pequenas partículas que os substituem, não indicando senão um pouco desses casos, como em francês, e em espanhol só se dispõe de *de* e de *à*, que indicam o genitivo e o dativo. [...] Os outros casos não têm partículas, mas o simples artigo, que também nem sempre está presente. (Arnauld e Lancelot, 1992 [1660]: 138)

Com a aproximação do século XVIII, começa a paulatina reintrodução de terminologia importada da lógica aristotélica: *sujeito* a par com *predicado* substitui *suposto* e *aposto*, ou mesmo *nominativo*. As questões de *ordenação* ganham ênfase com a descrição de vernáculos: "O nome está no caso nominativo quando é o Sujeito de um Verbo, e então costuma vir, no Sentido correto, antes do Verbo" (A. Lane, 1700, apud Padley, 1985: 184). Ainda aqui estamos ante as questões decorrentes da *palavra* (Padley, 1985: 188): o nome e o verbo são semanticamente independentes, isto é, podem ser declinados sozinhos, ao contrário dos adjetivos. A *frase* ou *proposição*, "grupo de palavras com sentido completo", começa, contudo, a tornar-se uma unidade da gramática.[37] A sintaxe mantém-se, porém, uma sintaxe que depende da *palavra*.

---

[35] Em propostas de ensino de línguas surgidas nesse período, como a *Janua Linguarum* jesuítica, chega-se a afirmar que "[...] *en las lenguas vulgares* [...] *no es necesario aprender cientificamente las cosas que tocan al methodo de la Grammatica*" (Bathe, 1611: fol. 35). Uma saída foi a proposta de se considerar que as línguas vernáculas apresentavam casos "abstratos", reconhecidos pelas preposições que os regiam. É a proposta, por exemplo, de Petrus Ramus (ver Padley, 1985: 43 ss).

[36] Antoine Arnauld (1612-1694) e Claude Lancelot (1615-1695) são os frades jansenistas que escreveram a famosa *Grammaire générale et raisonée* (1660), em geral referida como *Gramática de Port-Royal*, numa alusão à abadia a que ambos os autores pertenciam.

[37] Por volta do mesmo período, a sentença torna-se uma unidade ortográfica (ver Rosa, 1994b).

1.7 DO OUVIDO PARA O OLHO

Law (1997: 250) observa que a arquitetura gramatical cujo primitivo era a letra refletia um "modo primariamente auditivo de conceber a língua" e resultou num tipo de descrição de estrutura das palavras em termos de adição e subtração de letras e de sílabas, unidades que não contemplam o significado, mas o som. Essa arquitetura refletia também um mundo em que a relação com a escrita não é aquela a que nos habituamos.

Bem depois da Idade Média ainda era possível encontrar essa tradição descritiva. Ela estava presente, por exemplo, numa gramática sobre o quimbundo escrita no Brasil e publicada em Portugal em 1697, a *Arte da língua de Angola*:

> Os nomes apelativos que começam no singular em *mu* e pertencem a homens, e mulheres, e a seus ofícios, no plural mudam a sílaba *mu* em *a*, e adjectivam no singular em *ü*, e no plurar em *a*, *v.g.*: **mulumi üaoaba**, *marido bom*. **alumi aoaba**, *maridos bons*. (Dias, 1697: 6-7).

O "modo predominantemente auditivo" caminharia para um "modo predominantemente visual" de conceber a gramática através de mudanças paulatinas (Law, 1997: 256). Tome-se como exemplo o nome latino *pes, pedis* 'pé', com a totalidade de suas formas apresentada a seguir no modo como nos habituamos a ver a representação em paradigmas: com células que expressam a combinação das propriedades morfossintáticas do número no nome latino – singular e plural – com as de caso, isto é, nominativo, genitivo, dativo...

Declinação do lat. pes, pedis 'pé'

	Singular	Plural
Nominativo	pes	pedes
Genitivo	pedis	pedum
Dativo	pedi	pedibus
Acusativo	pedem	pedes
Ablativo	pede	pedibus
Vocativo	pes	pedes

Num mundo em que a leitura, especialmente no ambiente escolar, nem era em silêncio nem em isolado, a organização das células do paradigma em colunas e linhas diferentes não se fazia necessária. Para quem lê em voz alta (e para quem ouve a leitura), não há necessidade da diagramação em linhas e colunas. Basta o texto corrido: *pes dis di dem pede pes*. A representação do paradigma parecia estar em acordo com critérios mais ligados ao espaço restante na linha do que à descrição gramatical.

Aos poucos, porém, assinalava Law (1997), por volta do século XII, o modo de apresentação do paradigma seria afetado, passando a exibir consistentemente uma segmentação implícita em radical e terminação: por exemplo, para 'tangedor de lira', 'poeta': *fidicines num nibus nes nes nibus*. E já está bem estabelecida, por exemplo, em Pedro Rombo (séc. XV-XVI), um dos muitos comentaristas de Juan de Pastrana (séc. XV), cuja gramática era conhecida pelos curiosos títulos de *Baculo Cecorum* (lat. 'bengala de cegos'), *Thesaurus Pauperum* (lat. 'tesouro dos pobres') e *Speculum Puerorum* (lat. 'espelho dos meninos'):

> A primeira [parte da gramática] é o conhecimento dos vocábulos. Onde cada vocábulo ou é um nome, ou é um verbo, ou é um advérbio,[38] denominando-se o vocábulo muitas vezes por *dição*. A segunda é a própria declinação. *E a declinação é a manutenção do início e a variação da terminação*. Declina-se o nome por suas declinações; o verbo, pelas conjugações; o advérbio não se declina. A terceira parte é a própria construção. E se faz por quatro maneiras, a saber: entre o substantivo e o adjetivo, entre o relativo e o antecedente, entre o suposto e o verbo e quando uma palavra exige outra depois de si. (Pastrana, 1497: fol. aaij – ênfase adicionada)

A Figura 1 apresenta uma página de um manuscrito português de Quinhentos que ilustra o ensino/aprendizagem do paradigma nominal latino neste novo modo. Na edição dessa página, os caracteres em itálico representam o desenvolvimento de abreviaturas na página original.

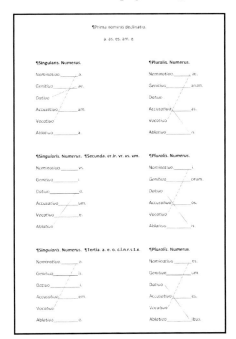

Figura 1 – Exemplo do modo predominantemente visual de entender a palavra: uma página (*fólio a1*) da declinação nominal nos *Grammatices Rudimenta*, de João de Barros (1538). O manuscrito quinhentista aponta apenas a terminação de cada caso, omitida a parte comum. As diferentes formas estão em linhas distintas, indicadas as formas idênticas por linhas que, partindo da denominação do caso, convergem para a mesma terminação.

---

[38] O *advérbio* incluiu não só o que denominamos atualmente advérbios, como *hodie*, *unde*, *multum*, *bene*, *prudenter*, *non*, mas também conjunções, como *nec*, *aut*, *vel*, *et*, *sed* (Rombo, 1497: dij r-v). Em outros autores, podia ainda incluir as preposições.

A Europa teria de esperar pelo século XVI para conhecer os termos *raiz, tema, prefixo, sufixo*. A novidade surgia em gramáticas do hebraico, língua cujo estudo ganhara importância na Europa como uma das três línguas do ideal humanista do Renascimento (Portugal/CNCDP, 1992: 16), juntamente com o latim e o grego, mas também em decorrência da tensão religiosa que culminaria na Reforma. A Europa chegava ao conceito de *raiz*, como notou Robins (1979: 117), "como algo abstrato que constitui uma invariante dos paradigmas flexionais". Mas é no final do século XIX que de fato entrarão na descrição da morfologia (ver seção "Comparando línguas", adiante).

Quadro 1.6 – Uma tradição descritiva distinta: *raiz* na descrição do hebraico

Dividem-se [as letras] 2° em onze radicaes, e em onze servis. As radicaes, que também se chamam fundamentaes, são as que formam a raiz, e essência da dição [...]. As servis são as que formão os números, gêneros, pessoas, etc dos nomes, e verbos [...]. (Paz, 1826 [1773]: 6)

Das letras servis

Os adverbios, e proposições [...] ou são dicções perfeitas, como as sobreditas, ou são sómente humas letras, que por esta causa se chamão servís. Deve-se pois saber, que das vinte e duas letras Hebraicas onze saõ radicaes, e onze servís. As radicaes são as de que se compõem a raiz, nem servem de outra cousa [...] As servís são aquellas, que ainda que algumas vezes formão a raiz, outras vezes servem de adverbios, proposições, ou de sinaes para conhecer as pessoas, os tempos, os números, e os gêneros dos verbos, e nomes. (Paz, 1826 [1773]: 148)

Da invenção da Raiz

A invenção, ou descubrimento da raiz, não he outra cousa mais do que separar as letras radicaes das servis. [....]. Feita esta separação das letras servis, se ficarem três letras, essas são a raiz [...]. (Paz, 1826 [1773]: 153)

1.8 A DESCRIÇÃO AMPLIA SEU REPERTÓRIO: QUE *PARTE DA ORAÇÃO* É ESSA?

Os Tempos Modernos[39] revelavam um sem-número de línguas cujos dados não encontravam paralelo no latim. O latim não era apenas uma língua, mas o guia descritivo para qualquer língua. Restava àquele que descrevia uma língua até então

---
[39] Aqui entendido como indo de fins do século XV a meados do século XVIII.

desconhecida a possibilidade de adaptar a terminologia compartilhada por aqueles que "sabiam gramática" (isto é, gramática latina), a fim de tentar explicar algo que lhe era então totalmente novo. Vamos a um exemplo: o *artigo* em Anchieta (1595) e em Brusciotto (1659).

O jesuíta José de Anchieta (1534-1597), ao descrever o tupinambá ou tupi antigo na sua *Arte de gramática da língua mais usada na costa do Brasil* (1595), viu-se às voltas com um sistema verbal sem marcas temporais que, a partir de uma hierarquia de pessoa, expressava por meio de duas séries de marcas no verbo transitivo ou o sujeito ou o objeto. Assim, *â-jucâ* ("Eu mato, mataua matei, auia matado, ou tinha morto" – Anchieta, 1595: 17v) diferia de *xé-jucâ* ("a mi matão" – Anchieta, 1595: 12v).

Essas duas séries não existiam na gramática do latim; para elas Anchieta adaptou a nomenclatura existente: assim, o termo *artigo* passou a indicar a série que marca o sujeito do verbo transitivo (*ajucâ Pedro*, 'mato a Pedro') e *pronome*, a série que marca o objeto, levando em conta que pessoa deveria ser priorizada para que houvesse a "perda do articulo" (*xejucâ Pedro,* 'me mata Pedro' – Anchieta, 1595: 37 – vide Quadro 1.7).

Quadro 1.7 – Sobre o tupinambá (Leite, 2000: 46)

Nas línguas tupi-guarani [...] não há sufixos ou prefixos que indiquem tempo. Além disso, só se acrescenta ao verbo um dos seus argumentos: ou o sujeito ou o objeto. Há duas séries de marcadores de pessoa: uma que indica o sujeito e outra que indica o objeto, como, por exemplo, no tapirapé, língua tupi-guarani falada em Mato Grosso.

	Agente (sujeito)	Paciente (objeto)
Primeira pessoa do singular	ã	xe
Segunda pessoa do singular	ere	ne
Primeira pessoa do plural (inclusivo)	xi	xane
Primeira pessoa do plural (exclusivo)	ara	are
Segunda pessoa do plural	pe	pe
Terceira pessoa	a	i

Notam-se, de imediato, diferenças marcantes: não há distinção entre singular ou plural e entre masculino ou feminino na terceira pessoa e existem dois plurais para a primeira pessoa: o inclusivo (que indica a inclusão da pessoa com quem se fala) e o exclusivo (em que a pessoa com quem se fala é excluída).

No verbo transitivo, só são expressas a pessoa do sujeito ou a pessoa do objeto, e a escolha do marcador segue a hierarquia "primeira pessoa > segunda pessoa > terceira pessoa". Se a pessoa do sujeito é a primeira e a do objeto é a terceira, marca-se o sujeito, mas se o sujeito é de terceira e o objeto de primeira, marca-se o objeto. Assim, *a-xokã* quer dizer "eu bati nele" e *xe xokã* significa 'ele me bateu' no primeiro exemplo, o verbo ganha o marcador de sujeito de primeira pessoa do singular, e no segundo recebe o marcador de objeto de primeira pessoa do singular.

Nos casos acima, a terceira pessoa está sempre envolvida, como sujeito ou objeto. O sistema é outro se as relações se dão entre a primeira e a segunda pessoas. Se o sujeito é a segunda pessoa do singular e o objeto é a primeira do singular, tem-se a forma verbal *xe xokã xepe* ('você me bateu'). Se o sujeito é a primeira pessoa do singular e o objeto é a segunda do singular, diz-se *ara-xokã* ("eu te bati').

Assim, cada combinação de pessoa de sujeito e objeto é expressa de uma forma própria. Os pronomes livres (equivalentes a eu, tu, ele/ela, nós, vós, eles/elas) são dispensáveis, pois estão evidentes nas formas pronominais expressas no verbo. Por exemplo, *xe xokã* ('me bateu') remete a um sujeito de terceira pessoa (*a'ega*), enquanto *xe xokã xepe* implica um sujeito de segunda pessoa do singular (*ane*).

Outros aspectos do sistema pronominal das línguas tupi-guarani são diferentes do português. Segundo a classificação estruturalista, o sistema pronominal de línguas como o português é nominativo/acusativo (reto/oblíquo), enquanto línguas como o tapirapé e outras da família tupi-guarani são definidas como do tipo ativo. Nelas, a linha divisória dos pronomes está baseada na distinção agente/paciente, ou seja, a distinção é semântica e não morfossintática, como no português.

Anchieta não descreve o sistema de referência pessoal do tupinambá como um sistema de estrutura ativo, tipo morfológico, noção que só vai surgir nos anos 70 com o linguista russo Georgii A. Klimov. Mas os elementos para essa dedução estão na *Arte de gramática*. Anchieta ressalta a possibilidade de não ocorrência do pronome sujeito e define a presença deste como reforçativa, em nítida alusão ao caráter enfático dos pronomes (como propõe a análise atual). Ele chama os verbos de estado de neutros, em oposição aos verbos ativos. Os reflexos desses aspectos do sistema pronominal do tupinambá na sintaxe também estão em sua gramática.

Em *Regulae Quaedam pro Difficillimi Congensium Idiomatis Faciliori Captu ad Grammaticae Normam Redacta*,[40] de 1659, para analisar o sistema de classes nominais e concordâncias do congo (Kongo H16), língua africana da família banto (Bantu), o capuchinho Giacinto Brusciotto de Vetralla (?1600-1659) desistia da organização dos nomes por declinações, conhecida no estudo do latim e do grego. Deixava claro que procurar paradigmas para classes de nomes, estabelecidos em função das terminações

---

[40] Como nota Gonçalo Fernandes (2015: 52), "mais de 200 anos depois (Luanda 1886)" a gramática de Brusciotto, de 1659, ganharia tradução para o português "pelo bispo de Angola e Congo António Tomás da Silva Leitão e Castro (1848-1901)": *Regras para, mais facil intelligencia do difficil idioma do Congo, reduzidas á forma de grammatica por Fr. Jacintho Brusciotto*.

para os diferentes casos, era inócuo nessa língua (Brusciotto, 1882 [1659]: 1). Em lugar de *terminações* passava a descrever '*principiações*' (lat. *principiationes*):

> **Primeira Principiação**
>
> Nomes desta Principiação começam com *E*, e seu artigo é *Ria*, como *Entondo ria n'Zambianpungu*, louvor de Deus. No plural fazem *ma*, e seu artigo é *ma*, como em *Matondo ma n'Zambianpungu*, louvores de Deus. (Brusciotto, 1882 [1659]: 2)

Fazia emergir, desse modo, oito classes nominais, marcadas por diferentes prefixos para singular e plural e, em conjunto, apresentava o que denominaria *artigos,* que podemos entender como *concordâncias*, em especial a concordância possessiva: *ria, ma...* (Doke, 1959: 57).

1.9 UM INSTANTÂNEO DE TRANSIÇÃO

Como descrever fenômenos no âmbito da palavra com letras e sílabas, unidades que poderíamos considerar fonológicas? A descrição de línguas com traços gramaticais até então desconhecidos era o campo ótimo para inovações. Vejamos aquela que é considerada a primeira gramática do quimbundo (Kimbundu H21): a *Arte da língua de Angola*, do jesuíta Pedro Dias (?1621-1700), publicada em 1697.[41]

As línguas que os Descobrimentos traziam ao conhecimento europeu não eram um bom campo para as manipulações etimológicas: pouco se conhecia sobre elas. Dias focaliza a palavra como uma unidade com significado; se desconsiderado o significado da unidade, emprega o termo *voz*: "Tambem servem de voz de chamar, fazendo vezes de O, vocativo dos Latinos" (Dias, 1697: 8). Como Brusciotto, Dias estava às voltas com uma língua banta (Bantu), que reconhecia não ter declinações nem casos, mas ter singular e plural, observação simples que punha em relevo uma das características mais marcantes desse grupo de línguas: um sistema que combina os prefixos que marcam classes nominais e a concordância. Diferentemente de Brusciotto, porém, Dias não empregará *principiações* (nem contava com *prefixos*): descreveu a formação do plural a partir do singular em termos da adição ou substituição de sílabas e letras,[42] ao estilo de Prisciano. Um exemplo:

> Todos os nomes, que no singular começa-
> rem pelas syllabas, ou letras abaxo, começa-
> ráõ no plural em Ma, & seu adjectivo no sin-

---

[41] Material em Rosa (2013).

[42] Mantém-se aqui a ortografia e a disposição no original de 1697. As letras em itálico indicam o desenvolvimento das abreviaturas no original, como *v.g.* para *verbi gratia*, 'por exemplo'.

gular começará em Ri, & no plurar em A, *verbi gratia*. Nbata rinène, casa grande. Mabata anène, casas grandes.

Ca	Camba, amigo. Macamba, amigos.		
Que	Quehin, precipicio, ou rochedo. Maquehin, precipicios.		
E	Embe,	Maembe,	Pombos.
Y	Yala,	Mayala,	Machos.
Gi	Ngina,	Magina,	Nomes.
U	Uanga,	Maüanga,	Feitiços.
Co	Cota,	Macota,	Mais velhos.
Cu	Cunda,	Macunda,	Corcovas.
La	Lao,	Malao,	Riquezas.
Le	Leza,	Maleza,	Fraquezas.

Exceiçaõ da syllaba, Ca, saõ os diminutivos, os quaes todos no singular começaõ em Ca, & no plurar em Tu, & seus adjectivos co-//meçaõ no singular por Ca, & no plurar em Tu, *verbi gratia*. Camucete, caixinha. Tumucete tua üaba, caixinhas bonitas.

(Dias, 1697: 4-5)

Ao afirmar que todos esses plurais começavam por *ma*, a fronteira entre a sílaba e uma unidade que também conta com significado não é clara:

Qualquer nome adjectivo, ou sustantivo, a
que no principio ajuntarmos esta syllaba Qui,
fica muito aumentado. *verbi gratia*. Quiyala, homem-
zarraõ de muitas forças. Pelo contrario, se pu-
zermos a particula Que, que significa negaçaõ,
fica a cousa muito diminuta. *verbi gratia*. Queyâla, homem muito pequeno, pusilanime, &c. E mais
claro ficará se lhe acrescentarmos a syllaba ne.
verbi gratia. Queneyala; porque saõ duas negações, &
nesta lingua duas negações exageraõ o q*ue* se nega. E o mesmo he nos adjectivos, & adverbios.

(Dias, 1697: 41)

Qui é uma sílaba, mas uma sílaba que marca o aumentativo. Quanto a *Que*, a introdução do significado na descrição parece levar ao emprego do termo *partícula*, e não a *letra* ou *sílaba*:

As vezes serve a particula Ne, para fazer o verbo negativo, & esta he a mais usada entre os Ambundos; tambem se achaõ algũas vezes o Que, & o Ne, juntamente antes do verbo. *verbi gratia*. Quenengagiba, naõ matei.

(Dias, 1697: 22)

As particulas distinctivas das pessoas, saõ as seguintes: Singul*ar*. 1. Ngui, 2. ü, 3. ü. Plur*ar*. 1. Tu, 2. Mu, 3. A.

(Dias, 1697: 11)

A palavra continuava formada de sílabas e de letras, mas a referência a sílabas e letras e ao significado implicitamente inseria um outro nível na análise.

1.10 UMA EXPLOSÃO DE LÍNGUAS

A circulação das descrições das línguas até então desconhecidas dos europeus se beneficiaria de uma revolução tecnológica: o surgimento da imprensa de tipos móveis. Aliada à difusão do emprego do papel em substituição ao pergaminho, a imprensa baratearia a produção do livro. A rápida propagação da nova tecnologia permitiria que os séculos XVI e XVII vissem a publicação de grande número de gramáticas de línguas até então desconhecidas,[43] de que as de Anchieta, Dias e Brusciotto anteriormente mencionadas são exemplos. Uma consequência desse grande volume de material disponível foi a comparação de línguas, que cresceria a partir do século XVI.

Cotejavam-se denominação para números, divindades, parentesco (Swiggers, 1990: 283).[44] Um exemplo: Joseph Scaliger (1540-1609) tomou a palavra para "deus" em diferentes línguas europeias, separando-as por grupos: o grupo DEUS (lat. *deus,* it. *dio,* esp. *dio,* fr. *dieu*), o grupo GOTT (al. *Gott,* hol. *god,* sueco *gud,* ing. *god*), o grupo BOG (russo *bog,* ucr. *bog,* pol. *bog,* checo *buh*) e o grupo THEOS (gr. *theós*).

No final do século XVIII, o interesse europeu por listas de palavras nos legaria exemplos ambiciosos como o *Glossarium Comparativum Linguarum Totius Orbis*, de Peter Pallas (1742-1811) e, no tocante à recolha de padre-nossos, o *Saggio pratico delle lingue* (1787), de Lorenzo Hervás (1735-1809) com exemplos em mais de 300 línguas.

Quadro 1.8 – Hervás e a multidão de línguas

A atenção sobre a multidão de línguas, ora recaiu sobre a semelhança entre elas – como implicado na sempre citada afirmação de Roger Bacon (1220-1292) de que a gramática é uma e substancialmente a mesma em todas as línguas, embora varie acidentalmente[45] – ora sobre as diferenças.

No final do século XVIII e início do século XIX, o jesuíta Lorenzo Hervás (1735-1809) deixaria seu nome nos estudos linguísticos por conta de diversas obras, dentre elas seu monumental *Catálogo de las lenguas de las naciones conocidas y numeración,*

---

[43] Rosa (2000) reproduz o manuscrito anônimo *Cathalogo das Artes de Grammatica em todas as Linguas*, que apresenta uma coleção de gramáticas de diferentes línguas. O documento registra publicações impressas predominantemente na Europa, mas também em outros centros, como Rachol (Goa) e Los Reyes (Lima, Peru), entre 1494 e 1753. Para o século XVII apenas, o número de obras alcançava 99 itens, distribuídos entre 1604 e 1699.

[44] Cabe notar que línguas não relacionadas podem por casualidade apresentar itens lexicais semelhantes, como 'lábio' em hauçá, leeɓèè, e alemão, *Lippe* (exemplo em Dimmendaal, 2011: 6); ou por empréstimo, como o português folclore e o inglês *folklore*.

[45] "*Grammatica una et eadem est secundum substantiam in omnibus linguis licet , accidentaliter varietur.*"

división y clases de éstas según la diversidade de sus idiomas y dialectos (1800-1805). Sua explicação para a diferença entre as línguas estava num trabalho anterior, a *Idea dell'Universo, che contiene la Storia della vita dell'uomo, Elementi cosmografici, Viaggio estático al mondo planetário e Storia della Terra*. Nesta última parte, a *Storia della Terra* (1781-1784), Hervás acabaria por defender uma quase poligênese, como forma de comprovação da *confusio linguarum* resultante do castigo pela construção da torre de Babel:

> Se na confusão de línguas ocorrida na feitura da torre de Babel não tivessem nascido novos e diferentíssimos idiomas, em todas as línguas das nações se reconheceria algum tipo de relação, e se descobririam ideias ainda aparentadas com aquela primeira e única língua que no tempo do dilúvio era falada pelos homens. (Hervás, 1783: XV: 173)

> Nesta [dispersão depois do dilúvio] não se separaram pais de filhos, mas cada família se conservou, viajou e se estabeleceu unida. [...] Os chefes das famílias dispersas foram tantos quantas eram as línguas diferentes; pelo que o número destas indicaria o de nações que deveriam formar-se. (Hervás, 1784 XVI: 14-5)

1.11 COMPARANDO LÍNGUAS

Um pequeno parágrafo do *Discurso do terceiro aniversário, sobre os hindus* (vide Quadro 1.9), proferido em 1786 por Sir William Jones (1746-1794) na Asiatic Society, que ele fundara em Calcutá, viria a se tornar um marco na hipótese de parentesco entre línguas e na hipótese de uma *protolíngua*, isto é, uma língua reconstruída pelo método comparativo.[46]

Quadro 1.9 – William Jones (1786):
a semelhança entre o sânscrito, o grego e o latim e a hipótese de uma protolíngua[47]

> A língua sânscrita, seja qual for sua antiguidade, tem uma estrutura maravilhosa; mais perfeita que o grego, mais copiosa que o latim e mais delicadamente refinada que qualquer deles, partilhando com ambos, contudo, quer nas raízes dos verbos quer nas formas de gramática, uma afinidade mais forte do que poderia ter sido produzida por acidente; realmente tão forte que nenhum filólogo poderia examinar as três sem concluir que tenham surgido de uma origem comum, que talvez não mais exista. Há razão semelhante, embora não tão vigorosa, para supor que o gótico e o celta [...] tenham a mesma origem do sânscrito; e o persa antigo poderia ser adicionado à mesma. (Jones, 1799 [1786]: I, 26)

---

[46] Embora Jones não tenha sido o primeiro a levantar essa hipótese. Câmara Jr. (1975: 33) arrola como nomes que antecederam Jones o navegador Filippo Sassetti (1540-1588) e o jesuíta Gaston-Laurent Coeurdoux (1691-1779).

[47] Dependendo do autor consultado, a língua que se supõe ser a ancestral das línguas indo-europeias, o protoindo-europeu, teria sido falado num período que pode ir de 23.000 a.C. a 4.000 a.C. (Gray, Atkinson e Greenhill, 2011: 1093).

O pequeno trecho continha observações relevantes: (a) sugeria a existência de uma família linguística[48] que reunia as seguintes línguas ou grupos de línguas: sânscrito, grego, latim, persa, gótico (germânico) e céltico; (b) propunha um ancestral comum, que podia já ter desaparecido; (c) sugeria que algo deveria ter-se mesclado com a língua original que tornaria o germânico e o céltico menos parecidos com as línguas clássicas; e (d) tomava por base não apenas listas de palavras, mas também a gramática (Mallory e Adams, 2006: 5-6).

O pequeno parágrafo apresentava, portanto, caminhos para o aprofundamento da pesquisa linguística. A busca de formas básicas, originárias do protoindo-europeu, terminaria por levar ao estabelecimento de mudanças fonéticas sistemáticas a partir de diferentes línguas, as *leis fonéticas*[G]. Levaria ainda a uma mudança no modo de analisar a palavra, a que Franz Bopp (1791-1867) – o primeiro a perceber que a palavra indo-europeia podia ser decomposta em *raiz + afixo derivacional + afixo flexional* – se referiu como *dissecação* (al. *Zergliederung*) (Lindner, 2015: 74). Ainda segundo Lindner (2015: 74), os conceitos de *raiz* (al. *Wurzel*), *radical* (al. *Stamm*) e *tema* (al. *Thema*) seriam empregados inicialmente por Philipp Buttmann (1764-1829), mas os dois primeiros estariam "estabelecidos na morfologia científica apenas por volta de 1870".

Nas palavras de Saussure (*Curso*, Introdução, p. 8),[49] os estudos linguísticos alcançaram novo patamar "quando se descobriu que as línguas podiam ser comparadas entre si". Era o início da *Gramática Comparada* ou *Filologia Comparada*, marcada pela obra de Franz Bopp (1791-1867), *Sistema de conjugação do sânscrito*. E Saussure completa: "É de duvidar que Bopp tivesse podido criar sua ciência [...] sem a descoberta do sânscrito".

Por volta de 1870, esses estudos se tornariam mais propriamente históricos. A preocupação com uma língua-mãe gerou intensa pesquisa das mudanças na estrutura fonética. E assim a palavra ganhava estrutura interna, que não mais podia ser ignorada.

Quadro 1.10 – O conto de Schleicher

August Schleicher chegou a publicar, em 1868, uma pequena fábula em indo-germânico, denominação com que referia o protoindo-europeu, apresentada a seguir com a tradução, a partir da versão em alemão de Schleicher, pelo prof. Álvaro Alfredo Bragança Jr. (UFRJ):

Avis, jasmin varnā nā ast, dadarka akvams, tam, vāgham garum vaghantam, tam, bhāram magham, tam, manum āku bharantam. Avis akvabhjams ā vavakat: kard aghnutai mai vidanti manum akvams agantam.

---

[48] Essa família recebeu diversas denominações, como *ariana*, *jafética*, mas duas ganharam mais difusão: *indo-germânica*, termo criado por Conrad Malte-Brun em 1810, ainda em uso na Alemanha, e *indo-europeia*, denominação proposta por Thomas Young em 1813.

[49] A indicação das páginas do *Curso de Linguística Geral* refere-se à tradução brasileira utilizada (1972).

> *Akvāsas ā vavakant: krudhi avai, kard aghnutai vividvant-svas: manus patis varnām avisāms karnauti svabhjam gharmam vastram avibhjams ka varnā na asti.*
>
> *Tat kukruvants avis agram ā bhugat.*
>
> [Uma] ovelha, [sobre] a qual não havia lã (uma ovelha tosquiada) viu cavalos, [um] deles puxando uma pesada carroça, [um] outro grande peso, [um] terceiro transportando pessoas com rapidez. [A] ovelha falou [aos] cavalos: [O] coração se aperta em mim (sinto muitíssimo), vendo [os] cavalos levando [as] pessoas.
>
> [Os] cavalos disseram: Ouça, ovelha, [o] coração se aperta [naqueles] que têm conhecimento (sentimos muitíssimo, já que nós sabemos): [o] ser humano, [o] homem faz [da] lã [das] ovelhas uma roupa quente para si e [para as] ovelhas não há mais lã (as ovelhas, porém, não têm mais lã, elas são tosquiadas; elas estão em pior estado que os cavalos).
>
> Tendo ouvido isto, [a] ovelha dirigiu-se (foi embora) [para] o campo (pôs-se a caminho).

O conto de Schleicher receberia atualizações por parte de outros autores, como o indo-europeísta Hermann Hirt (1865-1936) e, mais recentemente, de Winfred Lehman e L. Zgusta, decorrentes de mais conhecimentos sobre o que teriam sido os sistemas vocálico e consonantal dessa língua de origem, mas também da ordem dos elementos na oração. Assim, por exemplo, *avis* 'ovelha' em Schleicher se torna *owis* em Hirt, como 'viu cavalos' se torna 'cavalos viu' em Lehman e Zgusta (e com um verbo diferente, *espeket*). A seguir, a primeira frase em duas atualizações:

A. Schleicher	*avis,* ovelha	*jasmin* para quem	*varnā* lã	*nā* não	*ast,* era	*dadarka* viu	*akvams,* cavalos
H. Hirt	*owis,*	*jesmin*	*wblenā*	*ne*	*ēst,*	*dedork'e*	*ek'wons*
Lehman e Zgusta	*owis,*	*kwesyo*	*wḷhnā*	*ne*	*ēst,*	*ekwons*	*espeket*

A metodologia desenvolvida com o indo-europeu geraria a busca pelo estabelecimento de outras famílias, mas se depararia com problemas, caso do interesse crescente pelas línguas africanas. Tinha início nesse novo campo a coleta de listas de vocábulos como a série *Bantu Notes and Vocabularies* (vide Quadro 1.11a), publicada entre 1893-1894 por Héli Chatelain (1859-1908) com material reunido por William Richard Summers (1855-1888), ou a *Polyglotta Africana Orientalis* (vide Quadro 1.11b), publicada em 1885, escrita por Joseph Thomas Last (1849-1933), cujo subtítulo indicava que era "uma coleção comparativa de 250 palavras e frases em 48 línguas e dialetos falados ao sul do Equador".

Quadro 1.11a – A comparação de línguas: *Bantu Notes and Vocabularies*, I, 536

VOCABULARY OF KISHI-LANGE.*			
ENGLISH	PORTUGUESE	KI-MBUNDU	KISHI-LANGE
A			
abdomen	barriga	di-vumu	di-vumu
arm, hand	braço, mão	lu-kuaku	di-boko
arms, hands	braços, mãos	ma-ku	ma-boko
B			
back (the)	costas (as)	di-ma	nii-mà
badness, ugliness	maldade, fealdade	ku-iiba	ma-lu-membe
basket-dish	cestinho	ng-alu	ka-paia†
basket-dishes	cestinhos	ji-ng-alu	tu-paia†
to beat	bater	ku-beta	ku-kuma
beauty, goodness	belleza, bondade	mbote	ma-lengela
beard	barba	mu-ezu	mu-evu
bird	ave, passaro	n-jila	ka-niiniu
blood	sangue	ma-niinga	ma-niinga
boat, canoe	canôa	u-lungu, u-atu	bu-atu
bone	osso	ki-fuba	ci-fufua
to break	quebrar, partir	ku-bukula	ku-cibula
breast, teat	peito, mamma	di-ele	di-bele
breasts, teats	peitos, mammas	m-ele	ma-bele
to bring (*lit.* to send hither)	trazer (*lit.* mandar aqui)	ku-beka	ku-tuma kunu
bull, cow	boi, vacca	ngombe	ñombe
buttock	nadega	di-taku	di-taku

Quadro 1.11b – A comparação de línguas: *Polyglotta Africana Orientalis* ([1885]: 29; 65)

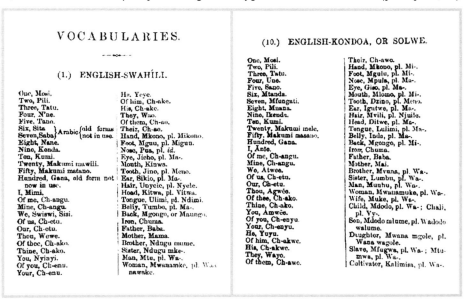

Não bastava reunir dados. O desenvolvimento da Ciência da Linguagem ansiava por método, para equipará-la de fato a uma ciência – fosse ela natural, como propunha Schleicher, ou física, como propunha Max Müller – isto é: precisava de "fatos estabelecidos por meio de observação objetiva", "conclusões rigorosas" a partir desses fatos, o estabelecimento de "leis vitais" (Schleicher, 1868 [1863]: 3-4). Para a Ciência da Linguagem que se formava era esse o modelo a ser adotado:

> Retornemos ao nosso panorama da história das Ciências Físicas. [...] Vimos, por exemplo, na Botânica, que um homem que viajou por países longínquos, que coletou vasto número de plantas, que conhece seus nomes e suas qualidades medicinais não é ainda um botânico, mas apenas um herborista, um amante de plantas, ou o que os italianos chamam um *dilettante*, de *dilettare*, deliciar. A real ciência das plantas, como qualquer outra ciência, começa com o trabalho de classificação. Uma familiaridade empírica com os fatos conduz ao conhecimento científico de fatos assim que a mente descobre sob a multiplicidade de produções singulares a unidade de um sistema orgânico. A descoberta se faz por meio de comparação e classificação. Paramos de estudar cada flor em si; e pela ampliação continuada da esfera de nossa observação, tentamos descobrir o que é comum a muitas e aqueles pontos essenciais sobre os quais grupos ou classes naturais podem ser estabelecidos. Essas classes, em seus traços mais gerais, podem ser novamente comparadas entre si; novos pontos de diferença ou de similaridade de caráter mais alto e mais geral saltam à vista e nos permitem descobrir classes de classes, ou famílias. E quando o todo do reino das plantas tiver sido pesquisado e um tecido simples de nomes sido espalhado sobre o jardim da natureza; quando pudermos alçá-lo e vê-lo em nossa mente como um todo, como um sistema bem definido e completo, então falaremos da Ciência das Plantas ou Botânica. [...]
>
> Na Ciência da Linguagem, as línguas não são tratadas como um meio, a própria linguagem se torna o único objeto da pesquisa científica. [...] Não queremos conhecer línguas; queremos conhecer a linguagem, o que é, como forma um veículo ou órgão do pensamento; queremos conhecer sua origem, sua natureza, suas leis; e é apenas com a finalidade de alcançar esse conhecimento que coletamos, organizamos e classificamos todos os fatos de linguagem a nosso alcance. (Müller, 1862 [1861]: 15-22)

Ao dividir o conhecimento em *ciências físicas* (as que tratam da obra divina) e *ciências históricas* (que tratam da obra humana), Max Müller (1862 [1861]: 20-1) enfatizava que a nova Ciência da Linguagem não era uma ciência histórica, como a Filologia, mas uma ciência física; a língua era um organismo vivo[50] com leis fixas de desenvolvimento como plantas e animais, não como as sociedades.[51]

---

[50] A metáfora orgânica "oferece uma justificativa para um estudo da linguagem *per se*. [...] A Linguística estava pronta para se tornar uma disciplina autônoma, como as ciências naturais" (Davies, 1998: 87).

[51] Engler (1980: 100), ao tratar do conceito de *história* nas ciências da linguagem no século XIX, cita um trecho de Saussure de 1891: "*plus on étudie la langue, plus on arrive à se pénétrer de ce fait que tout dans la langue est histoire, c'est-à-dire qu'elle est un objet d'analyse historique, et non d'analyse abstraite, qu'elle se compose de faits, et non de lois, que tout ce qui semble organique dans le langage est en réalité contingent et complètement accidentel*" [quanto mais se estuda a língua, mais se percebe que tudo na língua é história, isto é, que ela é um objeto de análise histórica e não de análise abstrata, que ela se compõe de fatos e não de leis, que tudo que parece orgânico na língua é, na realidade, contingente e completamente acidental].

Quadro 1.12 – O desapontamento com as *leis* na Ciência da Linguagem

Cerca de 20 anos mais tarde, o desapontamento com a noção de *lei* na Ciência da Linguagem começaria a manifestar-se. As *leis* no âmbito das línguas não atuavam como na Física ou na Química, afirmaria em 1880 um dos neogramáticos, Hermann Paul (1846-1921), para quem a Linguística era sim uma ciência cultural, histórica:

> A palavra *lei* emprega-se em sentidos muito diversos, o que facilmente provoca confusão. A noção *lei* fonética não deve compreender-se no sentido que damos à *lei* na física ou na química, ou seja, no sentido que eu tinha em vista quando opus as ciências exactas às ciências históricas. A lei fonética não afirma o que deve repetir-se sempre sob determinadas condições gerais, mas verifica apenas a regularidade adentro dum grupo de determinados fenómenos históricos. (Paul, 1966 [1880]: 74, § 46)

"Os linguistas podiam ainda chamá-las leis, mas não por conta da generalidade, mas de sua regularidade" (Aronoff, 2017: 448).

Morfologia:
a criação de um novo termo científico

2.1 A LÍNGUA COMO ORGANISMO

Ao findar o século XVIII, a Europa se surpreendia não apenas com a existência de muitas línguas que até então desconhecia. Uma "explosão de descobertas de novas plantas e formas animais vivas e extintas" chamava a atenção (Lenoir, 1982: 1) e reuniria anatomistas, fisiologistas e naturalistas em busca de uma "teoria unificada da vida e sua história". A *Biologia*, termo proposto em 1802 por Jean de Baptiste-Lamarck (1744-1829) e Gotthelf Reinhold Treviranus (1776-1837) para a nova disciplina, estaria voltada para "as diferentes formas e fenômenos da vida, as condições e leis de sua existência como das causas que os determinam" (Friedrich Wilhelm Joseph von Schelling, 1798, apud Lenoir 1982: 1). O contato entre nomes destacados dessa área e da Ciência da Linguagem influenciaria ambos os grupos. No caso da nascente Linguística, a metáfora da língua como organismo vivo atravessaria todo o século XIX. *Orgânico* implicava *inato*, ao passo que *mecânico* implicava uma *adição acidental* (Davies, 1998: 86). Significou também ser impossível estudar elementos linguísticos em isolado, sem atentar para a estrutura, o que implicou ênfase na gramática e não no léxico (Davies, 1998: 87).

Ainda nesse século, em 1890, podemos encontrar a metáfora da língua como organismo vivo já agora num autor brasileiro. Ernesto Carneiro Ribeiro (1839-1920), nos *Serões Grammaticaes,* expressava essa visão:

> A parte da lexicologia que estuda a palavra em sua forma e estructura, isto é, como um todo composto de orgãos, chama-se MORPHOLOGIA.
>
> As partes ou membros de cada vocábulo, que têm uma funcção especifica, recebem a denominação de orgãos ou elementos morphologicos. (Ribeiro, 1955 [1890]: 103)

2.2 BIOLOGIA, EVOLUÇÃO E LINGUAGEM

A questão da origem da linguagem se tornaria parte relevante na discussão sobre evolução da espécie. Charles Darwin (1809-1882) proporia a *coevolução* de linguagem e cérebro/mente, tendo esta interação surgido muito cedo na história da espécie. Desse modo, Darwin se oporia à proposta de August Schleicher (e também de Wilhelm Bleek), segundo a qual a linguagem teria surgido somente após a dispersão geográfica e a diferenciação racial:

> Com base nas diferenças fundamentais entre determinadas línguas, alguns filólogos[52] têm inferido que, quando o homem primeiramente se dispersou, ele não era um animal falante; pode-se suspeitar, contudo, de que as línguas – de longe muito menos perfeitas do que qualquer uma das que atualmente são faladas – auxiliadas por gestos, poderiam ter sido usadas e ainda assim não terem deixado traços nas línguas subsequentes e mais altamente desenvolvidas. Sem o uso de alguma língua, ainda que imperfeita, parece duvidoso se o intelecto do homem poderia ter alcançado os padrões implicados por sua posição dominante num período tão antigo. (Darwin, *Descent of Man*, VII, 910)

Para Darwin, as raízes das diferentes protolínguas seriam muito posteriores, portanto, a essa língua ou línguas do início (ver Alter, 2007: 581). De acordo com Schleicher, para cada uma das grandes famílias de línguas então estabelecidas haveria uma língua ancestral ou *protolíngua* que, por sua vez, não derivaria de uma língua ancestral comum.[53]

Para Schleicher, cada protolíngua derivaria de símbolos sonoros ou *raízes*, agora compreendidas como "células linguísticas simples, nas quais não se encontram ainda os órgãos para as funções como o nome o verbo, etc., e nas quais essas funções [...] são ainda tão pouco diferenciadas como na célula primitiva" (Schleicher, 1868 [1863]: 15).

Uma língua é formada de palavras, diria Schleicher (1859: 2);[54] sendo assim era necessário estabelecer que formas as palavras podiam tomar. Considerando que as palavras de uma língua são compostas de *significado*, cuja expressão oral são as *raízes*, e *relações*, que podem estar expressas por sons relacionais ou não serem expressas, Schleicher proporia três estágios evolutivos, irreversíveis como aqueles na evolução de um ser vivo, não se afastando muito da proposta pouco anterior de August von Schlegel.

Friedrich von Schlegel (1772-1829) em 1808, e depois, em 1818, seu irmão August von Schlegel (1767-1845) haviam proposto uma classificação das línguas com base na estrutura das palavras e, assim, não histórica. Para Friedrich, havia duas espécies de línguas: aquelas em que a determinação gramatical do significado se faz por meio de alterações em sons da raiz – e Câmara Jr. (1975: 35; 1970: 71)

---

[52] Para Alter (2007), referência a August Schleicher e possivelmente também a Wilhelm Bleek (1827-1875), este famoso por seus estudos sobre línguas africanas e tio do zoólogo Ernst Haeckel.

[53] Schleicher (1868 [1863]: 14): "Portanto nos é impossível supor a derivação material [...] de todas as línguas do seio de uma língua primitiva única". Também em Schleicher (1874 [1861]: I, 2).

[54] "Die sprache besteht auß worten" (capitalização como no original). Agradeço a ajuda, na forma de tradução desse texto, ao prof. Gean Damulakis (UFRJ).

atribui a Friedrich von Schlegel o emprego pioneiro do termo *flexão* (al. *Biegung*) nos estudos linguísticos – e línguas marcadas pela afixação.[55] August levaria adiante o trabalho do irmão (Jankowsky, 2013: 651) e proporia uma divisão tripartite: línguas sem estrutura gramatical, línguas afixivas e línguas flexivas. Nas línguas sem estrutura gramatical as raízes eram estéreis e somente as línguas flexivas teriam vida orgânica (vide Greenberg, 1974: 38). A classificação das línguas presente em Ernesto Carneiro Ribeiro (1890), por exemplo, reflete essa visão orgânica:

> Na formação das línguas passam as *raízes* por tres phases, estadios ou períodos sucessivos, a que dão os philologos as denominações de *monosyllabismo, agglomeração* ou *agglutinação* e *fusão* ou *flexão*.
>
> No primeiro período as palavras se compõem só de *raízes*, que se juxtapõem sem se fundir, guardando cada uma dellas sua independencia e autonomia. Representa este periodo o estado mais primitivo em que se nos depara a linguagem.
>
> As línguas neste primeiro estadio e que, por circumstancias especiais, podem nelle persistir ou passar aos dois periodos subsequentes, chamam-se *monosyllabicas* ou *isolantes*. Taes são o *chinez*, o *annamitico*, o *thibetano*, o *siamez* e o *birmano*.
>
> O periodo de *agglutinação* é aquelle em que as raízes se unem para formar palavras complexas, ficando uma dellas intacta e perdendo a outra sua independencia e forma primitiva.
>
> Taes são a maior parte das linguas *affricanas*, as linguas *americanas*, as *uro-altaicas*, as *maleo-polynesicas*, o *japones*, o *coreu* e o *vasconço*.
>
> No terceiro período, chamado *flexão* ou *fusão*, raiz e elementos acessorios unem-se e fundem-se, constituindo um só todo, um corpo unico, perdendo todas ellas sua independencia e autonomia.
>
> São exemplos desse terceiro período todas as línguas *indo-germanicas* e as linguas *semiticas*, a que pertencem o *chaldeu*, o *syriaco*, o *assyrio*, o *hebreu*, o *phenicio* e o *arabe*. (Ribeiro, 1955 [1890]: 107)

As línguas passavam a ser classificadas segundo a nitidez das fronteiras entre os elementos que tomavam parte na formação de palavras e o número desses elementos. Essa tipologia, embora tenha sido de grande apelo, esbarrava no fato de que muitas línguas apresentavam dados classificáveis nos diferentes estágios e, "mais importante, nada mais parecia se seguir dessa classificação: nunca se demonstrou que línguas com propriedades aglutinativas compartilham traços, de modo não acidental, que não são compartilhados com línguas não aglutinativas" (Anderson, 1985a: 10).

---

[55] Greenberg (1974: 37n3) chama a atenção para o uso de *flexão* e de *afixo* por Friedrich von Schlegel: considerou as palavras funcionais do chinês afixos e não considerou flexão as mudanças internas de línguas semíticas.

2.3 A NECESSIDADE DE DESIGNAR UM NOVO CONCEITO NA CIÊNCIA

Atribui-se ao poeta, dramaturgo, romancista, homem de Estado e cientista[56] Johann Wolfgang von Goethe (1749-1832) ter cunhado, em 1796, no âmbito da Biologia e não no da Gramática, a palavra alemã *Morphologie*, para que denominasse "a formação e a transformação da natureza orgânica" (Jahn, 2012). De acordo com Salmon (2000: 16), Goethe a emprega pela primeira vez num diário em 25 de setembro de 1796; poucos dias depois, em 12 de novembro, numa carta para Friedrich Schiller (1759-1805).

A nova palavra surgia no bojo da crítica de Goethe à taxonomia de Carlos Lineu ou Carolus Linnaeus (1707-1778), publicada em 1735, "que tratava a natureza como se fosse uma coleção estática de espécies" (Wellmon, 2010: 160). Nas palavras de Wellmon (2010: 160-1), "se Lineu forjou sua taxonomia como método para lidar com 'os muitos objetos que o grande Criador colocou diante do homem', Goethe modelou sua morfologia como método para lidar com o modo como esses objetos se desenvolveram e mudaram ao longo do tempo". E Goethe explicava:

> O alemão tem para o conjunto da existência de um ser real a palavra 'forma' (*Gestalt*). Com este termo ele abstrai do que está em movimento, admite que uma coisa consistente nos seus elementos seja identificada, fechada e fixada no seu caráter. [...] A nossa língua costuma servir-se, e com razão, da palavra 'formação' (*Bildung*) para designar tanto o que é produzido como o que está em vias de o ser. Portanto, se quisermos introduzir uma Morfologia, não devemos falar de forma; se, pelo contrário, usarmos a palavra, então temos de tomá-la em qualquer dos casos apenas como ideia [...]. (Goethe, *Zur Morphologie* [Sobre a morfologia], 1817. Tradução em Kestler, 2006: 47)

2.4 SCHLEICHER: A MORFOLOGIA NOS ESTUDOS LINGUÍSTICOS

É com o pano de fundo da dinamicidade inerente ao processo de evolução que August Schleicher (1821-1868) introduziria o termo *morfologia* no que ele denominava *Ciência da Linguagem* ou *Glótica*, para ele uma Ciência Natural (Schleicher, 1868: 4). Marcava, assim, que era necessária uma nova concepção do estudo da palavra.

---

[56] Como alguém pode trabalhar com Anatomia, Botânica, Zoologia, como parece ter sido o caso de Goethe? Essa não parece ter sido uma situação incomum num período em que a compartimentalização das ciências e sua profissionalização ainda não se tinham firmado. A palavra *cientista* (tradução do inglês *scientist*) ainda não existia: seria cunhada por William Whewell (1794-1866) em 1834. O próprio Whewell era um polímata ou, como se diria na época, um naturalista ou um homem de ciência: escreveu sobre Mecânica, Mineralogia, Geologia, Astronomia, Economia Política, Teologia, Reforma da Educação, Direito Internacional, Arquitetura, Filosofia da Ciência, História da Ciência e Filosofia Moral (Snyder, 2017).

Se os linguistas anteriores a Schleicher comparavam a linguagem a um organismo natural, comentava Câmara Jr. (1975: 51), "com Schleicher passamos de uma comparação vaga para uma interpretação coerente da linguagem com um organismo", tornando possível aplicar à linguagem o conceito de evolução com que Charles Darwin vinha trabalhando. As línguas são organismos naturais que, fora da vontade humana e seguindo leis determinadas, nascem, crescem, se desenvolvem, envelhecem e morrem", afirmaria Schleicher em *A teoria de Darwin e a Ciência da Linguagem* (Schleicher, 1868 [1863]: 3), carta aberta a seu amigo, o zoólogo Ernst Haeckel (1834-1919) que o presenteara com *A origem das espécies*, de Darwin. O desenvolvimento da linguagem se assemelhava ao de uma planta.

Mais do que isso. Uma das consequências dessa visão foi a proposta de um programa de pesquisa para a Ciência da Linguagem: como haviam feito os gramáticos da Índia mais de 2000 anos antes, a depreensão de raízes (os *elementos* inanalisáveis que restassem após a retirada de formativos e derivativos – Müller, 1882 II: 30), que deveriam ser cerca de 400 ou 500, permitiria dar conta do "antigo enigma do mundo acerca da origem da linguagem" (Müller, 1882 II: 31).

2.5 BAUDOUIN DE COURTENAY E O SURGIMENTO DO *MORFEMA*

O interesse pelo sânscrito na Europa faria mais do que ser a origem dos estudos histórico-comparativos: influenciaria a descrição gramatical.

> Assim como a relativa autonomia da palavra em grego e latim tornou possível aos gramáticos não buscar qualquer unidade com significado menor que ela, a similaridade nos efeitos do sândi interno e externo em sânscrito tornou conveniente para os gramáticos hindus reconhecer unidades semelhantes ao morfema (ao invés de palavras). (Kilbury, 1976: 9)

Em 1895, com Jan Baudouin de Courtenay (1845-1929) surgia o termo *morfema*:

> Morfema = a parte de uma palavra dotada de vida psíquica autônoma e, por esta mesma razão, não mais divisível. Este conceito abrange, portanto: raiz (*radix*), todos os possíveis *afixos* (*sufixos, prefixos*), *terminações* que servem como expoentes de relações sintáticas, etc. (Baudouin de Courtenay 1895: 10, apud Mugdan, 1990)[57]

Ao considerar as unidades internas à palavra, Baudouin introduzia também *alternantes* e *alternância* – e numa perspectiva sincrônica:

---
[57] Agradeço a tradução ao prof. Álvaro Bragança Jr. (UFRJ).

Em toda língua e na fala de cada indivíduo observamos diferenças fonéticas entre morfemas etimologicamente idênticos. Em outras palavras, em cada língua há morfemas etimologicamente relacionados que diferem foneticamente em alguma de suas partes. Por exemplo, nos morfemas etimologicamente relacionados *mog-* e *moż-* do polonês *mog-ę* \ *moż-esz*, os dois primeiros fonemas *m* e *o* são idênticos, mas os fonemas finais *g* e *ż* são diferentes. Tais fonemas foneticamente diferentes, que são parte de morfemas etimologicamente relacionados e que ocupam a mesma posição na estrutura fonética dos morfemas (no exemplo citado, a terceira posição) chamaremos *alternantes* e a relação entre eles, uma *alternância*. (Baudouin de Courtenay, 1895, apud Kilbury, 1976: 24)

Quadro 1.13 – A estrutura interna da palavra ganha importância (Basílio, 2004: 73-4)

Ainda que gramáticos antigos tenham intuído a distinção entre derivação e flexão, conforme observa Mattoso Câmara (1970: 71), ou que termos como radical e afixos tenham sido utilizados já há alguns séculos, apenas no século xix, com o desenvolvimento da Linguística Histórica, passa a haver uma preocupação geral com a estrutura interna da palavra. É nesta época que o termo morfologia passa a ser utilizado abrangendo a flexão e a derivação.

De fato, o século xix se caracteriza inicialmente pelo desenvolvimento do método histórico-comparativo, com o qual se pretendia estabelecer a relação genética entre línguas; e pelo subsequente desenvolvimento do método histórico, através do qual se estabelecia a evolução fonética a partir de formas básicas teorizadas como ancestrais. Ora, dadas as profundas modificações ocorridas sobretudo em situações de juntura, que dificultavam o estabelecimento de correspondências sistemáticas, os comparatistas precisavam proceder à análise da estrutura interna da palavra e recuperar os elementos formativos, a serem comparados em diferentes línguas. A manipulação desta estruturação, ao lado da comparação de sistemas morfológicos que pressupunha a flexão, muito cedo levou à necessidade de se delimitar e nomear os dois campos da morfologia, a flexão e a derivação.

Podemos observar, então, já na literatura correspondente ao método comparativo e ao método histórico, a ascensão da relevância dos elementos formativos em detrimento da palavra como um todo; as comparações e relações sistemáticas se estabelecem em termos de raízes lexicais e terminações flexionais e não em termos de uma unidade que já não pode mais ser definida como elemento mínimo da análise linguística, embora, naturalmente, o reconhecimento da unidade *palavra* continue sendo feito sem maiores problemas.

É necessário ter morfologia na gramática?

3.1 SAUSSURE: "A MORFOLOGIA NÃO TEM OBJETO REAL E AUTÔNOMO"

Com o linguista suíço Ferdinand de Saussure (1857-1913), o tipo de estudo desenvolvido ao longo do século XIX tornava-se alvo de críticas:

> Censurou-se à gramática clássica não ser científica; sua base, todavia, é menos criticável e seu objeto melhor definido, o que não é o caso da linguística iniciada por Bopp. Esta, colocando-se num terreno mal delimitado, não sabe exatamente para que alvo tende. Está a cavaleiro de dois domínios, por não ter sabido distinguir claramente entre os estados e as sucessões. (Saussure, *Curso*, I, 3, § 2, p. 98)

Saussure introduzia a noção de sistema. Uma língua é um *sistema,* um "système où tout se tient" [um sistema onde tudo se sustenta],[58] "no qual todas as partes podem e devem ser consideradas em sua solidariedade sincrônica" (Saussure, *Curso*, I, 3, § 3, p. 102). Para compreender o *valor* de um elemento linguístico, há necessidade de analisá-lo num determinado momento de uma dada comunidade; não pode ser visto isoladamente, arrancado dos diversos contextos a que pertenceu em diferentes épocas.

Esta nova visão consolidaria o *estudo sincrônico*. Para Saussure, "[a] Gramática estuda a língua como um sistema de meios de expressão; quem diz gramatical diz sincrônico e significativo". Isso porque

> [a] sincronia conhece apenas uma perspectiva, a dos sujeitos falantes, e todo seu método consiste em recolher seu testemunho. Para saber-se em que medida algo é uma realidade, será necessário e suficiente pesquisar em que medida isso existe para a consciência dos sujeitos [...]. O estudo sincrônico não tem por objeto tudo que é simultâneo, mas somente o conjunto de fatos que corresponde a cada língua; na medida em que se fizer necessária, a separação chegará aos subdialetos. (Saussure, *Curso*, I, 3, § 5, p. 106)

---

[58] Embora muito repetida, a citação foi atribuída erroneamente a Saussure (ver Peeters, 1990. Também a postagem 14.1954 na Linguist List em 17/07/2003, de Laurie Bauer. Disponível em: <http://linguistlist.org/pubs/sums/summary-details.cfm?submissionid=31271>).

O tempo levado em conta para o estudo dos fatos linguísticos é o de um usuário (o "sujeito falante"), porque o critério para a depreensão de um elemento linguístico é o que existe para a consciência desse falante como membro de uma comunidade. É a isso que a noção de *sistema* remete. Por conseguinte, impõem-se limites temporais às relações entre elementos linguísticos, que têm de ser vistos numa *comunidade linguística*[G], criada pelo vínculo social (Saussure, *Curso*, V, 4 § 2, p. 261): é necessário que se tenha uma massa falante para que se possa ter uma língua (Saussure, *Curso*, I, 2, § 2, p. 92). A comunicação entre os membros de uma comunidade se faz porque eles conseguem relacionar sequências sonoras a significados, por excelência o campo do *signo linguístico*. Uma língua "constitui-se num sistema de signos" (Saussure, *Curso*, Introdução, 3, § 2, p. 23).

Em Saussure, o *signo linguístico* é a união indissociável e arbitrária entre um *significante* e um *significado* (Saussure, *Curso*, I, 1, § 1, p. 79). Em outra parte do *Curso*, porém, Saussure observa que apenas uma parte dos signos é absolutamente arbitrária; nos demais haveria graus de arbitrário, quando "o signo pode ser relativamente motivado" (Saussure, *Curso*, II, 6, § 3, p. 152).

> Assim, *vinte* é imotivado, mas *dezenove* não o é no mesmo grau, porque evoca os termos dos quais se compõe e outros que lhe estão associados, por exemplo, *dez, nove, vinte* e *nove, dezoito, setenta* etc.; tomados separadamente, *dez* e *nove* estão nas mesmas condições que *vinte*, mas *dezenove* apresenta um caso de motivação relativa. O mesmo acontece com *pereira*, que lembra a palavra simples *pera* e cujo sufixo *-eira* faz pensar em *cerejeira, macieira* etc.; nada de semelhante acontece com *freixo, eucalipto* etc. (Saussure, *Curso*, II, 6, § 3, p. 152).

Os graus do arbitrário dependeriam da transparência dos elementos formadores de uma palavra complexa, unidade superior que consiste na combinação de elementos solidários, que, em isolado, inexistem: nem o radical é autônomo, nem o sufixo existe (Saussure, *Curso*, II, 6, § 1, p. 148). Para Saussure, a motivação

> [...] é tanto mais completa quanto a análise sintagmática seja mais fácil e o sentido das subunidades mais evidente. Com efeito, se existem elementos formativos transparentes, como *-eira* em *pereira*, em comparação com *cerej-eira, maci-eira* etc., outros há cuja significação é turva ou inteiramente nula; assim, até que ponto o sufixo *-ot* corresponde a um elemento de sentido em *cachot*? Relacionando palavras como fr. *coutelas, fatras, platras, canevas*, tem-se o vago sentimento de que *-as* é um elemento formativo próprio dos substantivos, sem que se possa defini-lo mais exatamente. (Saussure, *Curso*, II, 6, § 3, p. 153)

É a motivação relativa que leva o leitor do *Curso* a considerar a estrutura interna da palavra, estabelecida com base nos dois eixos da análise saussureana. A motivação relativa decorre das "solidariedades" impostas pelo sistema que levam à "limitação do arbitrário" (Saussure, *Curso*, II, 6, § 3, p. 154): as relações sintagmáticas e as relações associativas.

As relações sintagmáticas decorrem de um dos fundamentos da teoria saussureana, do qual "todo o mecanismo da língua" depende: o caráter linear do significante (Saussure, *Curso,* I, 1, § 3, p. 84). Na sucessão dos termos na cadeia da fala surge a noção de *sintagma* (Saussure, *Curso*, II, 5, § 1, p. 142), que se aplica "não só às palavras, mas aos grupos de palavras, às unidades complexas de toda dimensão e de toda espécie (palavras compostas, derivadas, membros de frase, frases inteiras)" (Saussure, *Curso*, II, 5, § 2, p. 143-4). É ao tratar destas relações que surgem no *Curso* exemplos de palavras com estrutura interna, diferentemente das formas latinas *arbor* ou *equos* que haviam exemplificado a noção de signo linguístico: o francês *dé-faire* ('des-fazer'), por exemplo, é um sintagma lexical; evoca na mente relações associativas com *faire* 'fazer', *refaire* 'refazer', *contrefaire* 'contrafazer' etc. (Saussure, *Curso*, II, 6, § 2, p. 150). "A frase é o tipo por excelência de sintagma. Mas ela pertence à fala e não à língua" (Saussure, *Curso*, II, 5, § 2, p. 144; ver também II, 2, § 3, p. 123). Apesar disso, Saussure caracteriza as *relações sintagmáticas* como parte da *langue*:

> [...] na língua, tudo se reduz a diferenças, mas tudo se reduz também a agrupamentos. Esse mecanismo, que consiste num jogo de termos sucessivos, se assemelha ao funcionamento de uma máquina cujas peças tenham todas uma ação recíproca, se bem que estejam dispostas numa só dimensão. (Saussure, *Curso*, II, 6, § 1, p. 149)

Por outro lado, as *relações associativas* se constroem "fora do discurso", na memória, onde as palavras formam grupos nos quais "imperam relações muito diversas". As relações associativas unem "termos *in absentia* numa série mnemônica virtual" (Saussure, *Curso*, II, 5, § 1, p. 143). Sua caracterização é negativa: "os termos de uma família associativa não se apresentam nem em número definido nem numa ordem determinada" (Saussure, *Curso*, II, 5, § 3, p. 146), porque será impossível saber quantas palavras serão lembradas e em que ordem. Em resumo: não há estrutura nas relações associativas.

Como Câmara Jr. observou em "Morfologia e sintaxe", artigo originalmente publicado em 1955,[59] a *sintaxe saussureana* é mais ampla:

> Um exame mais atento [...] logo põe em evidência que não coincidem a sintaxe, em seu sentido tradicional, e a sintagmática saussureana. Esta é, pelo menos, muito mais ampla que aquela. Tal é a consequência implícita nas próprias páginas do *Curso* que debatem a dicotomia entre valor associativo e valor sintagmático, pois aí se dá para exemplo de sintagma uma palavra composta como *relire* [...] e se esclarece que a

---

[59] Publicado em 1955 no *Jornal de Filologia*, páginas 177-82. Aqui citado pela reedição na coletânea *Dispersos*, preparada pelo prof. Carlos Eduardo Falcão Uchôa, publicada em 1972.

noção de sintagma se aplica a palavras compostas, derivadas, membros de frase ou frases inteiras [...]. A solução que da redação sumária e salteada do *Curso* parece aflorar é a substituição da sintaxe propriamente dita por uma sintagmática, ou estudo das formas em sua apresentação linear. (Câmara Jr., 1972b: 12)

Saussure chamou a atenção para o fato de que então se convencionava denominar *gramática* à reunião de *morfologia* e *sintaxe*, ficando de fora da gramática a *lexicologia* ou "ciência das palavras". Saussure pergunta se tais divisões estão em harmonia com os princípios que acabara de formular (Saussure, *Curso*, II, 7, § 1, p. 156). Sua resposta é negativa:

A morfologia trata das diversas categorias de palavras (verbos, substantivos, adjetivos, pronomes, etc.) e das diferentes formas de flexão (conjugação, declinação). Para separar este estudo da sintaxe, alega-se que esta tem por objeto as funções próprias das unidades linguísticas, ao passo que a morfologia só se ocupa de sua forma; ela se contenta, por exemplo, com dizer que o genitivo do grego *phúlax*, "guardião", é phúlakos, e a sintaxe ensina o emprego dessas duas formas. Tal distinção é, porém, ilusória. (Saussure, *Curso*, II, 7, § 1, p. 156-7)

Defende, então, que "a morfologia não tem objeto real e autônomo; não pode constituir uma disciplina distinta da sintaxe" (Saussure, *Curso*, II, 7, § 1, p. 157); afirma que não pode haver entre os fatos da sincronia "nenhum limite traçado de antemão" (Saussure, *Curso*, II, 7, § 2, p. 158). Afinal, como resumiu Câmara Jr., "a língua só se realiza na frase, e, assim sendo, as formas isoladas, como no-las oferece a morfologia, são abstrações arbitrárias" (Câmara Jr., 1972b: 9).

3.2 A CONTRA-ARGUMENTAÇÃO DE CÂMARA JR.

Em "Morfologia e sintaxe", Câmara Jr. analisa a afirmação saussureana de que "a morfologia não tem objeto real e autônomo" e, diferentemente de Saussure, defende a "validade doutrinária da divisão" e, por conseguinte, uma morfologia autônoma – como também uma "sintaxe *stricto sensu*". Câmara Jr. constrói sua argumentação com o próprio texto saussureano, o que lhe é possibilitado pelas "contradições [...] que se deparam no *Curso* de Saussure, em consequência de tratar-se de notas de aula postumamente compendiadas" (Câmara Jr., 1972b: 9).[60] A argumentação mattosiana

---

[60] O *Curso* de Saussure, obra publicada após sua morte, foi organizado por Charles Bally (1865-1947) e Albert Sechehaye (1870-1946) com base em cerca de 1000 páginas de notas de aula dos alunos dos anos letivos 1906-1907, 1908-1909 e 1910-1911 na Universidade de Genebra. Nem Bally nem Sechehaye participaram desses cursos. Daí as várias críticas que a obra recebeu sobre a fidelidade ao que teria sido o pensamento saussureano, que ganhariam suporte em 1957 com a tese de doutorado de Robert Godel (1902-1984), *Les sources manuscrites du Cours de linguistique générale de F. de Saussure*, e com os trabalhos posteriores de Rudolph Engler (1930-2003) e de Tullio de Mauro (1932-2017). Para uma visão geral, ver Bouissac (2010).

toma por base os dois eixos de análise propostos em Saussure – o valor sintagmático, fundamentado no caráter linear do significante, e o valor associativo, fora do discurso, cuja "sede está no cérebro" e que é "o tesouro interior que constitui a língua de cada indivíduo" (Saussure, *Curso*, II, 5, § 1, p. 145). Um elemento linguístico se define pelas relações na cadeia linear (as relações sintagmáticas) e pelas relações *in absentia*, que evoca enquanto membro de famílias associativas. Para Câmara Jr., a morfologia "focaliza um valor linguístico fora da enunciação linear" (Câmara Jr., 1972b: 11).[61] Por outro lado, é possível, com fundamentação teórica,

> [...] depreender da sintagmática ampla de Saussure uma sintaxe no seu sentido estrito e usual. É ela a parte da gramática que estuda as sequências frasais, isto é, aquelas em que um valor linguístico associativo não interfere e não entra em conflito com o valor sintagmático que a sucessão das formas determina. (Câmara Jr., 1972b: 14)

Para Câmara Jr., a distinção entre os eixos sintagmático e paradigmático podia, sim, sustentar a distinção entre morfologia e sintaxe, porque

> [...] entre o sintagma que é palavra composta e o sintagma-frase há uma distinção nítida e básica: naquele o valor sintagmático se cristaliza num novo valor morfológico. Em outros termos, a significação global da sequência não existe apenas linearmente na enunciação em que figura. Destaca-se pela sua associação com formas ali não presentes. (Câmara Jr., 1972b: 13)

3.3 UMA TENSÃO TEÓRICA AINDA PRESENTE

A questão levantada por Saussure acerca da impossibilidade de uma morfologia autônoma ainda é atual. Esteve presente no *estruturalismo norte-americano*, modelo essencialmente concatenativo, em que a análise se constituiu no estabelecimento de unidades irredutíveis, ordenadas linearmente, e na busca dos padrões que regiam sua combinação.

Para autores como Leonard Bloomfield (1887-1949), mas especialmente para seus seguidores imediatos, os assim chamados *pós-bloomfieldianos*[62] nas décadas de 1940 e

---

[61] A distinção entre morfologia e sintaxe baseada nos eixos saussureanos de análise não parece tão clara em Câmara Jr. quando define o *morfema de posição*, "a posição do semantema em relação a outro na enunciação" (Câmara Jr, 1973b: 268).

[62] A denominação *pós-bloomfieldianos* se refere especialmente a Bernard Bloch (1906-1965), Zellig Harris (1909-1992), Archibald Hill (1924-1989), Charles Hockett (1916-2000), Eugene Nida (1914-2011), Kenneth Pike (1912-2000), Henry Smith (1913-1972), George Trager (1906-1992) e Rulon Wells (1919-2008). É com os pós-bloomfieldianos que a noção de unidades que formam unidades de nível imediatamente superior se estabelece. Bloomfield levara em conta elementos sem significado (*fonema*, *taxema*) na composição de elementos que portavam significado (*morfema*, *tagmema*). Segundo Bloomfield (1984 [1933]: 167), porém, "devemos [...] ter em mente que o significado não pode ser definido em termos de nossa ciência. Qualquer

1950, o *morfema*, enquanto signo mínimo, tornava-se a unidade básica da morfologia e também da sintaxe: "[a]s construções sintáticas [...] são aquelas em que nenhum dos constituintes imediatos é uma forma presa" (Bloomfield, 1984 [1933]: 184); "no estudo gramatical estamos voltados para os morfemas e seus arranjos" (Hockett, 1958 [1961]: 147), sendo "tarefa da linguística descrever estes princípios de ordenação da forma mais abrangente e concisa possível" (Gleason Jr., 1978 [1961]: 62).

Se não há características específicas que diferenciem a relação entre os constituintes da palavra das relações que se estabelecem entre os constituintes de unidades maiores, a distinção entre morfologia e sintaxe passa a ser também difusa, como notou Gleason Jr. (1978 [1961]: 137):

> Podemos dividir a gramática de modo conveniente em morfologia e sintaxe. A sintaxe pode definir-se, *grosso modo*, como o conjunto de princípios de organização das construções formadas pelo processo de derivação e flexão (palavras) em construções mais vastas, de espécies diversas. Nem sempre é clara a distinção entre morfologia e sintaxe. Para algumas línguas, esta definição de sintaxe é razoável, enquanto que, para outras, levanta dificuldades consideráveis. Não é, porém, possível uma discriminação mais satisfatória que abranja as línguas em geral.

Assim, Henry Allan Gleason Jr. (1917-2007) introduz o leitor no capítulo em que começará a abordar as "unidades mais vastas da gramática", sobre os *constituintes imediatos* e sobre a noção de *construção,* entendida agora como "todo e qualquer grupo significativo de palavras (ou morfemas)" (Gleason Jr., 1978 [1961]: 141). Embora ressalve que a distinção entre morfologia e sintaxe não é necessariamente clara, ele e outros linguistas da época consideraram a *morfologia* como "a gramática interna das palavras" e a *sintaxe*, como o estudo de "sua gramática externa e das sequências de palavras" (Wells, 1966 [1947]: 197n), da "descrição compacta da estrutura de enunciados numa determinada língua" (Harris, 1966 [1946]: 142). Ao tratar a *palavra,* o *sintagma* e a *oração* como o resultado da aglutinação de morfemas em camadas sucessivas de constituintes imediatos, o estruturalismo pós-bloomfieldiano em especial tornava pouco nítida a fronteira entre a morfologia e a sintaxe. Pela *substituição*, um dos eixos da análise estrutural, podia-se ir do *morfema* para o *enunciado* (proposta de Harris, 1966 [1946]), tornando a *palavra* uma unidade,

---

morfema pode ser completamente descrito (dissociado de seu significado) como um conjunto de um ou mais fonemas num determinado arranjo." A visão de que apenas o que era observável poderia ser tratado cientificamente levou os seguidores de Bloomfield ao aprofundamento de técnicas descritivas que ficariam conhecidas como *análise distribucional*. Joos (1966 [1950]: 356), por exemplo, define o significado de um morfema em termos distribucionais: o significado de um morfema é "o conjunto de probabilidades condicionais de sua ocorrência em relação a todos os outros morfemas". Para alguns problemas que cercaram o tratamento estruturalista do significado, a partir da noção de raiz, ver Basílio (1974b).

se não desnecessária, de forma alguma um primitivo,[63] uma unidade problemática, a não ser na escrita (Gleason Jr., 1978 [1961]: 137; Basílio, 1974a: 79).

> **Quadro 1.14** – A interferência da língua escrita
> na delimitação da palavra: Doke (1935: 11)
>
> Os critérios para a delimitação da palavra escrita, diferentemente do que afirmava Gleason, podem ser vistos como um problema prévio.
>
> Em 1935, Clement Martyn Doke (1893-1980) deixava claro que a representação da palavra nas descrições de línguas da família banta (Bantu) tinha estreita relação com a língua do gramático, como expresso no excerto a seguir:
>
>> A presente diversidade no método de divisão de palavra nas línguas Bantu se deve à diversidade e às peculiaridades individuais dos investigadores europeus que têm sido responsáveis por reduzi-las à escrita. Porque em inglês "we are loving" consiste em três palavras, por isso os missionários anglófonos escreveram *si ya tanda* em Zulu e *ti no da* em Shona. Porque em francês "nous aimons" consiste em duas palavras, por isso os missionários francófonos escreveram *ha randa* em Ronga e *rea rata* em Sotho – não obstante *si-ya-tanda* contenha precisamente os mesmos elementos de *re-a-rata*. É quase desnecessário entrar aqui em detalhes para explicar que *si-ya-tanda* não é o equivalente real de *we-are-loving*, sendo o tipo de formação de predicado nas duas línguas bastante distinto, uma vez que *-ya-* não é igual a "are", nem *si-* é o mesmo que "we", embora represente *thina*, o equivalente desse pronome.

A discussão acerca de uma morfologia autônoma esteve e está presente na *gramática gerativa*. Para Noam Chomsky, em *As estruturas sintáticas* (1957), o léxico era apenas uma lista desordenada de traços sintáticos no componente de base da sintaxe, a fonte do material a ser inserido nos nós terminais da estrutura profunda. Nesses anos iniciais, a gramática gerativa adotou um modelo para o tratamento da formação de palavras (derivação e composição) distribuído pela sintaxe e fonologia, sem que houvesse um componente denominado *morfologia*. Como explicar a afixação? Como explicar a composição? Com regras transformacionais – isto é, sintáticas. Era a *hipótese transformacionalista*.[64] As poderosas *regras transformacionais*, como propostas em "The Grammar of English Nominalizations", de Robert Lees (1960), permitiam gerar compostos (como o inglês *bulldog*, por exemplo) a partir de estru-

---

[63] Num sistema formal, um primitivo é uma unidade com base na qual outros elementos são definidos.
[64] Basílio (1980) apresenta os principais problemas e vantagens do modelo transformacionalista, como apresenta uma revisão de quatro trabalhos lexicalistas considerados inspiradores: Chomsky (1970), Halle (1973), Jackendoff (1975) e Aronoff (1976).

turas oracionais (como *The dog is like a bull*). Como explicar, porém, a inexistência de muitos compostos a partir de outras estruturas oracionais semelhantes (como **animal cloud* a partir de *The cloud is like an animal*)? O texto de Lees respondia: não existem não por serem agramaticais; "[s]ão gramaticais, mas, por acasos da história cultural, aconteceu de não entrarem em uso" (Lees, 1960: 121). Ficava mais difícil ainda explicar compostos como *quadro-negro*: deveria ser originado de [*um quadro* [*que é negro*]]; mas que fazer com *um quadro-negro verde*? Mais uma vez se tinha de explicar que a formação de palavras não era tão regular quanto a sintaxe: seu significado não é necessariamente o da soma de suas partes.

"Se a sintaxe era para ser maximamente simples e geral" – comentam Hammond e Noonan (1988: 2) – "teria de se livrar dessa bagagem lexical". Esse passo veio em 1965, com *Aspectos da teoria da sintaxe*, de Chomsky: o léxico ganhava autonomia, embora ainda parte do componente de base.[65]

Em 1970, um artigo de Noam Chomsky – "Remarks on Nominalization" [Considerações sobre a nominalização] – propiciaria[66] uma revisão no tratamento da formação de palavras. Algumas palavras complexas – os nomes deverbais ou nominalizações ("nominais derivados no texto") – não seriam formadas por regras sintáticas: tinham idiossincrasias que as distinguiam da regularidade das formações sintáticas. Iam para o léxico, que agora ganhava *status* de componente, distinto da sintaxe. Tinha início a *hipótese lexicalista*, que trazia uma nova visão de léxico, que não era exatamente o de Bloomfield, e permitiria introduzir na gramática uma morfologia com princípios que não eram os da sintaxe.

Em 1976, com *Word Formation in Generative Grammar*, Mark Aronoff (n. 1949) expandiria a hipótese lexicalista chomskyana, retirando toda a morfologia derivacional da sintaxe. As *"regras de formação de palavras* são regras do léxico", afirmava Aronoff (1976: 46), um léxico basicamente de palavras. A palavra, não o morfema, se torna a unidade mínima da morfologia.

A hipótese lexicalista ganhava um corolário, o *Princípio da Integridade Lexical*: a sintaxe não tem acesso ao interior da palavra. Nos termos de Di Sciullo e Williams (1987: 49), as palavras são *átomos* para a sintaxe e para a semântica. O *Princípio da Integridade Lexical* (ou na sigla em inglês LIH) teve como complemento um outro princípio, o *No Phrase Constraint* [a Restrição "Nenhum Sintagma"],

---

[65] Chomsky (1975 [1965]: 170): "A gramática deixará assim de conter regras [...] que introduzem os formativos pertencentes a categorias lexicais. Em vez dessas regras a base da gramática conterá um *léxico*, que é simplesmente uma lista não ordenada de todos os formativos lexicais. Mais rigorosamente, o léxico será um conjunto de *entradas lexicais*, compreendendo por entrada lexical um par (D,C), em que D é uma matriz de traços distintivos fonológicos que 'soletra' determinado formativo lexical e C é uma coleção de traços sintáticos especificados (um símbolo complexo)".

[66] Digo que "propiciaria" porque, como notou Aronoff (1976: 6), "Chomsky não propôs uma teoria da morfologia; meramente sugeriu que deveria haver uma e que suas propriedades, se estivesse correto em separar tão nitidamente a morfologia da sintaxe, deveriam ser muito diferentes daquelas de uma teoria da sintaxe adequada".

ou NPC, que procurava dar conta de restrições para a existência de compostos como *slightly-used-car salesman*. Estava colocada uma barreira entre a morfologia e a sintaxe. Era a *hipótese lexicalista forte*.

Como explicar, porém, o próprio título da NPC, que contrariava a restrição que pretendia denominar?[67] Ou construções comuns nas línguas germânicas como, por exemplo, <u>why-does-it-always-happen-to-me</u> *complaint*? Ou no português, *mais vale um toma que dois <u>te darei</u>* (exemplo em Bechara, 1999: 356)? Como dar conta da concordância, por exemplo? Não há como defender que tudo na morfologia é inacessível para a sintaxe. Era a *hipótese lexicalista fraca*, que trazia consigo a manutenção da distinção tradicional entre derivação e flexão (ou *hipótese da morfologia cindida*, ing. *split morphology hypothesis*), espúria para os defensores da *hipótese lexicalista forte* (Spencer, 1991: 178).

Esse momento inicial da morfologia na gramática gerativa pode ser esquematizado como a seguir:

Quadro 1.15 – Morfologia na Gramática Gerativa: hipóteses iniciais

Há divisão entre Morfologia e Sintaxe?		
Hipótese Transformacional	**Hipótese Lexicalista**	
Não	*Sim*	
Chomsky (1957) Lees (1960)	**Hipótese Lexicalista Forte**	**Hipótese Lexicalista Fraca**
	• Toda a morfologia no léxico. • LIH se aplica à formação de palavras e à flexão.	• Morfologia no léxico (formação de palavras) e na sintaxe (flexão). • LIH não se aplica à flexão.
	• Halle (1973) • Jensen e Stong-Jensen (1984) • Di Sciullo e Williams (1987)	• Chomsky (1970) • Jackendoff (1975) • Aronoff (1976) • Anderson (1982) • Anderson (1992)

A visão lexicalista não é consensual entre os linguistas e tem como alternativa o *construcionismo*, que defende que "o único componente gerativo na gramática é a sintaxe" (Fábregas e Scalise, 2012: 137). Um dos tratamentos sintáticos da morfologia que nega o lexicalismo (às vezes com comoção[68]) é a *morfologia distribuída*, que focaliza a morfologia como "um conjunto de operações que interpreta

---

[67] A denominação em inglês é formada a partir de uma construção sintática: [[No Phrase] Constraint].
[68] Como fez Marantz (1997: 202): "*This paper brings the reader the following news: Lexicalism is dead, deceased, demised, no more, passed on....*" [Este artigo traz ao leitor a seguinte notícia: o lexicalismo está morto, finado, falecido, nunca mais, foi-se...].

o *output* da sintaxe e o adapta de modo a que vários princípios morfológicos que são específicos das línguas sejam atendidos" (Fábregas e Scalise, 2012: 142).

Qual o lugar da morfologia então? Suas partes estão todas no mesmo componente ou não? Apenas a formação de palavras ou toda a morfologia teria autonomia em relação à sintaxe? Ou apenas sintaxe, sem morfologia? Discussão em aberto, que um levantamento que, de modo algum se pretende exaustivo (ver Quadro 1.16 a seguir), permite vislumbrar.

Quadro 1.16 – Gramática gerativa: alguns desdobramentos quanto à morfologia

Gramática gerativa: alguns desdobramentos quanto à morfologia		
Hipótese	**Modelos**	**Algumas referências**
Lexicalista	Gramática Léxico-Funcional	Bresnan (1978)
	Morfologia/Fonologia Lexical	Kiparsky (1982)
	Morfologia Amorfa	Anderson (1992)
	Network Morphology	Brown e Hippisley (2012)
Construcionista	Morfologia Distribuída[69]	Halle e Marantz (1993)

Quadro 1.17 – Em defesa do Lexicalismo (Fábregas e Scalise, 2012: 5)

Como Williams (2007)[70] nota, não há argumentos teóricos em favor do lexicalismo. Uma teoria [...] onde há apenas um componente gerativo, o sistema computacional, que trata da combinação de qualquer espécie de unidade é geralmente considerada mais simples do que uma teoria que propõe dois ou mais componentes gerativos. Observe-se, porém, que pode ser o caso de um sistema ser mais simples no número de componentes que assume, mas esses componentes serem internamente mais complexos. A dificuldade em medir a complexidade tem feito o debate se concentrar principalmente em questões empíricas. Williams nota que as razões para propor uma divisão de trabalho entre a morfologia e a sintaxe não têm sido teóricas, mas empíricas. Fenômenos diversos que foram identificados principalmente durante os anos 1970 levaram muitos linguistas a acreditar que os princípios que operam na sintaxe não são idênticos aos princípios que operam na morfologia. Embora teoricamente desejável, os campos da ciência não podem ser unificados se isto envolve ignorar dados que apontam razões para diferenças cruciais entre esses campos.

---

[69] Para uma boa introdução à *morfologia distribuída* em português, ver Silva e Medeiros (2016).
[70] WILLIAMS, E. Dumping Lexicalism. In: RAMCHAND, G.; REISS, C. (Eds.). *The Oxford Handbook of Linguistic Interfaces*. Oxford: Oxford University Press, 2007, pp. 353-82.

O léxico

4.1 UM LUGAR PARA A ARBITRARIEDADE

No início do século XX, Ferdinand de Saussure já considerava uma visão "tradicional" distinguir *gramática*, a reunião de *morfologia* e *sintaxe*, da *lexicologia* ou "ciência das palavras" (Saussure, *Curso*, II, 7, § 1, p. 156) – visão que ele contrapôs à sua própria proposta de análise. Saussure parece, no entanto, fazer uma concessão à visão que considerou tradicional ao classificar línguas em termos quer da *arbitrariedade* do léxico, quer da *motivação relativa* – que dependia da regularidade – presente na gramática:

> Num certo sentido – que cumpre não extremar, mas que torna palpável uma das formas dessa oposição – poder-se-ia dizer que as línguas em que a imotivação atinge o máximo são mais *lexicológicas*, e aquelas em que se reduz ao mínimo, mais *gramaticais*. Não que "léxico" e "arbitrário", de um lado, "gramática" e "motivação relativa", do outro, sejam sempre sinônimos; mas existe algo de comum no princípio. (Saussure, *Curso*, II, 6, § 3, p. 154 – ênfase no original)

A arbitrariedade não estava apenas no signo: os elementos de um signo motivado também são arbitrários (Saussure, *Curso*, II, 6, § 3, p. 153);[71] no entanto, esses elementos solidários, radicais e afixos, que, combinados, criavam a palavra complexa, não existiriam em isolado (Saussure, *Curso*, II, 6, § 1, p. 148). Saussure não falava em *morfema* (termo que não está presente no *Curso*) e parece não ter dado muita importância para unidades abaixo da palavra.

A irregularidade dos elementos mínimos seria reconhecida por Bloomfield: "cada morfema da língua é uma irregularidade" (Bloomfield, 1984 [1933]: 274). A irregularidade tinha um lugar especial:

> Uma descrição completa de uma língua listará toda forma cuja função não é determinada seja por estrutura, seja por um marcador; incluirá, consequentemente, um *léxico*, ou lista de morfemas, que indica a classe de formas de cada morfema bem como listas de todas as formas complexas cuja função seja de algum modo irregular. (Bloomfield, 1984 [1933]: 269)

---

[71] "Não somente os elementos de um signo motivado são arbitrários."

O léxico era, para Bloomfield, uma lista do que era irregular ou arbitrário: morfemas mas também formas complexas. Bloomfield se tornaria a referência na definição de léxico, uma lista daquilo que não pode ser captado por uma regra porque é excepcional de algum modo: afinal, o vocabulário de qualquer língua não é nem completamente onomatopaico nem icônico, e não há regra que nos permita saber *a priori*, por exemplo, que em português chamamos um determinado legume verde por *chuchu*, em inglês por *chayote*, em italiano, *zucchina spinosa*... Por outro lado, o que pode ser apreendido por regras pertence à gramática.

Em 1965, Noam Chomsky colocaria na parte final de seu livro *Aspectos da teoria da sintaxe* uma seção denominada "Sobre a estrutura do léxico", na qual cada formativo lexical (nomes, verbos, adjetivos e advérbios) se tornava um símbolo complexo, "um conjunto especificado de traços sintáticos" (Chomsky, 1975 [1965]: 168). *Aspectos da teoria da sintaxe* era o pontapé inicial para a visão lexicalista (Scalise e Guevara, 2005: 51). Diferentemente de *As estruturas sintáticas*, publicado 8 anos antes, em que não havia um léxico autônomo, em *Aspectos* havia um léxico autônomo, ao mesmo tempo um repositório e um componente gerativo que deveria dar conta da semiprodutividade característica da formação de palavras, mas não da sintaxe. Nele, dois tipos de matrizes de traços representavam a informação lexical: (a) os *traços inerentes*, representados na Figura 2; e (b) os *traços contextuais*, como na Figura 3. Essa informação era relevante morfologicamente: os sufixos são sensíveis aos traços inerentes da base. Por outro lado, os traços contextuais mostravam que, por exemplo, o sufixo *-able* só se aplica a verbos transitivos (isto é, caracterizados nesse modelo como [+– NP], isto é, a verbo que é seguido de sintagma nominal – em inglês, *noun phrase*).

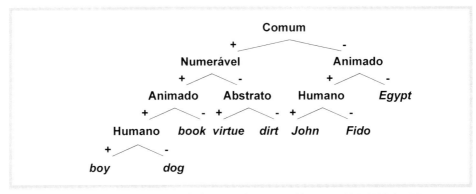

Figura 2 – Exemplo de matriz de traços inerentes (Chomsky, 1975 [1965]: 169)

```
eat      [+_SN]                      (John eats food)
elapse   [+_ # ]                     (a week elapsed)
grow     [+_SN,  +_#  +_Adjetivo]    (John grew a beard, John grew, John grew sad)
```

Figura 3 – Exemplo de matriz de traços contextuais (Chomsky, 1975 [1965]: 181)

A partir de 1970, inicialmente com o próprio Chomsky, surgem várias propostas sobre o que deveria estar no léxico.

4.2 OS SIGNIFICADOS DE *LÉXICO*

Duas visões de léxico acabaram por convergir, na medida em que uma unidade indivisível é arbitrária:

a. uma lista de unidades morfológicas indivisíveis (os morfemas), que Aronoff e Fudeman (2005: 52) associam a Baudouin de Couternay, criador do termo *morfema*;
b. uma lista do que é arbitrário, visão associada a Leonard Bloomfield.

O significado em (b) implica um léxico de "itens existentes na língua, aqueles que um falante tem de saber porque são signos arbitrários, imprevisíveis de algum modo" (Aronoff e Anshen, 1998: 237). Que itens são esses? Afixos, palavras, expressões idiomáticas. As palavras que estão no léxico são as *palavras existentes*. Os requisitos necessários (ver Aronoff e Anshen, 1998) pedem, pelo menos, que essas palavras sejam:

a. palavras primitivas, que representam a arbitrariedade do signo, como PEIXE, PEDRA: não é possível prever seu significado com base em sua estrutura;
b. palavras complexas que apresentam alguma parte que não é reconhecida pelo falante: em TRÍDUO, por exemplo, um falante pode reconhecer *tri-* como 'três', mas não ter ideia do que vem a ser o restante;
c. palavras cujo significado não é deduzível de sua estrutura, por exemplo: estruturas *X-vel* em geral podem ser glosadas como 'que pode X', em que X representa o verbo-base: LAVÁVEL, 'que pode ser lavado', DECIFRÁVEL, 'que pode ser decifrado', mas AMÁVEL, 'simpático, gentil';
d. também serão incluídas no léxico expressões idiomáticas cujo significado não se segue de suas partes formadoras: *chutar o pau da barraca* ('dizer ou fazer tolices'), *tirar uma pestana* ('dormir') e assim por diante, como também formas flexionadas irregulares (*foi, será...*).

Mas se o léxico é só isso, como essa noção se casa com as visões lexicalistas apresentadas na seção "Uma tensão teórica ainda presente"? Aronoff (2000: 345) chama a atenção para a ambiguidade com o que o termo *léxico* é empregado nas propostas lexicalistas: o termo cobre o *léxico permanente*, isto é, tudo que é idiossincrático; mas cobre também o *léxico potencial* ou *componente lexical*, "o conjunto aberto de todos os lexemas ou palavras potenciais, em especial os membros das classes lexicais maiores de uma língua, as classes (usualmente nome, verbo, adjetivo e advérbio) que são abertas no sentido de que novas palavras lhe podem ser adicionadas".

Quadro 1.18 – Morfologia e Léxico: a hipótese lexicalista fraca

Léxico potencial ou componente lexical	Morfologia enquanto formação de lexemas	palavras potenciais, isto é, palavras morfologicamente complexas e bem-formadas que podem ser formadas ou compreendidas pelo falante.	componente gerativo
Léxico permanente	Lista	itens existentes, isto é, aqueles com alguma irregularidade, que o falante tem de saber porque não tem como prever seu significado ou pronúncia.	componente não gerativo

Quadro 1.19 – Quando o que aconteceu não pode mais acontecer: Basílio (1987: 25)

[...] como o léxico é um depósito de signos, uma lista de entradas lexicais, além de um conjunto de regras que definem a classe das palavras possíveis na língua, então é teoricamente possível (e ocorrente na prática) a situação em que encontramos na lista uma construção que não é prevista como possível no componente de regras.

Por exemplo, embora a palavra *limpeza* seja a forma nominalizada do verbo *limpar*, podemos afirmar que é impossível o acréscimo do sufixo *-eza* a verbos para formar substantivos.

Claro, no léxico, como em outros componentes da estrutura linguística, o impossível não acontece. Mas, como o léxico é um depósito de signos construídos, temos na lista virtualmente tudo o que aconteceu. E, muitas vezes, o que aconteceu não pode mais acontecer. Daí a fundamental importância de se distinguir as formas já feitas do processo de formação.

4.3 DISTINGUINDO *LÉXICO* DE *MORFOLOGIA*: A PRODUTIVIDADE

Embora "muitas coisas sejam possíveis em morfologia" – como Aronoff (1976: 35) afirmava espirituosamente –, "algumas são mais possíveis que outras" (também em Aronoff e Fudeman, 2005: 215). Aronoff fazia referência aos fenômenos derivacionais, considerados "tipicamente esporádicos e apenas semiprodutivos" (Chomsky, 1975b: 278), nesse sentido em oposição aos fenômenos flexionais. Em geral, a noção de produtividade é focalizada quando se tem em mente processos de formação de palavras e é apenas em relação à produtividade desses processos que faremos referência no que se segue.

Quadro 1.20 – O termo *produtividade*:
das gramáticas escolares para a teoria morfológica (Rosa e Abreu, no prelo)

Produtividade é termo que já estava presente em antigas gramáticas do português, como a *Gramática Histórica da Língua Portuguesa*, de M. Said Ali (1971 [1931]: 256). E mesmo sem o emprego do termo, várias obras desse período pareciam levá-la em conta. É o caso do dicionário de Carlos Góes (1937: 111), que notava a ocorrência de *-ite* "em consideravel numero de termos usados na clinica medica, designando inflammação". Ou o estudo de Allen Jr. (1941: § 31B), que apontava, por exemplo, que "*-tade* is not [...] used in new formations".

Essa noção de produtividade era pré-teórica, mas em 1976 seu tratamento mudaria. Mark Aronoff, em *Word Formation in Generative Grammar* (1976), trazia a produtividade para a teoria morfológica. Representada nos processos regulares e ativos na formação de palavras novas numa língua, a produtividade tornava-se central porque "[a] tarefa mais simples de uma morfologia, o mínimo que se requer dela, é a enumeração da classe de palavras possíveis numa língua" (Aronoff, 1976: 17-18)

Mas o que é *produtividade*, afinal? Em termos muito simples, é "a relativa liberdade com que um processo morfológico pode ocorrer" (Aronoff e Fudeman, 2005: 241). Relacionado ao conceito de produtividade está o de *palavra potencial*, uma palavra complexa e bem-formada, sem qualquer irregularidade, que estará disponível para o falante. A morfologia lida com palavras *potenciais*, porque procura dar conta de processos produtivos. É muito provável que, em português, se forme um novo nome derivado de verbo por meio do sufixo *-ção* (ao contrário de *-ância* ou de *-ança*). Cabe notar que a produtividade não é absoluta, mas um contínuo, que vai do muito produtivo ao improdutivo (Aronoff e Anshen, 1998: 242-5).

O contínuo de produtividade resulta da ação de condições (Aronoff e Fudeman, 2005). Em primeiro lugar, restrições morfológicas, que podem levar em conta:

a. a classe da base: o sufixo *-ção*, por exemplo, aplica-se a verbos, não a qualquer lexema;
b. a estrutura da base: em português, a formação de nomes abstratos a partir de adjetivos leva em conta se eles são primitivos (Travaglia, 1979: 98); e
c. se depois de determinado afixo outros podem ocorrer: em português, nomes terminados nos sufixos *-idade*, *-eza* e *-ice* não servem de base para a formação de novos derivados (Rosa, Saúde e Abreu, 2008).

Em segundo lugar, processos produtivos apresentam coerência semântica, isto é, o falante tem de poder prever qual será o significado da nova formação: um novo nome em *-ção*, por exemplo, tem como leituras previsíveis 'ato de X' e/ou 'resultado de X'.

As restrições podem ainda ter por base a fonologia: em inglês, por exemplo, *-al* forma nomes (*arrival, rebuttal*) somente se o verbo-base tem acento na última sílaba (Bauer[72], 2001: 129, citado em Aronoff e Fudeman, 2005: 216).

Sandmann (1992: 74) introduziu um aspecto pragmático na discussão da produtividade: "quanto menos uma regra é produtiva, tanto mais forte é o efeito de seu desempenho linguístico criativo", o que explicaria o emprego de processos improdutivos na propaganda, em nomes comerciais e na formação de vocabulário técnico (Rosa, Saúde e Abreu, 2008).

Aronoff e Anshen (1998: 246) levantam ainda uma outra questão: se o estudo da produtividade deveria limitar-se às palavras formadas não intencionalmente. Isso deixaria de fora processos como o *cruzamento vocabular* (como *chocrível*, cruzamento de *chocante* e *incrível*) e as *siglas* (como IPTU, para Imposto Predial e Territorial Urbano).[73] Para Spencer (1991: 461 n. 16), nem a siglação, nem o cruzamento vocabular, nem a redução têm grande importância para a teoria morfológica. Ao fim e ao cabo, seriam processos não gramaticais de expansão vocabular.

4.4 MAIS UMA RESTRIÇÃO À PRODUTIVIDADE: *O BLOQUEIO*

Por fim, o fenômeno do *bloqueio*, definido como "a não ocorrência de uma forma devido à simples existência de outra" (Aronoff, 1976: 43; Aronoff e Anshen, 1998: 239). O bloqueio resulta da interação da morfologia com o léxico: por mais produtiva que uma regra seja, não se aplicará a uma base se já existe uma palavra para aquela exata função.

---

[72] *Morphological Productivity*. Cambridge: Cambridge University Press.
[73] Para um estudo das siglas em português, ver Abreu (2004, 2009).

PARA CONCLUIR

> *Na organização da teoria linguística, a morfologia é uma disciplina intermediária, entre a fonologia e a sintaxe. Ao longo dos anos, a relação da morfologia com esses dois campos de pesquisa mudou substancialmente um bom número de vezes.*
>
> (Scalise e Guevara, 2005: 148)

Cerca de 50 anos após o termo *morfologia* ter sido introduzido nos estudos linguísticos tinha início o questionamento sobre a validade de a morfologia constituir-se num componente autônomo, regida por princípios próprios.

Em meados do século XX, com o surgimento da então chamada *gramática gerativo-transformacional*, a morfologia enquanto componente da gramática voltaria a desaparecer, dividida entre os dois componentes propostos, a fonologia e a sintaxe. Seria reintroduzida na década de 1970, mas desde então tornada objeto de discussão altamente produtiva: teorias lexicalistas assumem um componente morfológico; as teorias construcionistas, não. Propostas e contrapropostas têm evidências empíricas por base e vêm permitindo aprofundar a compreensão do que poderíamos chamar *morfologia*.

"Historicamente a morfologia foi a última das quatro partes da gramática tradicionalmente reconhecidas a ganhar *status* independente na Linguística gerativa", observou Aronoff (1983: 358) e colocava a razão para o reconhecimento tardio na dificuldade em separar a morfologia da semântica, da sintaxe e da fonologia.

PARTE 2
O MORFEMA

> *Parece claro [...] que uma pergunta como "Como deveríamos analisar o latim **ferre** ou **ama:re**?" não pode ser prontamente divorciada de questões mais amplas, relativas à validade dos modelos descritivos e à justificação ainda mais vagas de preferências analíticas. Avaliar tais modelos e, onde possível, esclarecer essas preferências deve, portanto, ser uma parte significativa de nossa investigação.*
>
> (Matthews, 1972: 6)

Introdução

Nesta parte vamos apresentar a noção de *morfema*, na sua versão estruturalista norte-americana, bem como algumas das críticas feitas a essa proposta. Tais críticas prepararam o retorno da noção de *palavra* à morfologia.

A *palavra* havia sido o fundamento da gramática tradicional. Mas como definir essa unidade? Despojada da representação escrita – vista como "meramente um dispositivo externo" que reproduzia imperfeitamente a fala de uma comunidade (Bloomfield, 1984 [1933]: 293-4) –, a delimitação da palavra tornava-se difícil. Não coincidia, na maioria das vezes, com um elemento mínimo de som e significado, e sua característica distintiva passava a ser a possibilidade de ser enunciada em isolado. Nada de muito interessante.

Os problemas com a noção de palavra apontados pelos estruturalistas decorriam, em grande parte, de a definirem como uma *forma,* i.e., como "um traço vocal recorrente que tem significado" (Bloomfield, 1966 [1926]: 27). Isto implicava haver a necessidade da utilização de critérios fonológicos indissociados de critérios gramaticais para a sua depreensão. Fonologicamente uma sequência como *deixe-me*, por exemplo, é uma palavra, uma vez que *me* equivale a uma sílaba átona em relação ao verbo e não pode, sozinho, funcionar como enunciado. Gramaticalmente, porém, *deixe-me* equivale a duas palavras: *me* é um pronome em função de objeto e pode ser mudado de posição para antes do verbo, o que não acontece com simples sílabas.

Para evitar que enunciados diferentes pudessem ser segmentados de maneiras diversas e que noções oriundas dos estudos tradicionais, que tinham tido o latim por base, fossem associadas à análise gramatical, a Linguística do início do século XX retirou da noção de *palavra*, em favor da noção de *morfema*, a ênfase que tinha nos séculos anteriores. O morfema tornou-se a unidade básica da gramática e, por conseguinte, da morfologia – agora transformada em *morfologia baseada em morfemas*. Desse modo, a morfologia da maior parte do século XX passou a ser a análise sintagmática dos vocábulos.[74]

---

[74] Estamos utilizando indistintamente os termos *palavra* e *vocábulo* (ver Quadro 3.4 "Sobre Nomenclatura", p. 142).

Três modelos de análise linguística

Tal mudança correspondeu à adoção de um modelo de análise gramatical diferente daquele herdado da tradição greco-latina. Chamou a atenção para essa mudança um artigo de Charles Hockett publicado em 1954 que tinha por título "Two Models of Grammatical Description" [Dois modelos de descrição gramatical]. Na verdade, o artigo incluía um terceiro modelo, mas anunciava que este, estabelecido na tradição greco-latina, que ele denominou *Palavra e Paradigma*, não receberia atenção naquele texto e se desculpava por isso (Hockett, 1966 [1954]: 386). Passava então a tratar dos outros dois, que trabalhavam sobre elementos mínimos ou *itens* da análise.

5.1 A PALAVRA NO CENTRO: O MODELO *PALAVRA E PARADIGMA* (PP)

Para ilustrar a diferença entre o modelo de análise que prevalecera por tantos séculos no Ocidente – denominado por Hockett *Palavra e Paradigma* (PP) – e o modelo de análise estruturalista norte-americano dominante entre meados da década de 1940 e de 1950 – que ficou conhecido como *Item e Arranjo* (IA) –, vamos tomar para exemplo o estudo tradicional do verbo em português.

Um verbo como AMAR, por exemplo, é regular e pertence à primeira conjugação. Qualquer das formas desse verbo é descrita pelas suas características de *palavra morfossintática* (ver seção "A palavra morfossintática"). A referência a *amemos*, por exemplo, é feita como em (5.1):

(5.1) primeira pessoa do plural do presente do subjuntivo de AMAR

Qual a diferença entre essa e uma análise estruturalista? A diferença está em que a caracterização em (5.1) não é linear (Matthews, 1972: 106): *amemos* é um todo, não a relação sintagmática entre signos mínimos que se devem suceder necessariamente numa dada ordem, como expresso a seguir:[75]

---

[75] Nem todos os estruturalistas norte-americanos seguiram tão de perto IA. O próprio Bloomfield estava bem mais orientado para Item e Processo (IP).

(5.2)   AM- + VT + SUB PRES + 1PL

O paradigma apresenta as diversas realizações da palavra, ou *lexema* (ver seção "O lexema"), que no nosso exemplo é AMAR. Tais formas resultam das variações ao longo de cada *categoria gramatical* admitida pelo verbo em português e das combinações entre as diferentes categorias. Cada categoria – *número,* por exemplo – concretiza-se como *propriedade morfossintática* (como *singular, plural*).

No modelo tradicional, a relação entre a cadeia sonora e as propriedades expressas não é direta. Não se trata de uma sucessão de formas mínimas, como se os dados pertencessem sempre a línguas aglutinantes ideais (até porque esse modelo foi desenvolvido no estudo de línguas que exibem morfologia flexional razoavelmente complexa). Não se procurava, no modelo gramatical que nos foi legado pela tradição greco-latina, decompor palavras em unidades mínimas de som e significado, em busca da sequência sonora específica que corresponde a tal ou qual significado e vice-versa. Aliás, a função do hífen nas formas no Quadro 2.1 adiante não é a de assinalar a segmentação em unidades mínimas de som e significado, mas a de indicar que qualquer verbo regular de mesma conjugação pode seguir esse *paradigma* (a palavra grega para 'modelo'), que funciona, descritivamente, como uma espécie de molde, ou, se preferirmos, como uma fronteira para gerar formas do paradigma. Para isso substitui-se: (a) ou o elemento na posição inicial, *am-*, por outro de mesma classe, como *louv-*, por exemplo, e mantêm-se as *terminações*, que expressam as categorias gramaticais envolvidas; ou (b) mantém-se o radical *am-* e mudam-se as terminações. As relações assim expressas são *verticais*, ou melhor, paradigmáticas no sentido saussureano.

Para ficar mais evidente o quanto a análise tradicional estava afastada de qualquer preocupação com formas mínimas, relembremos, por um momento, o modo como aprendemos a conjugar o verbo em latim no colégio, seguindo um modelo pelo menos tão antigo quanto o gramático Prisciano – daí a denominação *formação prisciânica* para o estudo da formação do paradigma segundo esse modelo.

O verbo latino que em português poderíamos traduzir por 'cuidar' deveria ser lembrado por quatro formas: *curo, -avi, -are, -atum*. Tais formas correspondiam, respectivamente:

a. à *primeira pessoa do presente do indicativo ativo* (*curo*);
b. à *primeira pessoa do singular do perfeito do indicativo ativo* (*curavi*);
c. ao *infinitivo presente ativo* (*curare*);
d. ao supino[G] (*curatum*).

A partir dessas formas – que representam os chamados *tempos primitivos* – podia-se conjugar todo o verbo. Vamos usar aqui para ilustração apenas as formas ativas.

Quanto ao *primeiro radical* (ou *raiz de formação*), bastava trocar a terminação (ō): tirando-se o *-o* final de *curo* e colocando-se *-abam*[76] tinha-se o *imperfeito* (*curabam*); se em vez de *-abam* a terminação escolhida fosse *-abo*, tinha-se o *futuro* (*curabo*); para o *gerúndio*, tirava-se o *-o* final e colocava-se *-andi, -ando* ou *-andum* (*curandi, -o, -um*). Do *segundo radical* formavam-se o *mais-que-perfeito* e o *futuro perfeito do indicativo*, o *perfeito* e o *mais-que-perfeito do subjuntivo* e o *infinitivo perfeito*, trocando-se o *-i* final, respectivamente, por *-eram* (*curaveram*), *-ero* (*curavero*), *-erim* (*curaverim*), *-issem* (*curavissem*), *-isse* (*curavisse*). Do *terceiro radical* formavam-se dois tempos: pela supressão da terminação *-re*, o *imperativo* (*cura*); do acréscimo de *-m*, o *imperfeito do subjuntivo* (*curarem*). Por fim, do *supino* em *-um* formava-se o *particípio futuro*, pela troca de *-um* por *-urus* (*curaturus, -a, -um*).

Quadro 2.1 – A formação prisciânica: exemplo

A forma de apresentação do verbo latino nos dicionários – as **raízes de formação**, extraídas dos **tempos primitivos** – ou **formação prisciânica**:

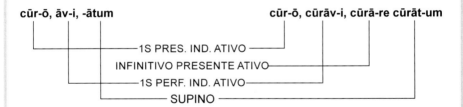

- **1ª raiz de formação (cūr-ō):**
  a. substituindo **-ō** por **-ābam**: imperfeito do indicativo (*curabam, curabas, curabat, curabamus, curabatis, curabant*);
  b. substituindo **-ō** por **-abo**: futuro do indicativo (*curabo, curabis, curabit, curabimus, curabitis, curabunt*);
  c. substituindo **-ō** por **-andi, -ando**, ou **-andum**: gerúndio (*curandi, curando, curandum*).

- **2ª raiz de formação (cūrāv-i):**
  a. substituindo **-ī** por **-eram**: mais-que-perfeito do indicativo (*cūrāveram, cūrāveras, cūrāverat, curaveramus, curaveratis, curaverant.*);
  b. substituindo **-ī** por **-ero**: futuro perfeito do indicativo (*cūrāvero, cūrāveris, cūrāverit...*);

---

[76] Estamos exemplificando sempre com a primeira pessoa do singular. O mecanismo era o mesmo para as demais pessoas.

c. substituindo -ī por **-erim**: perfeito do subjuntivo (*cūrāverim, cūrāveris, cūrāverit...*);
d. substituindo -ī por **-issem**: mais-que-perfeito do subjuntivo (*cūrāvissem, cūrāvisses, cūrāvisset...*);
e. substituindo -ī por -isse: infinitivo perfeito (*cūrāvisse*, 'ter cuidado, haver cuidado').

- **3ª raiz de formação (cūrā-re):**
  a. pela supressão de **-re**: imperativo (*cūrā, cūrāte*);
  b. pelo acréscimo de **-m**: imperfeito do subjuntivo (*cūrārem, cūrāres, cūrāret...*).

- **4ª raiz de formação (cūrāt-um):**
  substituindo **-um** por **-urus**: particípio futuro (*cūrāturus, -a, um*)

Em resumo: derivamos *palavras* do paradigma verbal a partir de outras *palavras* do mesmo paradigma. Não partimos de sequências de formas mínimas mais abstratas para explicar quer a formação dos chamados tempos primitivos, quer a dos demais tempos. Como não estamos trabalhando com signos mínimos, também não vem ao caso termos formado, por exemplo, o *imperfeito* e o *futuro* a partir do *presente*. Para um estruturalista, tudo isso seria muito estranho.

5.2 O MORFEMA NO CENTRO DA ANÁLISE: O MODELO *ITEM E ARRANJO* (IA)

Para um estruturalista, quaisquer das formas latinas que acabamos de ver são sequências de unidades mínimas de som e significado que se ajustam a um *padrão geral* – o equivalente descritivo dos *paradigmas dos verbos regulares* dos estudos tradicionais – que descreve a flexão verbal na língua em estudo. Não há a necessidade de um paradigma para que de uma palavra derive outra. Uma forma como *optaturus*, numa análise estrutural, é resultante da sequência em (5.3):

(5.3) opt-   ā-   t-   ur   -us
       'desejar'   VT   marca do   PART. FUT   NOM/SG
                           4° radical

É uma análise sintagmática. O papel da morfologia passa a ser o de juntar esses pedaços de material, ou *morfemas*, que são signos mínimos. Para identificá-los no enunciado, o estruturalismo lançou mão da *substituição* ou *teste da comutação*,[77]

---

[77] *Substituição* é termo proposto por Harris e utilizado na Linguística norte-americana; *teste da comutação* é a denominação dada por Hjelmslev e seguida, no Brasil, por Câmara Jr. (ver Haugen, 1966 [1951]). Para críticas, ver o quarto capítulo de Chomsky (1970 [1964]).

que se apoiava no "princípio primordial da gramática" (Câmara Jr., 1973a: 43): a *oposição linguística*. Tomando-se o verbo AMAR como exemplo, uma forma como *amas* contém uma parte que não se altera, que é *am-*, que se relaciona ao significado mais geral atribuído a AMAR. Substituído *am-* por *louv-*, ou por *ador-*, por exemplo, tem-se uma forma que apresenta um outro *significado lexical*, o que nos faz concluir que *am-* é uma unidade de som e significado; um morfema, portanto.

Como saber, porém, se o restante, *-as*, é um elemento ou mais de um? Também pelo confronto com outras formas. *Amas* difere, por exemplo: (a) da forma de terceira pessoa do singular (*ama*), o que nos mostra que *-s* pode ser isolado; (b) da forma do subjuntivo (*ames*), o que demonstra que *-a-* também pode ser isolado; por fim, (c) não há qualquer marca específica para tempo-modo-aspecto (doravante TMA), como no *futuro* (*amarás*), por exemplo, ou no *pretérito imperfeito* (*amavas*), formas, por essa razão, mais "canônicas" do que *amas*. *Amas* poderia ser compreendida, portanto, numa análise em constituintes imediatos (ou *CIs*) como ou contendo um *zero* (5.4a), ou ainda, seguindo Pontes (1965),[78] como em (5.4b), contendo um *morfe cumulativo*:[79]

(5.4) a.

amas			
am-	-a-	- ∅ -	-s
raiz	VT	IND. PRES	2SG

b.

amas		
am-	-a-	-s
raiz	VT + IND. PRES	2SG

Uma análise do verbo em português deveria, pois, arrolar quais os *elementos* ou *itens* constitutivos de sua estrutura, como também os padrões em que se apresentam. Daí denominar-se esse tipo de análise *Item e Arranjo* ou *Elemento e Arranjo*. Cada um dos elementos mínimos pertence a uma *ordem* ou *classe* (raiz, afixo). Elementos da mesma ordem são mutuamente exclusivos para uma única posição (Nida, 1949: 84): isso significa que um verbo não pode ao mesmo tempo estar no futuro e no passado, por exemplo, numa língua que expresse essas propriedades.

---

[78] Pontes (1965: 60): "Consideramos que a VT, no Presente do Indicativo, indica também MTA, porque existe a oposição entre este paradigma e todos os outros. Não se pode analisar como um zero morfêmico, neste caso, porque o sufixo MTA também não pode ser segmentado no Pretérito Perfeito, que, no entanto, se opõe (com exceção de P3) ao Presente do Indicativo. A interpretação como morfema cumulativo se impõe".

[79] Ver *nota 86*, p. 108.

5.3 UMA TRADIÇÃO DO ORIENTE: *ITEM E PROCESSO* (IP)

Um terceiro modelo de análise, mais antigo que IA, mas redescoberto no Ocidente no século XIX (ver seção "Schleicher: a *morfologia* nos estudos linguísticos") porque suas origens remontam aos trabalhos de gramáticos hindus sobre o sânscrito, como Pāṇini (*ca.* 500 a.C.), foi denominado *Item e Processo* (ou IP). Tal como IA, IP é um modelo aglutinativo (ver Spencer, 1991: 50), embora a concatenação de elementos se dê num nível mais abstrato que aquele do enunciado, o das formas *subjacentes* ou *teóricas*. A essas formas são aplicados *processos*, ou *regras*, ou *operações*, que as transformam em camadas de diferentes níveis de abstração – é o que se chama *derivação*: camadas estruturais que se formam sucessivamente, pela aplicação de operações a uma determinada cadeia de elementos.[80] Esse artifício procura demonstrar a regularidade que existe por trás das irregularidades, que seriam, então, irregularidades aparentes.

Tomemos para exemplo a descrição proposta por Câmara Jr. (1972a: 104) para as formas verbais *hás*, *há*, *hão*. Segundo o A., elas derivam das estruturas subjacentes em (5.5). O asterisco nas formas da primeira coluna indica que se trata de formas teóricas, que não se realizam como tais fonologicamente:

(5.5) *havs   → haøs   → hás
       *hav   → haø   → há
       *hav/N/ → haø/N/ → hão

Por não ser seguido da vogal temática da segunda conjugação, o radical **hav-* perde a consoante final /v/ (perda que assinalamos com o símbolo ø) e forma sílaba com a consoante seguinte, no caso de ela existir.

Os mesmos dados levam a análises diferentes, se nosso modelo é IA: como uma sucessão de zeros morfêmicos, ou, ainda, com a postulação de um *morfe cumulativo*. A forma *há*, por exemplo, seria a cumulação de "tema, MTA e PN" (Pontes, 1965: 73-4), isto é, "|´a | P2, Presente do Indicativo, verbo haver" (Pontes, 1965:74).

A distinção entre os três modelos é fundamental para entendermos a definição clássica de morfema e alguns dos problemas que esse novo elemento apresentou aos pesquisadores, questões de que trataremos a seguir.

---

[80] *Derivação*, nesse sentido, não tem o significado mais comum nos estudos morfológicos, quando designa um processo de formação de palavras.

A definição clássica de *morfema*

O *morfema*[81] é "uma forma recorrente (com significado) que não pode ser analisada em formas recorrentes (significativas) menores" (Bloomfield, 1966 [1926]: 27); "uma forma linguística que não mantém semelhança fonético-semântica com qualquer outra forma" (Bloomfield, 1984 [1933]: 161). Estas definições de Bloomfield

> [...] dão conta do morfema em duas dimensões, e correspondem a dois passos fundamentais no processo de identificação de morfemas. No primeiro, o da *segmentação*, serão isoladas na cadeia da fala sequências fônicas recorrentes mínimas que apresentam significado; no segundo, o da *classificação*, serão considerados membros do mesmo morfema os morfes que apresentem distintividade fonético-semântica comum. (Basílio, 1974a: 80).

Cada morfema é um átomo de som e significado – isto é, um signo mínimo. Segundo tal perspectiva, a morfologia é o estudo desses átomos (a *alomorfia*) e das combinações em que podem ocorrer (a *morfotática*) – i.e., a *morfologia é o estudo dos morfemas e de seus arranjos*.

Quadro 2.2 – O morfema no léxico

Com Bloomfield o signo deixava de ser a palavra (como fora para Saussure) e passava a ser, por excelência, o morfema. Com isso o morfema passava a ter lugar no léxico: "O estoque total de morfemas numa língua é seu léxico" (Bloomfield, 1984 [1933]: 162).

São os morfemas os elementos centrais para o modelo; a *palavra*, do mesmo modo que o sintagma, resulta dessas combinações. Tais combinações são

---

[81] Lembramos que o quadro a que nos reportamos é o do estruturalismo norte-americano, especialmente àquele formado pelos distribucionalistas das décadas de 1940 e 1950 que ficaram conhecidos como pós-bloomfieldianos. A visão de Bloomfield é um tanto distinta: a forma inglesa de passado *ran*, por exemplo, para ele é constituída de apenas um morfema acompanhado de um traço de substituição (Bloomfield, 1933: 218). O morfema para ele é uma unidade segmental, foneticamente concreta. Para uma discussão, ver Aronoff e Volpe (2006).

arranjos hierárquicos de constituintes imediatos, como exemplificado em Hockett (1958: 152) e reproduzido a seguir. O exemplo demonstra que a distinção entre morfologia e sintaxe é tênue nessa perspectiva teórica: as combinações criam níveis hierárquicos que vão dos morfemas, na linha superior, à frase, na última linha.

(6.1)

The	son-	-s	and	daughter-	-s	of	a	man	a-	-re	hi-	-s	child-	-ren
The	sons			daughters			a man							
	sons and daughters					of a man					his		children	
	sons and dauhters of a man								are		his children			
	the sons and daughters of a man										are his children			
	the sons and daughters of a man are his children													

Uma vez que a unidade básica da *gramática* (isto é, da morfologia e da sintaxe) é o morfema, a distinção entre morfologia e sintaxe não é nítida, como se pode constatar em (6.1). Hockett (1958: 178) ajustaria a definição de *morfologia* para "todas as construções em que um CI é menor do que uma palavra...". Ou, na pena de Gleason Jr. (1978 [1961]: 137), trecho já referido anteriormente (seção "Uma tensão teórica ainda presente"), "Nem sempre é clara a distinção entre morfologia e sintaxe. [...] Não é, porém, possível uma discriminação mais satisfatória que abranja as línguas em geral". Reconhece-se, no entanto, que as construções morfológicas são mais elaboradas que as sintáticas (Bloomfield, 1984 [1933]: 207).

6.1 OS TIPOS DE MORFEMAS

Até aqui os exemplos que apresentamos constituem-se de um *radical* e *afixos*, que se combinam na formação de uma palavra. Uma das consequências de se trabalhar com um modelo baseado na noção de *item* (e não na de *palavra*) foi a de que, de algum modo, se passou a compreender a morfologia sintagmaticamente, como *afixação*.

A análise de diferentes línguas demonstrou, porém, que os processos morfológicos podem ser de outros tipos, captados não tão elegantemente nessa análise de um significado para um significante. Mecanismos como *morfemas alternativos*, *subtrativos* e *zero*, embora considerados "uma difícil manobra, contudo necessária" (Hockett, 1966 [1947]: 230), vieram somar-se, assim, ao *morfema aditivo*. Apresentamos em seguida os tipos de morfemas.

6.1.1 Morfema aditivo

Os *morfemas aditivos* são facilmente captados pela análise morfêmica: são os *radicais* e os *afixos*. Os exemplos que vimos até aqui incluem-se nesse grupo. A *raiz* ou *radical primário* é o elemento mínimo de significado lexical. Se for ampliado por derivação ou por composição, forma o *radical* ou *radical secundário*ᴳ. Em *transformar*, por exemplo, temos um radical ou radical secundário *transform-*. Retirado o prefixo (*trans-*), ficamos com a raiz ou radical primário *form-*. Em *terceiro-mundista*, temos um radical, *terceiro-mundo*, que é a base do derivado em *-ista*; temos, porém, duas raízes.

Quadro 2.3 – Raiz, radical e base

> No estudo da formação de palavras encontra-se muitas vezes o termo base. Indica a unidade sobre a qual atua um processo morfológico como, por exemplo, a adição de um sufixo. Retomando os exemplos anteriores, *transform-* e *terceiro-mundo* são as bases, respectivamente, de *transformar* e *terceiro-mundista*. Bauer (2004: 21) considera a raiz e o radical subtipos de base.

O que chamamos *afixos* são elementos que se distinguem pela posição que tomam em relação à raiz. Os *prefixos*ᴳ antecedem a raiz, como *re-* em *reler*; os *sufixos*ᴳ seguem a raiz, como *-al* em *arrozal*.

A morfologia das línguas costuma repousar predominantemente em apenas um desses dois tipos de afixos. Afinal, "uma língua com dez classes de posições tanto para prefixos como para sufixos traria dificuldades reais para a localização das raízes das palavras" (Anderson, 1985b: 166-7). Há tendência entre as línguas para maior número de sufixos: "Línguas exclusivamente sufixais são razoavelmente comuns, ao passo que línguas exclusivamente prefixais são bastante raras" (Greenberg, 1963: 56).

Uma das generalizações acerca das línguas do mundo diz respeito à ordenação que sufixos (ou prefixos) derivacionais e sufixos (ou prefixos) flexionais tomam em relação à raiz. Essa generalização foi expressa por um dos *universais implicacionais* de Greenberg (1963: 57):

> *Universal 28.* Se tanto a derivação como a flexão seguem a raiz, ou ambas precedem a raiz, a derivação está sempre entre a raiz e a flexão.

Vamos a um exemplo: *livr-inho-s* apresenta o sufixo derivacional *-inho* mais perto do radical *livr-* que a marca de *plural -s* (mas ver capítulo "Flexão ou derivação?").

O *infixo*ᴳ é um tanto diferente do *prefixo* e do *sufixo*, uma vez que se insere por completo no interior de uma raiz, tornando-a *descontínua*. Em árabe, como de resto nas línguas semíticas, o padrão mais geral para as raízes é CCC (em que C equivale à *consoante*), que recebe infixos (Bloomfield, 1984 [1933]: 243-4):

(6.2) k-t-b   'escrever'
       katab   'ele escreveu'
       ka:tib   'escrevendo'
       kita:b   'livro'
       ma-ktab   'lugar para escrever'

Note-se que a característica definidora do infixo é a de ele posicionar-se no interior de uma raiz. Não se entenda, portanto, como infixo um afixo que se apresente entre outros dois afixos. Vamos a um exemplo. Em turco, o verbo *yemek* 'comer' apresenta, no seu imenso paradigma de cerca de três mil formas, a forma *yedim* 'comi' e outra, *yemedim* 'não comi'. Não há razão para se considerar *-me-* um infixo. É um sufixo numa sequência de sufixos, como ilustrado a seguir (ver Gleason Jr., 1978 [1961]: 121):

(6.3) ye-   me-   di-   m
       comer   NEG   PAS   1SG/AG

Quadro 2.4 – Unidades descontínuas

Não são apenas as raízes que são focalizadas como podendo apresentar-se como formas descontínuas, em virtude de um morfema ter sido incluído no seu interior. Segundo Nida (1949: 67-8; 76), em zoque, língua indígena do México, por exemplo, vários morfemas apresentariam alomorfes descontínuos, numa análise segundo o modelo IA. Comparem-se as formas básicas em (a) com as sequências em (b):

(a) ken-   'olhar'
     y-   '3SG/S/TRANS'
     -hay-   'BEN'
     -o?y-   'DES'
     -u   'PAS'
     -pa   'PRES OU FUT'
(b) ken-u   'olhar-PAS'
     ken-pa   'ele olha, ele olhará'
     kyen-hay-u 'ele viu isso para ele (em seu favor)'
     ken-o?y-u 'ele queria olhar'
     keno?pya   'ele quer olhar'

O benefactivo^G e o *presente/futuro* podem, por exemplo, apresentar-se na sequência -ha*pya*-, em que cada um está parcialmente dentro do outro.

Também os morfemas alternativos podem fazer um morfema apresentar-se numa forma descontínua. Como dissemos anteriormente, casos como esses não se ajustam bem à análise em constituintes imediatos, embora evitem que se fale em *regras* ou *processos*.

Para alguns autores, como Câmara Jr., a *parassíntese* constitui-se na derivação por meio de um sufixo e adjunção de um prefixo, este sem significação própria. Uma alternativa de análise para que se evite a postulação de morfemas sem significado e para levar em consideração a adição simultânea de elementos nas posições inicial e final da formação – que é a característica definidora dos derivados parassintéticos – é considerar formas como *amanhecer* com a estrutura em (6.4):

(6.4) manhã + a...ec(e(r)).

Neste caso, *a...ec(e(r))* é um afixo descontínuo, um *circunfixo*[G] (e por essa razão a denominação *circunfixação* é empregada em lugar de *parassíntese* caso se leve em conta tal proposta).

Para alguns estruturalistas, como Nida, por exemplo, os *morfemas reduplicativos*, de que trataremos a seguir, incluem-se entre os morfemas aditivos.

6.1.2 Morfema reduplicativo

O *morfema reduplicativo* pode ser focalizado não como um afixo com formas bastante variáveis, mas como uma modificação na raiz, que consiste na repetição de toda ela ou de parte dela. De acordo com Anderson (1985b: 169), são quatro os tipos mais comuns de reduplicação. A cópia pode afetar a consoante ou grupo inicial. Nesses casos, não é difícil encontrar-se a inserção de uma vogal determinada. Alguns perfeitos latinos, por exemplo, são marcados pela repetição da consoante inicial do primeiro radical do verbo (ver p. 91), seguida de -*e*-:

(6.5) **Presente**   **Perfeito**
       pango 'concordo'   pepigi
       pargo 'abstenho-me de'   peperci
       cano 'canto, celebro'   cecini

A cópia pode afetar a primeira sequência inicial de consoante e vogal: no pídgin da Nova Guiné, *pairap* 'explodir' é intensificado em *papairap* 'explodir diversas vezes e em rápida sequência' (Mühlhaüsler, 1984: 405). Pode também copiar toda a primeira sílaba, ou ainda toda a raiz, como no pídgin da Nova Guiné *pretpret* 'estar muito amendrontado', formado a partir de *pret* 'estar amendrontado' (Mühlhaüsler, 1984: 406).

A reduplicação não afeta necessariamente apenas sequências fônicas iniciais. Ainda no pídgin da Nova Guiné é possível encontrar a reduplicação da sílaba final, por exemplo: lapun 'velho', mas lapunpun 'muito velho'. Observem-se também os exemplos a seguir, acerca do número no verbo em samoano, língua austronésia falada em Samoa (oceano Pacífico – Gleason Jr., 1955: 29; Jensen, 1990: 70):[82]

(6.6)
manao	'quer'	mananao	'querem'
matua	'é velho'	matutua	'são velhos'
malosi	'é forte'	malolosi	'são fortes'
punou	'retesa'	punonou	'retesam'
pese	'canta'	pepese	'cantam'
alofa	'ama'	alolofa	'amam'
galue	'trabalha'	galulue	'trabalham'
maliu	'morre'	maliliu	'morrem'

No exemplo anterior, a expressão do *número plural* se faz pela repetição da sílaba mais próxima àquela que é a última na forma singular. Jensen (1990: 71) analisa esses exemplos como um *processo*, formalizado como em (6.7), a seguir, em que o símbolo X indica que não importa o que veio antes da penúltima sílaba, isto é, da penúltima sequência *C(onsoante) + V(ogal)*; o colchete de fechamento] indica o final do vocábulo; o $_v$ em letra subscrita indica que a classe gramatical da palavra é *verbo*:

(6.7) $X \ C \ V \ (C) \ V \ ]_v$
         1   2   3   4   5   6 $\rightarrow$ 1   2   3   2   3   4   5   6 $_{[+ \text{plural}]}$

Observe como o tratamento que Gleason Jr. (1978 [1961]: 96) apresenta para a reduplicação é diferente daquele formalizado por Jensen e apresentado em (6.7). Jensen, ao empregar uma regra para descrever a formação do plural, capta uma generalização acerca da gramática dessa língua. Gleason Jr., por seu turno, define a *reduplicação* como "afixos com formas extremamente variáveis". Estamos, assim, na análise de Gleason Jr., perante uma lista de morfemas aditivos. Ao apresentar a reduplicação não como um processo, mas como uma lista de afixos, Gleason Jr. mantém-se atrelado a IA e a análise perde em generalização. Vejamos um dos exemplos que apresenta, do tagalo, língua austronésia falada nas Filipinas (Gleason Jr., 1978 [1961]: 96):

(6.8)
/isá/	'um'	/iisá/	'só um'	prefixo	/i-/
/dalawá/	'dois'	/dadalawá/	'só dois'		/da-/
/tatló/	'três'	/tatatló/	'só três'		/ta-/
/píso/	'peso'	/pipíso/	'só um peso'		/pi-/ etc.

Diferentemente de Jensen, que muda uma forma, básica, em outra, Gleason Jr. apresenta-nos uma lista de alomorfes (a parte que se repete) que expressam a mesma noção, embora com formas fonológicas bem distintas.

---

[82] As sequências de vogais contam como sílabas separadas. Não há ditongos nessa língua (Jensen, 1990: 71).

Anderson (1985b: 170) observa que é razoavelmente limitado o conjunto de significados expressos pela reduplicação. Nos nomes indica "pluralidade, formas diminutivas (ou aumentativas), mas não caso, gênero ou categorias dêiticas/referenciais". Nos verbos, a reduplicação costuma indicar diferenças aspectuais ("tais como progressivos, imperfeitos, perfeitos representando um estado, distributivos, interativos etc.), formas plurais e modos tais como hipotético, não realizado etc., mas não pessoa, voz...", ou mesmo tempo, se essa categoria está dissociada de oposições aspectuais.

6.1.3 Morfema alternativo

O *morfema alternativo* consiste na mudança da estrutura fônica da raiz (seja por alternância da qualidade ou quantidade de vogais, de consoantes, de acento ou de tom), como em *digo/dizes*. Exemplos clássicos desses morfemas nas línguas ditas flexivas são o *Ablaut* ou *apofonia*^{G} e o *Umlaut* ou *metafonia*, dois processos de alternância de vogais no interior de uma raiz. Exemplos: em grego clássico, por exemplo, a alternância entre /e/, marca do presente, e /o/, aliada à reduplicação do perfeito: *leipo/leloipa*; em português, casos como *fiz/fez*.

Muito frequentemente as alterações na raiz são acompanhadas por outros afixos. É, por exemplo, o padrão geral do *plural* de nomes em inglês que explica a postulação de um alomorfe zero de plural, além da alternância, para a palavra inglesa *feet* 'pés' (plural de *foot* 'pé'). Segundo Nida (1949: 54), *feet* é decomponível em três morfemas: (a) o radical; (b) a substituição de /u/ por /iy/; e (c) o sufixo zero, este último, na realidade, um alomorfe zero de plural (Nida, 1949: 46n44). À substituição de /u/ por /iy/ é atribuído o *status* de morfema porque se constitui na única diferença visível entre o singular e o plural (Nida, 1949: 54).

6.1.4 Morfema zero

O *morfema zero* é de natureza diferente. Observem-se os exemplos em (6.9), referentes ao gênero do nome (mais especificamente, de nomes relativos a seres animados) em português.

(6.9) **Masculino** **Feminino**
 mestre mest**r**a
 hóspede hósped**a**

leitor   leitor**a**
professor   professor**a**
marquês   marques**a**
menino   menin**a**
gato   gat**a**

A marca de *feminino* é sempre /-a/ nesses exemplos. Sua ausência é significativa como característica de *masculino*. Daí Câmara Jr. ter postulado um *morfema zero* para o masculino em português, isto é, "um morfema no qual não haja nenhum alomorfe evidente" (Gleason Jr., 1978 [1961]: 80).

A postulação do morfema zero não foi aceita por todos os linguistas. Gleason Jr. (1978 [1961]: 80), por exemplo, considerou-o "absolutamente desnecessário" e "logicamente insustentável", porque não haveria "fronteiras definíveis" para a justificativa de seu emprego, uma vez que poderíamos "adicionar livremente zeros de toda a ordem às nossas descrições, cada um deles tão defensável como o último". Uma forma como *mestre*, por exemplo, poderia ser analisada como (6.10):

(6.10)   mestre + ø   + ø
                     MASC   SG

A crítica de Gleason Jr. torna-se mais aguda se atentarmos para a diferença entre fenômenos flexionais e derivacionais. As categorias gramaticais formam classes fechadas. Ao trabalhar com elementos flexionais, o linguista postula zeros que se opõem a elementos bem definidos, representantes das propriedades morfossintáticas. Ao lidar com dados derivacionais, porém, apresenta-se-lhe quadro diverso. Poderia opor a marca de *masculino* à de *feminino*, por exemplo; mas que poderia opor, digamos, a uma derivação em -*dade*? Ou melhor: o fato de uma forma não apresentar um derivado em -*dade* seria motivo para a postulação de um morfema zero? Os dados não permitiriam, neste caso, um uso justificável desse artifício descritivo.

Mesmo aqueles que não se opuseram à postulação de morfemas zero advertiram quanto à parcimônia com que deveriam ser empregados. É o caso de Nida (1949: 46), por exemplo: "Deve-se evitar [...] o uso indiscriminado de zeros morfêmicos. De outro modo, a descrição de uma língua torna-se excessivamente polvilhada de zeros, devidos apenas à congruência estrutural e ao equilíbrio".

6.1.5 Morfema subtrativo

O *morfema subtrativo* consiste num radical que perde fonemas para a expressão de um dado traço gramatical (Nida, 1949: 75). O exemplo clássico do morfema subtrativo foi o *gênero* do adjetivo em francês (dados retirados de Bloomfield, 1984 [1933]: 217):

(6.11) **Masculino**   **Feminino**

plat	[pla]	'plano'	*platte*	[plat]
laid	[lɛ]	'feio'	*laide*	[lɛd]
distinct	[distɛⁿ]	'distinto'	*distincte*	[distɛⁿkt]
long	[loⁿ]	'longo'	*longue*	[loⁿg]
bas	[bɑ]	'baixo'	*basse*	[bɑːs]
gris	[gri]	'cinza'	*grise*	[griːz]
frais	[frɛ]	'fresco'	*fraîche*	[frɛːš]

Uma possibilidade de análise seria a de se tratar o feminino como um caso de morfema aditivo: a uma forma básica masculina somar-se-ia uma consoante, indicadora de feminino. O problema seria: que consoante? As consoantes finais da forma feminina somente são previsíveis caso se tome a escrita como base (mas este é um procedimento inválido). Daí a proposta de Bloomfield (1984 [1933]: 217):

> [...] se tomamos a forma feminina como nossa base, podemos descrever esse tipo irregular pela assertiva simples de que a forma masculina é derivada da feminina por meio de um traço subtrativo (ing. *minus-feature*), a saber, a perda da consoante final e do grupo [-kt].

O *morfema subtrativo*, juntamente com o *alternativo* e o *zero*, faz parte do grupo dos "malcomportados" (Anderson, 1988: 153). Todos ajustam-se mal a IA, porque não há como segmentar "a forma de superfície de uma palavra contendo essa categoria de modo que alguma subparte (possivelmente descontínua) de sua estrutura constitua o morfe em questão" (Anderson, 1988: 160). Mas o que é um *morfe*?

6.2 O MORFEMA É UMA CLASSE DE MORFES

O *morfe* é um segmento de enunciado, ou melhor, uma sequência fônica, a que é possível atribuir significado e que será posteriormente classificado num morfema. O morfema é, por conseguinte, uma abstração em relação ao morfe, do mesmo modo que o fonema o é em relação ao fone: um *morfema* é *uma classe de morfes*, isto é, cada *morfe*, ou *alternante morfêmica*, é um elemento de um conjunto (que pode ser unitário) formador de uma unidade estrutural, que é o morfema.

Qualquer enunciado é completamente composto de morfes (Hockett, 1966 [1947]: 230). Também são morfes todas as sequências fônicas que restam após a divisão do enunciado, tenham ou não significado (Hockett, 1966 [1947]: 239). Quando segmentamos *gatinhos*, segmentamos esse enunciado em *morfes*, não em *morfemas*. Qual a diferença? Tomemos para exemplo o *-s* final, que identificamos como marcador de plural. Se ampliássemos nosso *corpus*, de modo que ele incluísse também formas como as de (6.12), a seguir, veríamos que o plural em português pode manifestar-se ainda de outras maneiras que não a adição de /-s/. Vejamos algumas delas:

(6.12) **Singular** **Plural**   **Singular** **Plural**
   a. cruz   cruz**es**   b. lápis   lápis ø
      pilar   pilar**es**   cáctus   cáctus ø
      líquen   líquen**es**   pires   pires ø

Os poucos exemplos anteriores revelam que /-s/ não é a única expressão possível para o plural em português. Em outras palavras: o morfema de plural realiza-se (pelo menos) por meio de dois outros *alomorfes*, cada um deles com uma *distribuição*^{G} determinada. Assim, acrescenta-se /-s/ ao nome no singular se termina em vogal ou ditongo; /-es/, caso termine em consoante, como em (6.12a), exceção feita a nomes paroxítonos em /s/, quando então a forma permanece invariável, como em (6.12b). Neste último caso estaríamos perante um *alomorfe zero*: dentre as possíveis realizações de um morfema uma delas é não apresentar realização fonêmica. O morfema de plural não é, portanto, a realização específica *x* ou *y*, mas o conjunto dessas realizações, ou *alomorfes*. Poderíamos representá-lo como em (6.13), com o elemento que aparece no maior número de ambientes tomado para a representação do morfema. As reticências indicam que, com a ampliação do *corpus*, poderíamos encontrar outros alomorfes:

(6.13) {S} → /-s ~ -es ~ ø ~.../
       PL

6.3 A ALOMORFIA

Como dissemos anteriormente, para chegar aos morfemas de uma língua o linguista procede pela *substituição*, já adotada na fonêmica: isola-se o *foco* da análise do restante do *ambiente*, como nos experimentos controlados das ciências naturais (Haugen, 1966 [1951]: 360). Essa técnica permite ao pesquisador segmentar o enunciado em morfes, que serão posteriormente classificados em morfemas, a partir de procedimentos bem determinados, como, por exemplo, os princípios estabelecidos por Nida (1949), que reproduzimos no Quadro 2.5.

Quadro 2.5 – Seis princípios para a identificação dos morfemas de uma língua (Nida, 1949).

a. "Constituem um morfema único as formas que têm distintividade semântica comum e forma fonêmica idêntica em todas as suas ocorrências";

b. "As formas que apresentam distintividade semântica comum mas diferentes na forma fonêmica (*i.e.*, os fonemas ou a ordem dos fonemas) podem constituir um morfema desde que a distribuição de diferenças formais seja fonologicamente definível";

c. "As formas que apresentam distintividade semântica comum mas que diferem na forma fonêmica de tal modo que sua distribuição não pode ser fonologicamente definida constituem um morfema único se estão em distribuição complementar em acordo com as seguintes restrições:

   1. A ocorrência nas mesmas séries estruturais tem precedência sobre a ocorrência em diferentes séries estruturais na determinação do *status* de morfema;
   2. A distribuição complementar em séries estruturais diferentes constitui a base para a combinação de possíveis alomorfes num morfema apenas se aí também ocorrer nessas séries estruturais diferentes um morfema que pertença à mesma classe de distribuição, como as séries alomórficas em questão, e que ele próprio tenha apenas um alomorfe ou alomorfes definidos fonologicamente.
   3. Ambientes táticos imediatos (ing. *immediate tactical environments*) têm precedência sobre ambientes táticos não imediatos na determinação do *status* morfêmico.
   4. Contraste em ambiente distribucional idêntico pode ser tratado como submorfêmico se a diferença no significado dos alomorfes reflete a distribuição dessas formas."

d. "Uma diferença formal explícita numa série estrutural constitui um morfema se em qualquer membro dessa série a diferença formal explícita e uma diferença estrutural zero são os únicos traços para distinguir uma unidade mínima de distintividade fonético-semântica";

e. "As formas homófonas são identificáveis como o mesmo morfema ou como morfemas diferentes com base nas seguintes condições:

   1. As formas homófonas com significados nitidamente diferentes constituem morfemas diferentes.
   2. As formas homófonas com significados relacionados constituem um único morfema se as classes de significado podem ser postas em paralelo pelas diferenças distribucionais, mas constituem múltiplos morfemas se as classes de significado não podem ser postas em paralelo pelas diferenças distribucionais."

f. "Um morfema é isolável se ocorre sob as seguintes condições:

   1. Em isolado.
   2. Em combinações múltiplas, pelo menos em uma das quais a unidade com que se combina ocorre em isolado ou em outras combinações.
   3. Numa combinação única, desde que o elemento com o qual se combina ocorra em isolado ou em outras combinações com constituintes não únicos."

Cabe ao linguista comparar enunciados parcialmente diferentes, para formas que apresentem distintividade semântica comum, em busca de identidade fonêmica (*princípio a*), ou de diferenças que possam ser definidas fonemicamente (*princípio b*), de distribuição complementar ou variação livre (*princípio c*). Como identificar, por exemplo, os elementos formadores do vocábulo *gatinhos*? A resposta é: com a ajuda de vocábulos parcialmente semelhantes. Pela comparação de *gatinhos* com *gatinho* e com pares como *pato/patos*, *mestre/mestres*, depreende-se o -*s* final como marca de plural. Pela comparação com *gato* e com formas como *patinho*, *ursinho* isola-se mais um elemento, -*inho*, indicador de diminutivo. Resta a forma *gat-*, que é recorrente e que se não consegue, por sua vez, subdividir em unidades menores com significado: compare-se *gatinho* com formas parcialmente semelhantes como *gato*, *gataria*. E *ágata*, por exemplo? Não é possível comutar *ágata* com *gato* sem que se destrua qualquer relação de significado. Uma vez que aquela forma ocorre em isolado, é classificável num morfema (*princípio f*).

Deve-se ter sempre em mente que a sequência sonora tem de estar associada a um determinado significado. É este um dos fundamentos da análise: o *morfema* é uma "unidade mínima com significado" (Nida, 1949: 6). Ora, se a mesma sequência de fonemas /gat/ está presente em termos como *ágata*, **gaturamo**,[83] isto não é condição suficiente para classificarmos tais ocorrências em conjunto com a sequência /gat/ de *gato*? É que não se pode aí identificar qualquer semelhança de significado com a forma {GAT-} presente em *gato*, *gatinho*, *gatão* etc., e, por conseguinte, subdividir as formas *ágata* e *gaturamo* (em *á-gat-a* ou *gat-uramo*), comutando-as com *gato*.

E formas como *canto* 'atividade de cantar' e *canto* 'junção de duas paredes'? Novamente, embora fonemicamente idênticas, tais formas não podem ser relacionadas, porque seus significados nada têm em comum. Trata-se de formas homófonas, que não serão classificadas no mesmo morfema (*princípio e*).

6.4 A MORFOTÁTICA

Se a *alomorfia* diz respeito às configurações que um morfema pode tomar, a *morfotática* dá conta das restrições à combinação de morfemas, ou melhor, estuda a sua distribuição. A difusão do termo deve-se a Hockett: por *tática* (< ingl. *tactics*) compreende-se qualquer teoria sobre a combinação de unidades

---

[83] Observe-se que não há a possibilidade de se argumentar que gat- em *gato* e em *gaturamo* não pode ser classificado num mesmo elemento por esses termos terem étimos diferentes: respectivamente, o latim *cattus* e o tupi *caturama*.

similares, como fonemas com fonemas,[84] morfemas com morfemas. A morfotática leva em conta: *formas*, *ordem* (*linear*), *construções* e *hierarquia de constituintes*, representada por CI.

Segundo Hockett (1966 [1954]: 389), o *padrão tático* de uma língua resulta de uma lista das construções. Em cada construção, a enumeração das posições nela contidas e a especificação de algum marcador para essa construção. Para cada posição: uma lista dos morfemas que nela podem ocorrer e uma lista das construções que nela podem ocorrer.

Para estabelecer o padrão tático de uma língua no tocante à morfologia, descrevem-se as classes de distribuição característica dos morfemas. As "classes mais universais em todas as línguas do mundo são a dos *radicais* e a dos *afixos*" (Gleason Jr., 1978 [1961]: 63 – ênfase no original). Os radicais e os afixos distribuem-se, por sua vez, em subclasses. Dentre os radicais, há, por exemplo, radicais verbais e radicais nominais; dentre os afixos, encontramos, por exemplo, os sufixos. Um sufixo segue um radical, o que faz com que **docaminha*, por exemplo, seja impossível para a expressão do particípio de CAMINHAR em português.

6.5 A MORFOFONÊMICA

Alguns estruturalistas norte-americanos, como Hockett e Wells, por exemplo, defenderam a necessidade de um nível intermediário entre a morfologia e a fonologia. A *morfofonêmica* é "o ramo da gramática que lida com a forma fonêmica de morfemas, palavras e construções, sem atenção ao significado" (Hockett, 1966 [1942]: 107). Esse nível segue-se da inclusão de uma *condição de biunivocidade* na análise fonêmica. Tal condição previa que a uma determinada cadeia de fonemas deveria corresponder uma cadeia de fones e vice-versa. Assim, para uma forma como *asa* teríamos a correspondência fonema/fone como ilustrado a seguir:

(6.14) /a/ + /z/ + /a/   *sequência fonêmica*
        ↕   ↕   ↕
        [a]   [z]   [ɐ]   *sequência fonética*

Podemos afirmar que /z/ é um fonema no português porque pode opor formas na língua, como *asa* (/z/) e *assa* (/s/), por exemplo). Pela mesma razão, também /š/ pode ser considerado um fonema, porque pode opor, por exemplo, *acha* a *assa* e *asa*. Pela *condição da biunivocidade*, dada uma cadeia fonética, deveria também ser possível depreender a cadeia fonêmica. Imagine, então, a sequência fonética *casas*, mas seguida de uma palavra começada por vogal, como em *casas alegres*. Deveria corresponder a algo como (6.15):

---
[84] Seria a fonotática.

(6.14)   [k] + [a] + [z] + [ɒ] + [z] + [a] + [l] + [ɛ] + [g] + [r] + [ɪ] + [š]
          ↕   ↕   ↕   ↕   ↕   ↕   ↕   ↕   ↕   ↕   ↕   ↕
         /k/ /a/ /z/ /a/ /z/ /a/ /l/ /ɛ/ /g/ /r/ /e/ /š/
                              ?

Eis aqui um problema, apontado pelas setas. Havíamos afirmado que tanto /z/ como /š/ eram fonemas, bem como /s/, e *uma vez fonema, sempre fonema*.[85] No entanto, nessa posição, tais elementos não contrastam: podemos ter *casa*[z] (*alegres*), *casa*[ž] (*verdes*), *casa*[š] (*feias*). A saída para aqueles que adotaram esse enfoque foi a postulação de um terceiro nível de análise, intermediário. Listam-se os morfofonemas (representados entre barras verticais, assim | |), os fonemas para substituí-los e os ambientes em que ocorrem. Pontes (1965: 32), por exemplo, ao tratar dos verbos, propõe para o -*s* final, que ela representa pelo morfofonema |z|,[86] a seguinte lista de fonemas: (a) /z/ diante de vogal; (b) /š/ diante de silêncio ou consoante surda; e (c) /ž/ diante de consoante sonora. A inclusão de mais um nível de análise foi o preço por procurar levar IA às últimas consequências.

Vimos até aqui o modo como uma influente corrente da Linguística compreendeu os princípios que regem a estrutura da palavra. Passamos, em seguida, a alguns dos problemas com esse tipo de análise.

6.6 ALGUNS PROBLEMAS PARA A ANÁLISE MORFÊMICA

Considerar o morfema como a unidade mínima de som e significado em que se baseia a análise acarretou problemas, que não passaram despercebidos aos linguistas da época. Apresentamos, em seguida, quatro desses problemas, todos recorrentes na literatura: os *fonestemas*, os *morfes supérfluos*, os *morfes vazios*, os *morfes cumulativos*.

---

[85] Não se pode, ao adotar a biunivocidade, lançar mão do conceito de arquifonema, possível em IP.
[86] Pontes (1965: 31): "É claro que os morfofonemas estabelecidos foram-no com base no paradigma verbal: correspondem a alternâncias fonologicamente condicionadas de morfemas verbais. Foi pela observação dos paradigmas que os estabelecemos. É possível que algum não se aplique a outras classes de palavras." A escolha de | z | é explicada em nota (*id.*: 46n3): "[...] diante de vogal poderia ocorrer qualquer um dos fonemas, mas, diante de consoante, /z/ não ocorre (no português do RJ): sendo ela surda, só encontramos /š/ e sendo sonora, somente /ž/. A troca é automática, portanto".

6.6.1 Os fonestemas ou elementos fonestéticos ou simbolismo fonético

Os *fonestemas* (< ingl. *phonaesthemes* < *phono-* 'som' + *aesthé-* 'perceber' + *-ema* 'unidade estrutural') são sequências sonoras recorrentes que associam algumas poucas palavras cujo significado é relacionado (Joseph, 1998: 360). O exemplo clássico é a sequência *gl* em vocábulos ingleses semanticamente relacionados como *glimmer* 'reflexo', *gleam* 'brilho', *glow* 'fulgor', *glitter* 'cintilação'. Pode-se apontar como um exemplo paralelo em português a nasal /n/ em formas como *nada*, *ninguém*, *nenhum*, *não*, *nenhures*. Em geral, tais sequências não foram consideradas morfêmicas, embora fossem recorrentes e se lhes pudesse atribuir algum tipo de identidade de significado. O ponto em questão é que, ao se reconhecerem tais formas no interior de unidades maiores, destroem-se, para o restante do vocábulo, as relações de som e significado que fundamentam a segmentação em unidades mínimas.

Nida argumenta que tais formas não podem ser isoladas como morfemas, "uma vez que não ocorrem como formas livres ou com formas que ocorram em outras combinações". Já Joseph (1998: 361) defende algum *status* gramatical para os fonestemas com base na diacronia do inglês. A sequência *-ag* aparece em palavras inglesas cujo sentido poderia ser glosado como 'ação tediosa, cansativa ou lenta', como em *drag* 'arrastar (com força e dificuldade)', *fag* 'fatigar, estafar', *flag* 'esmorecer', *lag* 'demorar-se', todas elas já presentes no inglês médio (*ca.* 1100-1500). Essas formas, segundo o A., teriam atraído para sua órbita *sak*, que, a partir do século XVI torna-se *sag* 'afundar, descer'.

6.6.2 Os morfes supérfluos

É possível em português formar advérbios a partir de adjetivos, juntando a estes o sufixo *-mente*: *doce/docemente, triste/tristemente, feliz/felizmente*. Os adjetivos *doce, triste* e *feliz* são uniformes: *homem doce/triste/feliz, mulher doce/triste/feliz*. Mas e quando não o são? Bem, nesses casos os advérbios em *-mente* têm de ser derivados a partir da forma de feminino do adjetivo: *lindamente, graciosamente, fonologicamente*.

Existe uma razão histórica para isso: *-mente* deriva do substantivo feminino *mente*, com que o adjetivo que o antecedia concordava. Deixando de lado a história da língua, que não pode, numa análise sincrônica, ser chamada à cena, temos três morfes em *lindamente*: *lind-* + *-a* + *-mente*. Que fazer com *-a* nesse tipo de análise? Podemos classificá-lo como marca de feminino, mas tal marca é decididamente supérflua num vocábulo invariável e, além disso, incompatível com o significado do vocábulo. Se a considerarmos como expressão do gênero, temos ainda um problema a mais, que é o de marcar uma flexão (supérflua, para utilizarmos a denominação de Anderson, 1992: 54) antes da derivação.

Resta-nos ainda uma outra alternativa: classificar esse -a- como um *morfe vazio*: -a- não seria considerado marca de feminino, mas algo como uma vogal de ligação, sem significado, por conseguinte, e teríamos tentado sair de um problema criando outro, como veremos em seguida.

6.6.3 O morfe vazio

Um dos problemas para a análise estruturalista são os elementos recorrentes que não apresentam significado. Um *morfe vazio* é um morfe que não tem significado e que não é atribuído a nenhum morfema. Para Hockett (1966 [1947]: 238), /a/, vogal temática do infinitivo espanhol *amar* é um morfe vazio, uma vez que a forma pode ser analisada como composta da raiz *am-* mais a terminação *-r* de infinitivo.[87]

Se "o morfe vazio não é atribuído a morfema algum, não tem razão de ser" (Basílio, 1974a: 83). Que diferença pode ser postulada entre esse /a/ sem significado e que não é atribuído a morfema algum, por exemplo, e o fonema /a/? Caso aceitemos a proposta de morfes vazios, a definição do morfema como elemento mínimo de som e significado desmorona. É como um cobertor curto: ou ficam dados a descoberto, ou fica-se com princípios de análise que são inúteis, uma vez que só funcionam às vezes.

6.6.4 O morfe cumulativo

Na análise morfêmica, espera-se que a um elemento de significado deva corresponder um elemento no nível da expressão e vice-versa. Retomemos, no entanto, a análise de Pontes (1965) para a forma portuguesa *amas*, apresentada antes, em (5.4b), e aqui repetida por conveniência:

---

[87] A análise de *amas* não é a mesma. Não há aí, segundo Hockett (1966 [1947]: 238), qualquer morfe vazio: nesse caso, /a/ indica IND. PRES., uma vez que é a única diferença em relação a *ames*, por exemplo.

(5.4) b.

amas		
am-	-a-	-s
raiz	VT + IND. PRES	2SG

    Ao propor que um único morfe pudesse representar a vogal temática e a desinência para TMA (as quais, em outras formas do verbo, tais como em *am-á-va-mos*, são elementos separados), quebrava-se esse desiderato: um único morfe representava duas posições distintas do padrão verbal. O mesmo em sua análise para *amo,* que segue a de Hockett: |-o| indica, cumulativamente, IND. PRES. + 1SG.

    Problema semelhante apresenta-se no caso da fusão de dois ou mais morfemas distintos, realizados por uma única unidade, denominada na literatura *morfe portemanteau* (fr. 'cabide') ou *cumulativo*, como no caso da forma *du* do francês, que realiza dois morfemas distintos, a saber *de* + *le*.

Preparando o retorno da palavra

No presente capítulo vamos focalizar alternativas à noção clássica de morfema nascidas a partir da década de 1970. Surgiram tanto no âmbito da morfologia derivacional como no da flexional, em consequência de problemas como os que acabamos de ver. Das muitas propostas, quase uma por autor, este capítulo tem como pano de fundo quatro, em virtude da repercussão desses trabalhos: Matthews (1972; 1974), Aronoff (1976; 1994), Basílio (1980) e Anderson (1985b; 1992).

7.1 O MORFEMA NA DERIVAÇÃO

Na morfologia por Item e Arranjo, os morfemas são as unidades que constroem a análise em CIs. Esses 'pedaços de material', em geral (ou pelo menos idealmente) em sequência, juntam-se para formar sucessivamente palavras, sintagmas, orações, frases. Esse modo de focalizar o morfema está captado na metáfora 'o morfema é uma coisa' – i.e., uma forma; a morfologia, por conseguinte, é afixação por excelência.

A definição do morfema como *forma mínima com significado* levou a dificuldades que não deixaram de ser detectadas pelos estudiosos da época, a começar pela questão do significado a atribuir a um morfema. Em seu clássico *Morphology*, Nida (1949: 162) afirmava que "os significados das formas presas são particularmente difíceis de descrever". Em especial as dificuldades em estabelecer com precisão o significado de um morfema se fizeram sentir no estudo da derivação (Basílio, 1974a: 85).

Vamos ilustrar tais dificuldades com dois conjuntos de exemplos recorrentes na literatura. Primeiramente, que significado atribuir a formas mínimas que reconhecemos como recorrentes, mas cujo significado nos escapa? Que fazer com exemplos como *re-**ceb**-er*, *con-**ceb**-er*, *de-**duz**-ir*, cujas raízes (e também os prefixos) parecem não ter qualquer significado? Por outro lado, que fazer com os *hapax legomena* (gr. 'que foram ditos apenas uma vez'), ou seja, com formas para as quais se encontra somente um exemplo? Em inglês, *cran-* aparece apenas na palavra inglesa *cranberry* 'arando, nome de fruta', e é isolável em resultado da comparação com formas terminadas em *-berry*, denominativas de pequenos frutos silvestres, como *strawberry* 'morango', *blueberry* 'mirtilo', *blackberry* 'amora' e *gooseberry* 'groselha'. No entanto, qual seria o significado de *cran-*?[88] É bom lembrar que o primeiro dos seis passos para determinar o significado dos morfemas dizia respeito justamente ao número de dados:

> 1. Faça a coleta de muitas ocorrências de um morfema. É quase impossível chegar a uma definição de um morfema na base de duas ou três ocorrências. É claro, podem-se tentar hipóteses acerca do significado, mas *no mínimo* oito ou dez ocorrências deveriam ser checadas. (Nida, 1949: 162)

Decorre dessa estratégia o fato de que "o analista se vê diante de dois caminhos: a) não considerar tais formas [**como -ceb-, -duz, -fer-, mcr**] como morfemas isolados, apesar da recorrência; b) não considerar a atribuição de significado como elemento decisivo para considerar ou não uma sequência fonêmica como morfema" (Basílio, 1974a: 85). Qualquer dessas soluções é indesejável.

Com a hipótese lexicalista, os problemas com os significados das formas no estudo da formação de palavras não levaram ao puro e simples abandono da noção de morfema, mas a um redimensionamento desse conceito. Retomemos parte dos exemplos anteriores, acrescentando-lhes alguns mais:

(7.1) referir   reduzir   receber
      deferir   deduzir
      conferir conduzir conceber
      inferir   induzir
      preferir
      transferir

Podemos constatar a recorrência das raízes *-fer-*, *-duz-* e *-ceb-* nesses dados, mas conseguimos atribuir significado não a elas, mas tão somente às palavras como um todo. No entanto, como nota Aronoff (1976: 12-3) a respeito de exemplos semelhantes no inglês, nos nomes derivados *-cep-* toma sistematicamente o lugar de *-ceb-* (*conceber/concepção*, *receber/recepção*) num processo comum de alomorfia não fosse a questão do significado. Não se trata de atribuir *status* a qualquer sequência fônica que se repete, mas de atribuir esse *status* a sequências que se relacionam a uma entidade linguística fora dela (Aronoff, 1976: 15). Para Aronoff (1976: 10 ss), tais formas são morfemas, embora sem significado.

Mas não é só isso. Uma forma como *-vel*, por exemplo, presente em palavras como *dobrável*, *reversível*, não existe independentemente de uma *regra de for-*

---

[88] No mesmo caso de *cran-* estão *boysen-* em *boysenberry* 'tipo de amora' e *huckle-* em *huckleberry* 'tipo de mirtilo'. Formas desse tipo são referidas na literatura como *morfes cranberry*.

mação de palavras[89] que forma adjetivos a partir de verbos em português com o significado 'que pode ser X-do' (onde X representa o verbo derivante), ou de uma regra que analisa[90] adjetivos existentes na língua.

Uma palavra pode mudar de significado com o tempo, e seu significado já não ser previsível a partir dos elementos que a constituem: *amável* 'gentil', *considerável* 'muito/grande' são alguns exemplos. Novas palavras em *-vel* apresentam o significado esperado, o que leva a considerar que foi a palavra como um todo, e não o sufixo, que sofreu mudança semântica.

O redimensionamento do conceito de morfema significou retirar dele o papel central na análise morfológica. Na busca de explicação para a *competência lexical* dos falantes, o que passa a ser necessário não é o estabelecimento de listas de elementos mínimos, mas a resposta a questões acerca de que palavras os falantes podem formar, que tipos de palavras, novas ou antigas na língua, são capazes de analisar, que relações estabelecem no âmbito do vocabulário. É esta, *grosso modo*, a visão de Aronoff (1976), de Aronoff e Anshen (1998) e de Basílio (1980). Os processos produtivos de formação de palavras (a questão central em Aronoff, 1976) atuam sobre palavras existentes na língua. Essa hipótese é conhecida como *morfologia baseada em palavras*. Para não ser facilmente falsificada, a noção de *palavra* teve de ser ajustada, como veremos adiante.

Preocupada tanto com as formações produtivas como com o reconhecimento da estrutura de formas existentes na língua que não resultam de processos produtivos, Basílio (1980) tem este como um dos pontos discordantes em relação a Aronoff (1976).

7.2 A FLEXÃO: O ABANDONO DO MORFEMA

No que toca à flexão, os ataques ao morfema foram mais ferozes e levaram boa parte dos linguistas que se dedicam à morfologia flexional, em especial no trabalho com línguas flexivas, a abandonar a noção de morfema. Isso não significa dizer que não há interesse em identificar as relações entre partes da forma de uma palavra e partes de seu significado. Essa é uma tarefa que continua sendo relevante; contudo, como nota Anderson (1985b: 160), "é necessário ir além da simples noção de que há uma correspondência de um para um – como implicado na noção de que o morfema é a unidade mínima de análise – que estabelece uma associação direta entre forma e significado".

Um exemplo simples: a forma verbal *amo* pode ser segmentada em *am-o*, e poderíamos dizer (como é usual) que *-o* é o morfema de primeira pessoa/singular (1SG).

---

[89] Denominação em Aronoff (1976).

[90] Para Aronoff (1976), a análise da estrutura é a contraparte da *regra de formação de palavras*. Para Basílio (1980), isto é papel de outra regra, a regra de *análise de estrutura*.

Sabemos, no entanto, que essa marca é "condicionada" por IND-PRES, isto é, que não temos outra 1SG em -*o* no verbo AMAR. Esse -*o*, portanto, marca *pessoa* e *número*, mas também *modo* e *tempo*. Propor um morfema modo-temporal zero para o IND-PRES nada mais é que um artifício descritivo que procura manter o padrão canônico da estrutura do verbo em português. De qualquer modo, a presença desse -*o* nos diz que essa é a *primeira pessoa do singular do presente do indicativo* do verbo AMAR. O que queremos dizer com isso é que a relação entre -*o* e 1SG, e entre IND-PRES e Ø é mais complexa do que possa parecer nessa análise em morfemas. Por quê?

7.3 UM PARA UM VS. UM PARA MUITOS, MUITOS PARA UM

O morfema clássico captava nosso conhecimento de que determinadas sequências fônicas expressam determinados significados. O grande problema foi focalizar de modo relativamente simples essa relação, transformando-a numa relação direta entre uma sequência sonora e um significado e vice-versa, ou, como geralmente referida, como uma *relação um para um*. No trabalho com diferentes línguas do mundo multiplicaram-se os dados para os quais tal visão era insatisfatória.

Carstairs-McCarthy (1992: 194-5) aponta quatro tipos de afastamento do padrão *um para um*. Em primeiro lugar, uma propriedade flexional pode ter várias realizações numa única forma de palavra. É o que Carstairs-McCarthy classifica como *desvio I: um para muitos sintagmático,* que corresponde ao que Matthews (1972; 1974) denomina *exponência expandida*. A distinção entre o presente e o perfeito nas formas do grego *le-lu-k-a* 'eu perdi' e *lu-o* 'eu perco' está marcada: (a) na reduplicação ou *redobro* (*le*); (b) no sufixo *-k-*; e (c) na forma que indica 1SG.

Uma propriedade pode realizar-se de várias maneiras, mas em palavras diferentes. Segundo Carstairs-McCarthy (1992), é o *desvio II: um para muitos paradigmático*. Em português, por exemplo, a 2SG realiza-se como -*ste* no perfeito do indicativo, como ø no imperativo, como -*s* nas demais formas. Por outro lado, diferentes propriedades morfossintáticas podem realizar-se num único elemento da forma de palavra. Em *insul-īs*, *-īs* indica que a forma latina é, ao mesmo tempo, ablativo e plural. Para Carstairs-McCarthy (1992), é o *desvio III: muitos para um sintagmático*. Na classificação de Matthews (1972; 1974), é a *exponência cumulativa*.

Por fim, as relações de *muitos para um* podem ser um caso de homonímia flexional: *insul-īs*, por exemplo, pode representar o ablativo plural ou o dativo plural. Constitui-se em exemplo do *desvio IV: muitos para um paradigmático*.

7.4 MORFEMAS, FORMATIVOS, EXPOENTES

Se não queremos considerar que todas as relações sejam obrigatoriamente de um para um, que fazer? A solução alternativa foi a de distinguir dois níveis: (a) o nível da estrutura semântica, que envolve as *raízes* e as *categorias gramaticais*; e (b) o nível da expressão fonológica, em que aparecem os processos gramaticais, tais como alternância nas raízes – seja vocálica, consonantal, de tom ou de acento –, a afixação, a reduplicação. Neste segundo nível, temos os *formativos* ou, especificamente fazendo referência à expressão de uma categoria, os *expoentes* (Matthews, 1972; 1974).

A diferença entre morfemas de um lado e formativos ou expoentes de outro pode parecer apenas de nomenclatura, mas não o é. Ela representa uma ruptura com a noção de que o morfema é um signo: o significado e sua expressão devem receber tratamento em separado.

7.5 MORFOLOGIA BASEADA EM MORFEMAS E MORFOLOGIA BASEADA EM PALAVRAS

Ao propormos (tal como Matthews, Anderson e Aronoff) que a morfologia apresenta dois níveis, um que lida com os *formativos* e outro cujo enfoque está no material sintático-semântico, estamos assumindo que o morfema não é a unidade básica de análise, mas que esse papel cabe à palavra. Segue-se daí que a morfologia e a sintaxe não são basicamente a mesma coisa, como a análise em constituintes imediatos levava a crer.

Teorias em que a morfologia tem a palavra (no sentido de *lexema*) como sua unidade básica contrapõem-se, assim, às teorias que tomaram o morfema como a unidade básica. Essa distinção está marcada na nomenclatura: *morfologia baseada em palavras* ou *morfologia baseada em lexemas*, de um lado e, de outro, *morfologia baseada em morfemas*.

PARA CONCLUIR

Os problemas com a análise morfêmica clássica são variados e derivam, basicamente, do modelo de análise adotado, IA. Os problemas são interdependentes e alcançam até mesmo

> [...] a não abrangência da metodologia, se considerarmos como morfes apenas os elementos aos quais podemos atribuir significado; ou se resumem na não adequação da metodologia às definições básicas de que ela partiu, se considerarmos também como morfes os elementos mínimos que restam após a segmentação em

morfes. (Basílio, 1974a: 82)

Ao se desmembrar, no estudo da morfologia, significado e expressão, abria-se caminho para o retorno da palavra ao cenário, mas não mais como uma forma (i.e., "um traço vocal recorrente que tem significado" – Bloomfield, 1966 [1926]: 27) livre ou dependente. Por que não? Porque, ao tratar a palavra como uma unidade que se concretiza num enunciado, ela foi definida por um critério de pouco interesse para os estudos morfológicos: se pode ou não ser enunciada sozinha. Para o estudo morfológico, as características gramaticais são mais interessantes do que essa.

A primeira voz em favor da importância da palavra na análise foi a de Robins, no artigo "In defence of WP" (1959) [Em defesa de Palavra e Paradigma]. A análise de Matthews (1972) sobre o verbo em latim advogaria a volta do modelo Palavra e Paradigma no estudo das chamadas línguas flexivas. Era o começo de propostas voltadas para a palavra, como veremos a seguir.

PARTE 3
A PALAVRA

Introdução

> *Que são palavras?*
> *Há muitas definições de palavra e se alguma tivesse tido êxito eu já a teria apresentado há muito ao invés de evitar o tema até agora. Uma resposta é dizer que é simplesmente a menor unidade da sintaxe. Isso é de fato o que os antigos gramáticos disseram e é ainda um caminho tentador a trilhar. [...] Se as palavras devem ser definidas em referência à sintaxe, o que, então, é sintaxe e por que as relações sintáticas não afetam as partes de palavras como afetam as palavras inteiras?*
>
> (Matthews, 1991: 208)

Até aqui usamos o termo *palavra* num sentido pré-teórico, isto é, sem defini-lo, enfim, sem enquadrá-lo no âmbito de uma teoria. Como *palavra* é um termo que existe no uso cotidiano da língua, pode parecer, a princípio, uma tarefa muito simples defini-lo. Não é bem assim.

De acordo com o uso comum do termo, que tem por base nosso conhecimento da escrita, parece trivial definir o que seja uma palavra. Qualquer criança no ensino fundamental já sabe responder quantas e quais são as palavras em *Penélope ama Odisseu*. Talvez já fique em dúvida perante *ama* e *amava*, não sabendo se as contará como uma ou como duas palavras, quando, então, a pergunta parece levar em conta algo que ultrapassa uma determinada sequência de letras ou símbolos. Ou ainda se contará também como palavras elementos como *que*, *se*, *de*, quando entra em jogo o tipo de significado das formas.

Deixada de lado a escrita, porém, tem a palavra, afinal de contas, algum tipo de relevância teórica que a torne interessante para a pesquisa gramatical, ou, ao contrário, poderia ser considerada apenas um fenômeno secundário? A resposta parece ser sim para a primeira parte da pergunta. A despeito do contínuo sonoro existente na oralidade, os falantes conseguem abstrair parte das características físicas de um enunciado e desenvolver, a partir da mais tenra infância, algum tipo de estratégia que lhes permite segmentar esse contínuo em unidades menores, com base no ritmo do *input* nativo, seja ele acentual, silábico ou moraico.

Pesquisas com línguas diferentes têm demonstrado que há estratégias que não são universais, mas dependentes das características rítmicas específicas da primeira língua, ou da língua dominante no caso de bilíngues, para a depreensão dessa unidade a que estamos denominando intuitivamente *palavra* (Cutler, 1994). Ao ouvirmos o contínuo sonoro, lançamos mão dessa estratégia, e ela é surpreendentemente eficaz mesmo quando os sinais sonoros da fala vêm misturados com outros sons do ambiente, ou pronunciados com sotaque estrangeiro, ou a uma boa distância do ouvinte. Falantes do inglês como primeira língua, por exemplo, segmentam o enunciado com base no ritmo acentual entre sílabas fortes e fracas (Cutler, 1994). Uma vez que a maior parte das palavras em inglês tem sílaba tônica inicial, os erros de percepção são mais comuns se produzem a inserção de uma fronteira de palavra diante de uma sílaba forte (como em *achieve* ouvido como *a cheap*) ou o apagamento de uma fronteira de palavra diante de uma sílaba átona (como no caso de *bird in* ouvido como *burgling*). São menos usuais quando produzem a inserção de uma fronteira diante de uma sílaba átona (como em *effective* ouvido como *effect of*) ou o apagamento de uma fronteira diante de uma sílaba tônica (como *were waiting* sendo ouvido como *awaiting*). Por seu turno, falantes de francês usam como estratégia de segmentação o reconhecimento *sílaba a sílaba*, ao passo que falantes de japonês usam como estratégia a *mora* (Cutler, 1994: 92-3).[91]

Para a Linguística, o grande problema em definir *palavra* é ser esse termo passível de receber diferentes caracterizações nas diferentes dimensões do estudo da linguagem, nem sempre resultantes na mesma unidade. Afora o uso na escrita, podemos entender palavra: (a) como uma unidade fonológica; (b) como o elemento mínimo da estrutura sintática; (c) como um elemento do vocabulário da língua. No que se segue vamos focalizar essas diferentes interpretações. A começar pela mais usual. Vamo-nos deter um pouco nas justificativas para não levar em conta, aqui, a *palavra gráfica*.

---

[91] Que pode ser uma parte da sílaba que não o *onset*.

A palavra gráfica

Utilizamos o termo *palavra*, cotidianamente, como uma noção oriunda da escrita, que se aplica também à fala. Por que motivo essa caracterização não será aqui privilegiada? Simples: porque consideramos a escrita como parte de um outro estudo, o dos recursos expressivos particulares que a representação gráfica torna disponíveis (Nunberg, 1990: 7). A escrita tem sua própria "gramática", isto é, seu conjunto particular de regras.

Aprender a escrever em português, atualmente, é, em parte, aprender a identificar e a assinalar os limites da *palavra gráfica*, unidade delimitada por *separadores*, i.e., por espaços em branco ou quebras de linha, mas também por sinais de pontuação – ou ainda, em algumas outras ortografias, por letras de traçado diferenciado, consoante ocupem ou não a posição final na palavra escrita.[92] Embora nas escritas modernas ocidentais que empregam o alfabeto latino a noção de *palavra gráfica* seja, no mais das vezes, equivalente a uma forma livre, ela é tratada por regras da escrita. No caso do português moderno, talvez onde melhor possamos perceber isso seja na representação de compostos, de preposições e de clíticos. Com a ortografia atual para o português por base, temos de considerar fatores como os hifens ao definir uma palavra composta: *cão de cego* ('cachorro treinado para guia de cegos'), por exemplo, é uma sequência composta por três palavras gráficas, mas *cão-guia* ('cachorro treinado para guia de cegos') é apenas uma palavra gráfica, pelo menos até o aparecimento de alguma reforma ortográfica, quando, então, o quadro possivelmente passaria a ser outro quanto a esse aspecto da ortografia do português. Nosso estudo de morfologia teria de incluir um capítulo sobre o uso de hifens? Seria estranho, uma vez que o uso de hifens é regulamentado, em última análise, por decreto do presidente da República.[93]

---

[92] Vimos exemplo deste último tipo nas primeiras aulas de grego, quando aprendemos a distinguir o sigma final (ς) do não final (σ).

[93] O emprego de hifens foi alterado pelo Decreto nº 6.583, de 29 de setembro de 2008, que promulgou, no Brasil, o *Acordo Ortográfico da Língua Portuguesa* de 1990. O Acordo visou a unificar a ortografia dos países de língua oficial portuguesa, a saber, Angola, Brasil, Cabo Verde, Guiné-Bissau, Moçambique, Portugal e São Tomé e Príncipe. No Brasil, o período de coexistência da nova e da velha ortografia duraria de 1º de janeiro de 2009 a 31 de dezembro de 2012. Três dias antes de findar o prazo, em 28 de dezembro de 2012, o *Diário Oficial da União*, seção 1, p. 9, publicava novo Decreto, de número 7.875, assinado na véspera, 27, que adiava a implementação do *Acordo* para 31 de dezembro de 2015.

Não podemos esquecer que nossa escrita resulta de cerca de quinhentos anos de padronização, que começou a ser efetivamente imposta a partir da invenção, no Ocidente, da imprensa de tipos móveis. A palavra gráfica, como a conhecemos, é um artifício relativamente recente, e escritas mais antigas nem sequer segmentaram o espaço do suporte.[94] A chamada *escrita bustrofedônica* dos gregos (século VI a.C.), por exemplo, fazia-se em linhas horizontais, alternadamente, da direita para a esquerda e vice-versa, algumas vezes de baixo para cima na superfície escrita (Diringer, 1985: 148), sem qualquer separação entre palavras. Num tipo de escrita diferente da nossa, a hieroglífica do antigo Egito (*ca.* 5000 a.C. a 100 d.C.), a fronteira gráfica que delimitava o final de uma palavra era marcada por um símbolo especial, o *determinativo*, que podia combinar-se (ou não) com até dois outros. Os 180 determinativos tinham por função classificar as palavras: o rolo de papiro selado (≋), por exemplo, indicava que aquela palavra pertencia à classe das ideias abstratas (Jacq, 1994: 27). Seria uma nova palavra o que viesse antes do determinativo, ou depois dele, dependendo da direção para a qual as figuras humanas ou de animais se voltavam no suporte. Para os nomes de reis a visualização era mais fácil: o *cartucho*, uma linha ovalada, envolvia o conjunto de símbolos que compunham a palavra e sinalizava qual o conjunto a levar em conta em meio a uma sequência sem solução de continuidade.

Para as escritas alfabéticas, talvez possamos considerar os primeiros passos na direção da *palavra gráfica* o desenvolvimento de formatos diferenciados para alguns grafemas, o que viria a ajudar o processamento da leitura de um conjunto compacto de linhas; nas inscrições monumentais romanas (séculos I e II), o uso de um ponto entre palavras.

Mesmo depois de os separadores começarem a ser empregados, seu uso não coincidiu de imediato com o das escritas modernas. Na Europa medieval, preposições e palavras curtas foram, em geral, unidas à palavra seguinte (Bischoff, 1986: 173). Mas, pelo menos até o início do século XVI, obras manuscritas e impressas estiveram repletas de formatos diferenciados para os grafemas, consoante sua posição na palavra, e de *conglomerados gráficos* inesperados pela óptica de um leitor moderno, os quais, por vezes, induziram até mesmo renomados filólogos a erros de leitura.

Quadro 3.1 – Um erro de leitura famoso

Um exemplo famoso de erro de leitura, causado por separadores utilizados de forma diferente daquela a que nos habituamos, originou-se de um verso da écloga *Crisfal* (Cristóvão Falcão, 15-): *cantou canto de ledino*. Teóphilo Braga (1875), no *Manual da história da literatura portuguesa*, interpretou esses desconhecidos *cantos de ledino*

---

[94] Dá-se o nome de *suporte* ao material em que um texto está inscrito. Esse material tem variado ao longo dos séculos: pedra, papiro, pergaminho, papel, vinil, disco magnético, película fotográfica.

> como '*cantos de romaria*', explicando que eram cantos alegres porque, nas romarias, as moças tinham ocasião de encontrar-se com seus amados. O texto de Braga influenciaria outros filólogos, como E. Monaci, que lhe dedicaria toda uma obra (*Cantos de ledino tratti dal grande Canzoniere portoghesi della Biblioteca Vaticana*, 1875).
> Carolina Michaëlis de Vasconcelos viria mais tarde a demonstrar que a leitura correta do verso seria: *cantou canto d'ele dino*. Dito de outra forma: *cantou um canto digno dele*. (Para mais detalhes, Roncaglia, 1974-5: 88-9.)

Os separadores em textos antigos podiam, mesmo, refletir um estágio da língua que já então era passado: *tal vez*, *por tanto* e advérbios em *-mente*, por exemplo, continuavam a ser grafados como duas palavras gráficas tempos depois de já se terem combinado numa só. A título de ilustração, veja-se o excerto a seguir, extraído da *Estoria de muy nobre Vespesiano emperador de Roma*, um dos romances do ciclo do Graal:

> E pilatus & el rey archileus com dez caualleyros. se sobirõ no muro sem armas. & vestidos de senhos briaes vermelhos [...] O nobre meu padre te encomẽdou esta çidade por que aguardasses & arregesses por elle [...] E de pois de sua morte enuias te me o trebuto [...] E [...] desprezas teo muyto mal. (Anônimo, 1496. fol. c3r-v)

Nesse pequeno exemplo, os clíticos ora estão, ora não, formando uma unidade gráfica com o verbo; o advérbio *depois* (< lat. *de post*) aparece como duas palavras gráficas, revelando a consciência do étimo latino. E que fazer quando nos deparamos com termos desconhecidos, como o distributivo[G] *de senhos*?[95] Cabe notar que no impresso de 1496 observa-se traçado diferente para <s>, em conformidade com sua posição na palavra gráfica ser ou não final.

Em suma: a função básica da (orto)grafia é o registro da informação de modo permanente (*verba volant, scripta manent*, já dizia o antigo provérbio) e não a transcrição sistemática e inequívoca de dados para o trabalho de um linguista.[96] Nem se imagine identificar os separadores com as pausas na fala. Quando falamos, não fazemos pausas a cada forma livre ou dependente, mas entre sequências com extensão média de cinco a seis palavras (Chafe, 1992: 25). Quando muito, os espaços em branco da escrita poderiam corresponder a pausas potenciais. Aliás, se enunciada bem lentamente, uma frase poderia apresentar pausas também entre suas sílabas: a/ bo/ne/ca/ de/ pa/no es/tá/ su/ja. Deixemos então de lado a escrita e passemos à fala.

---

[95] *De senhos* (< lat. *singuli*) significa 'cada um'.

[96] Aliás, foi essa mesma conclusão que levou ao estabelecimento de alfabetos fonéticos.

A palavra fonológica

O que é denominado *palavra fonológica* – unidade formada por fonemas, sílabas e traços suprassegmentais – pode ser menor do que aquilo que desejamos considerar uma palavra no estudo morfológico. É a um afixo, considerado ou não palavra fonológica, que recorre a análise para distinguir, em italiano: (a) prefixos produtivos que, quando se agregam a uma palavra começada por /s/, não configuram ambiente para a sonorização da fricativa, como em (9.1);[97] de (b) formações improdutivas que permitem a sonorização de /s/, como em (9.2). No primeiro caso, temos duas palavras fonológicas,[98] uma que corresponde ao prefixo, outra, à base:

(9.1)   (ri)$_p$ (suonare)$_p$ [riswonare]   'soar novamente'
        (a)$_p$ (sociale)$_p$ [asotšale]   'não social'
        (pre)$_p$(sentire)$_p$ [presentire]   'ouvir antecipadamente'
(9.2)   (presentire)$_p$ [prezentire]   'ter pressentimento'

De outro modo, em italiano, no interior de uma palavra fonológica, o ambiente intervocálico impede o aparecimento de /s/ não geminado:

(9.3)   (rosa)$_p$ [roza]
        (cosa)$_p$ [coza]

Em português também há exemplos em que podemos considerar a palavra fonológica menor que a forma livre. É o caso de derivados em *-mente*, *-íssimo* e *-inho*, que podemos considerar como constituídos de duas palavras fonológicas. A postulação de uma fronteira entre palavras fonológicas explicaria o não fechamento da vogal média pretônica no derivado, correspondente à tônica no termo derivante, uma exceção ao fato de, na fala culta do Rio de Janeiro, as vogais médias abertas praticamente (mas cf. Rocha e Brandão, 2015) não ocorrerem em ambiente pretônico:

---

[97] Exemplos extraídos de Spencer (1996: 178-9).
[98] O <p> subscrito, $_p$, indica 'palavra fonológica'.

(9.4) *forma* ['fɔxma], mas *formoso* [foxmozu]

Do mesmo modo, *clero*, com [ɛ] faz o derivado *clerical*, com [e]. A fronteira entre palavras fonológicas, no entanto, previne o fechamento da vogal média:

(9.5) $(sɛri)_p (íssimo)_p$ $(nɔva)_p (mente)_p$ $(pɛ)_p (zinho)_p$

Ao contrário desses exemplos do italiano e do português, há *palavras fonológicas* que não gostaríamos de considerar como uma única palavra num estudo morfológico. É o caso de formas fonologicamente dependentes que se agregam a outros elementos da sentença como se fossem sílabas iniciais ou finais. Uma sequência como *disse-lhe*, foneticamente ['dʒisiλi] na fala carioca, serve para ilustrar o problema. Formas átonas como o pronome *lhe* do exemplo agregam-se fonologicamente a outra palavra do enunciado a ele contígua e recebem a denominação geral de *clíticos*. Um *clítico*[G] é uma *forma dependente*.

A classificação *forma dependente* foi criada por Mattoso Câmara Jr. como complemento à distinção bloomfieldiana entre *formas livres* e *formas presas*.

Quadro 3.2 – As formas dependentes (Câmara Jr., 1972a: 59-60)

Segundo esse autor [Leonard Bloomfield, 1933: 160 – MCR], as unidades formais de uma língua são de 2 espécies: 1) formas livres, quando constituem uma sequência que pode funcionar isoladamente como comunicação suficiente (ex. "*Que vão fazer?*". Resposta: "*Proscrever*". "*Proscrever o quê?*". Resposta: "*Lei*"); 2) formas presas, que só funcionam ligadas a outras (como *pro-* de *proscrever*, *prometer* etc.). O vocábulo formal é a unidade a que se chega, quando não é possível nova divisão em duas ou mais formas livres. Constará, portanto, de uma forma livre indivisível (ex.: *luz*), de duas ou mais formas presas (ex.: *im+pre+vis+ível*) ou de uma forma livre e uma ou mais formas presas (ex.: *in+feliz*).

Ora, esse critério abrange as partículas proclíticas e enclíticas em português (ex.: *a* em – *a lei*), se introduzirmos nele um terceiro conceito: o de forma "dependente" (Câmara, 1967: 88).

Conceitua-se assim uma forma que não é livre, porque não pode funcionar isoladamente como comunicação suficiente; mas também não é presa, porque é suscetível de duas possibilidades para se disjungir da forma livre a que se acha ligada: de um lado, entre ela e essa forma livre pode se intercalar uma, duas ou mais formas livres *ad libitum* (*a grande, promissora e excelente lei*). Por outro lado, quando tal não é permissível (nos pronomes átonos que funcionam junto ao verbo), resta a alternativa de ela mudar de posição em relação à forma livre a que está ligada, o que não ocorre absolutamente com uma forma presa: ao lado de – *se fala*, há também a construção *fala-se* etc.

O problema classificatório não era novo. Também Sapir constatara, ao tratar do paiute (Uto-asteca, EUA), que havia formas que nem eram verdadeira afixação, nem se constituíam na justaposição de elementos independentes.[99] O próprio Bloomfield (1966 [1926]: 26) reconhecera a existência de formas de caráter misto e classificou-as como *formativos de sintagma*:

> **Pressuposto S1.** Um sintagma pode conter uma forma presa que não é parte de uma palavra. Por exemplo, o possessivo [z] em *the man I saw yesterday's daughter.* ['a filha do homem que eu vi ontem' – MCR]
>
> *Def.* Essa forma presa é um *formativo de sintagma.*

E completava: "Esse pressuposto perturba a definição de sintagma [...]", que definira assim: "Uma forma livre não-mínima é um sintagma. E.g., *the book.* or *The man beat the dog*; mas não, *e.g.*, *book on* [...], porque é sem significado e, logo, não é uma forma; tampouco *blackbird*, que é uma forma livre mínima" (Bloomfield, 1966 [1926]: 27).

A questão reapareceria em Nida (1949: 104), já então com a preocupação em justificar por que incluir o genitivo *'s* do inglês entre os afixos e não entre os clíticos.[100] Segundo Nida, os clíticos têm muito maior liberdade que afixos, e *'s* ocorre apenas com nomes, pronomes e sintagmas nominais.

Os *formativos de sintagma* ou *afixos de sintagmas* formam, porém, um conjunto mais restrito que as formas dependentes de Câmara Jr., porque estas incluem artigos e preposições, na medida em que, na fala comum, pertencem ao mesmo grupo acentual do núcleo do sintagma.

Os *clíticos* prendem-se fonologicamente a outra palavra no enunciado, que é o seu *hospedeiro* (tradução do inglês *host*). Na dependência da posição que ocupam em relação ao hospedeiro, podem ser *proclíticos* (*me dá*), *mesoclíticos* (*dá-se-lhe*) ou *enclíticos* (*dá-me*). No português europeu, por exemplo, os clíticos de acusativo "são sempre fonologicamente enclíticos, a despeito de qual seja a palavra precedente", o que os impede de estarem no início absoluto da sentença (Nunes, 1992; Carvalho, 1989). O sinal = nos exemplos a seguir indica a cliticização:

---

[99] "Enclisis is neither true suffixation nor juxtaposition of independent elements. It has the external characteristics of the former (including strict adherence to certain principles of order), the inner feeling of the latter" (Edward Sapir, 1930. *Southern Paiute, a Shoshonean language,* apud Klavans, 1982: 1).

[100] Nida (1949: 104): "The genitive -s may occur with single morphological units, as in John's, his, and everybody's, or it may occur with phrases, e.g. the old man's (aches and pains) and the king of England's (hat). This morpheme is considered a suffix rather than a clitic because its distribution is limited to occurrence with nouns and pronouns and because the resultant construction belongs to one of two external distribution classes: (1) attributive to nouns, e.g. the king of England's (hat) or (2) a substitute for nouns, e.g. the king of England's was there. [....] The distributional behavior of the genitive -s is quite different from that of the usual clitic, which may be combined with any number of classes of forms and with numerous resultant external distribution class memberships". Ainda no âmbito do estruturalismo norte-americano, a mesma questão seria outras vezes retomada, como, *e.g.*, em Wells (1966 [1947]: 196 ss).

(9.6) **_português europeu_** **_português brasileiro_**
    a. *Quem=me vê?* *Quem me=vê?*
    b. *Já=te digo* *Já te=digo*
    c. *Não=te vi* *Não te=vi.*
    d. *João tinha=me dado um livro* *João tinha me=dado um livro*
    e. **Me=diga uma coisa* *Me=diga uma coisa*

Afora os clíticos, é interessante observar ainda que a fala espontânea apresenta muitas vezes o apagamento de fronteiras entre palavras. Uma sequência como *as amigas* é um contínuo sonoro, em que a sílaba travada (isto é, aquela que termina em consoante) do artigo desaparece em razão de uma vogal iniciar a palavra seguinte, transformando uma sequência VC#V (***as#a**-migas*) em V-CV (***a-sa**-migas*).[101] Se a *juntura*, por um lado, indica que não houve solução de continuidade na emissão da voz, por outro é ela um fenômeno típico de fronteira entre palavras em português, e que ajuda, por conseguinte, no reconhecimento dessa unidade. Os acentos (representados pelo sinal ´) indicam a presença de um nome, verbo, adjetivo, advérbio, que constituem, em geral, unidades também no nível fonológico. Em algumas línguas, como o latim, a localização do acento é fixa, servindo de auxiliar na identificação de palavras.[102]

Poremos de lado a *palavra fonológica* neste livro. A existência de clíticos, de juntura, de regras como a do italiano a que aludimos anteriormente faz com que essa unidade não coincida, necessariamente, com o que gostaríamos de considerar palavra num estudo morfológico. Em princípio, queremos que as formas livres e as formas dependentes façam parte do que entendemos como palavra. Assim, sequências como *os meninos* ou *disse-lhe* serão aqui consideradas compostas de duas palavras; o italiano *asociale*, por sua vez, como uma única.

Quadro 3.3 – Unidades fonológicas que parecem palavras

> O termo afasia, utilizado primeiramente por Platão para designar o silêncio daquele que se calava diante de um argumento definitivo, seria retomado por Armand Trousseau em 1865 com o sentido de déficites linguísticos (Guindaste, 1996).
>
> Hanlon e Edmondson (1996) sugerem, com base em estudo sobre a afasia de jargão fonêmica, tipo de afasia em que o paciente produz sequências fluentes de fonemas, mas destituídas de qualquer significado, que palavras fonológicas podem manter-se intactas apesar de o paciente não apresentar qualquer outra evidência de que essas unidades tenham significado ou classe gramatical, por exemplo.

---

[101] Em que C representa 'consoante' e V, 'vogal'; –, 'fronteira silábica', e #, 'fronteira de palavra'.

[102] Em latim clássico, o acento é determinado pela quantidade: em dissílabos acentua-se a penúltima sílaba. Em palavras de três ou mais sílabas, acentua-se a penúltima se esta for longa (ou por apresentar uma vogal longa, ou um ditongo, ou uma vogal breve seguida de duas ou mais consoantes); se for breve, acentua-se a antepenúltima.

A palavra como unidade sintática mínima

Considerar a palavra como uma unidade mínima para a sintaxe significa dizer que a sintaxe não forma palavras. É o que a literatura gerativa denomina *hipótese lexicalista*. A sintaxe forma constituintes, frases, mas não palavras. Dito de outro modo: a estrutura interna da palavra não é da alçada da sintaxe, mas da morfologia. Não é importante para a sintaxe que *reler* seja formado a partir de *ler* pela adjunção do prefixo *re-*.[103] Daria no mesmo se estivéssemos diante da forma primitiva *ler*. Importa que *ler* (ou *reler*) seja verbo, uma vez que essa informação é relevante para fenômenos como concordância e regência. A hipótese lexicalista representa o reconhecimento de que as construções morfológicas são reguladas diferentemente da frase. Uma palavra e uma frase não são diferentes porque há potencialmente mais unidades constituintes nesta que naquela, mas porque têm tipos de coesão interna diferentes.

No interior da palavra, os constituintes internos não têm mobilidade. A posição de um sufixo não pode ser preenchida por uma raiz; tampouco por um prefixo. Em línguas como o suaíli (Bantu, G42), que refletem pela concordância o Sujeito e o Objeto na estrutura do verbo, essa ordem interna não tem a mobilidade existente para S(ujeito), V(erbo) e O(bjeto) sintáticos: os formativos têm de apresentar-se na ordem [SUJEITO – TEMPO – OBJETO -raiz]^V. Assim, a forma verbal que poderíamos traduzir como '*eu lhe darei*' é aquela em (10.1):

(10.1) ni -   ta -   m -   pa
       1SG-S   FUT   3SG-O   dar (raiz)

As unidades da sintaxe têm mobilidade incomparavelmente maior. Numa das chamadas *línguas de ordem livre*, como o latim, o número de posições possíveis para os elementos sintáticos é grande. Uma frase como 'Pedro vê Paulo' pode ser traduzida como (a), ou, por questões de ênfase, como (b), (c) ou (d) a seguir (baseado em Moreland e Fleischer, 1977: 5):

---

[103] Os hifens que representam a posição de uma forma presa em relação aos outros constituintes da palavra. Por exemplo: *des-, -ção, -duz-* indicam, respectivamente: (a) que a forma *des-* precede outra forma; (b) que *-ção* se segue a algo; (c) que *-duz-* (como em *deduzir*) necessita de um elemento anteposto a ele e de outro, que o siga.

(10.2) a. Petrus Paulum videt (ordem neutra).
b. Petrus videt Paulum (ênfase no sujeito e no objeto).
c. Paulum Petrus videt ('É Paulo que Pedro vê').
d. Videt Paulum Petrus ('Pedro realmente vê Paulo').

Uma palavra tem expansão limitada e regulada a partir de certo ponto, ao contrário da possibilidade de expansão infinita dos grupos de palavras. Por exemplo, as regras do português que formam derivados em *-al*, *-iz(a(r))*, *-ção* podem aplicar-se em sequência. Assim, podemos derivar de *instituir*, *institui**ção***, e, sucessivamente, em camadas, *institucion**al***, *institucion**alizar***, *institucion**alização***, ???*institucionalizacional*. A expansão é possível, mas, a partir de determinado ponto, as derivações param. Podem parar também porque o afixo A implica apenas o afixo B; ou porque o afixo A impede outro afixo formador de palavras. A expansão de uma unidade sintática, por sua vez, é teoricamente ilimitada: *o meu grande amigo, o meu grande e querido amigo, o meu grande, querido... e inesquecível amigo*.

Se, no entanto, a estrutura interna da palavra é opaca para a sintaxe, que dizer dos expoentes para as *categorias morfossintáticas*? O *caso* e o *número* em latim, por exemplo, fazem parte da morfologia dos nomes e são relevantes para a sintaxe. Não há como formar uma oração correta em latim sem esse tipo de informação. O que nos leva a ver essas marcas de caso e de número como um tipo de morfologia diferente daquele que temos em formas como *-dade*.

Podemos entender que a formação de palavras está em interação com o léxico; a flexão, por sua vez, representa a interação entre a morfologia e a sintaxe, ou morfossintaxe. Por conseguinte, nossa asserção acerca de a sintaxe ser cega para a estrutura da palavra, para não ser facilmente falsificada, necessita de um ajuste que distinga os processos flexionais daqueles que formam vocabulário na língua.

Se tratamos a flexão e a derivação como tipos distintos de morfologia, podemos considerar seus elementos entidades de caráter também diverso. Foi o que começamos a apresentar na seção "Morfemas, formativos, expoentes", ao introduzirmos conceitos como *formativos* e *expoentes*.

A palavra como unidade da morfologia

O termo *palavra* é ambíguo. Mas, e se ficarmos restritos apenas ao seu uso na morfologia, essa ambiguidade persistiria? A resposta é sim. Vamos distinguir aqui diferentes significados que o termo *palavra* pode apresentar num estudo morfológico: como sinônimo de *lexema*; como sinônimo de *forma de palavra*; como sinônimo de *palavra morfossintática* ou *gramatical* (ver Matthews, 1972; 1974; 1991).

11.1 A FORMA DE PALAVRA

A *forma de palavra* é uma sequência sonora. A *forma de palavra* é o uso mais aproximado dos conceitos estruturalistas de *forma livre* (Bloomfield, 1966 [1926]: 27) e de *forma dependente* (Câmara Jr., 1972a: 60). Fazemos referência à forma de palavra quando dizemos estar diante de palavras homófonas: no português padrão do Brasil, *amamos* pode representar a *primeira pessoa do plural do presente do indicativo* de AMAR, mas também a *primeira pessoa do plural pretérito perfeito do indicativo* de AMAR.

11.2 O LEXEMA

O *lexema* é uma palavra considerada como unidade abstrata. Tem significado lexical e pode apresentar variações, caso se inclua entre as *palavras variáveis*. O lexema pertence a uma das classes abertas da língua. Seguimos aqui a convenção de representá-lo com todas as letras maiúsculas.

Em geral, por motivos didáticos, traça-se um paralelo entre um *lexema* (parte do conhecimento de um indivíduo acerca de sua língua) e uma *forma de citação* (unidade de um dicionário, em papel ou na tela de um computador). Quando, na linguagem do dia a dia, referimo-nos a um verbo e não a uma de suas formas específicas, empregamos uma *forma de citação*: procuramos no dicionário o verbo *amar*, ou o verbo *vender*, ou *partir*. Se fosse um verbo latino, a consulta buscaria *amo* (*avi, atum*), *vendo* (*didi, ditum*), *partior* (*itus, sum*), por exemplo. Com as formas de citação não fazemos referência somente ao infinitivo não flexionado português ou à primeira pessoa do presente do indicativo ativo latino, mas a todos os tempos, modos e pessoas desses verbos. A forma de citação *amar*, por exemplo, é virtualmente um conjunto de formas e nenhuma delas. O lexema é uma abstração nesse sentido: o lexema AMAR, ou SABER, por exemplo, representa a combinação virtual dos radicais que pode apresentar com todas as propriedades morfossintáticas com que se pode combinar.

11.3 A PALAVRA MORFOSSINTÁTICA

E se quisermos falar não do verbo AMAR em geral, mas de um dos membros que formam seu paradigma? Por exemplo: se quisermos focalizar apenas a *primeira pessoa do singular do presente do indicativo*? Estaremos, então, com o mesmo AMAR, mas agora acompanhado de uma única entre as possibilidades de realização das categorias gramaticais ou morfossintáticas tempo/modo/aspecto e número/pessoa. A *palavra gramatical* ou *morfossintática* é o lexema (AMAR, por exemplo) mais determinadas propriedades morfossintáticas, como IND/PRES/1SG.

Classes de palavras, tipos de significado e questões relacionadas

12.1 DAS *PARTES DO DISCURSO* ÀS *CLASSES DE PALAVRAS*

A tradição gramatical greco-latina reconheceu na palavra características de três tipos: (a) *semânticas*, que nos deram definições como *o substantivo é a palavra que nomeia os seres*, ou como questões acerca de que elementos podem ser suprimidos do enunciado mantendo-se, ainda assim, uma estrutura com significado; (b) *morfológicas*, como, por exemplo, o reconhecimento de que o nome latino pode flexionar-se em gênero, número e caso, mas não em tempo, modo ou voz; e (c) *sintáticas*, como a identificação de que o nome, mas não o verbo, pode funcionar como sujeito, além de questões variadas acerca dos fenômenos de *concordância* e *regência*. Em decorrência desse feixe de propriedades semânticas, morfológicas e sintáticas as palavras foram distribuídas em *classes*, ou, na nomenclatura tradicional, em *partes do discurso*.

As classes estabelecidas no estudo do grego e do latim foram estendidas para o estudo de outras línguas e ainda hoje nos são familiares desde os primeiros anos de colégio, embora com modificações e ajustes. Afinal, a gramática do latim não é idêntica a das outras línguas do mundo, e detalhes de classificação foram discutidos e rediscutidos ao longo de séculos. Cabe notar, porém, que a ausência nos vernáculos dos traços formais que entravam na caracterização das partes do discurso nas línguas clássicas levaria as definições a mais e mais se apoiarem nas características semânticas expressas por elas. E esse caminho levaria ao questionamento das definições e das próprias classes, embora, por vezes, levasse à postulação de elementos abstratos. Um exemplo deste último tipo: os nomes no português ou no espanhol não têm caso expresso morfologicamente, como acontecia nas línguas clássicas. Esse era um traço importante na sua caracterização para os autores clássicos. Antônio de Nebrija (1441-1522), autor da primeira gramática castelhana (1492), veria as marcas morfológicas como uma das possibilidades da expressão do caso: o latim tinha caso e declinação; o espanhol tinha caso, mas este funcionava apenas na sintaxe, uma vez que o espanhol não tem declinação de nomes: "Declinaciõ del nõbre no tiene la lengua castellana salvo del numero de uno al numero de muchos". E no fólio seguinte: "Los casos eñl castellano sõ cinco" (Nebrija, 1492: fol. c3).

O conhecimento adquirido a partir do estudo de línguas não indo-europeias revelaria que alguns tipos de palavras não se ajustavam bem a qualquer dessas classes. É o caso, por exemplo, dos *ideofones*^G, reconhecidos primeiramente no estudo de línguas africanas como um tipo particular de advérbio de modo. Em línguas indígenas brasileiras como o uari e o hixkaryana, por exemplo, os *ideofones* compartilham propriedades fonológicas com as interjeições (ver Derbyshire, 1985: 24; Everett e Kern, 1997: 427 ss), o que os faz a ambos serem apresentados em conjunto nestas línguas.

De um modo geral, podemos dizer que atualmente as grandes divergências com relação ao elenco de classes do esquema canônico clássico se dão no nível das chamadas *classes menores,* mas agora fundamentadas em critérios distribucionais e funcionais.

A diferença de foco está, até certo ponto, refletida na nomenclatura: o uso da expressão *classe de palavras,* em lugar de *parte do discurso,* procura assinalar a ruptura com as noções que norteavam os estudos tradicionais. Isto não significa que não se reconheça que a maioria dos nomes de pessoas, coisas e lugares, por exemplo, ocorra na classe dos nomes; o que importa é que deixa de ser problema o fato de considerarmos nome algo que não se encaixe muito bem nessa definição. Deixam-se de lado, por conseguinte, as intermináveis discussões acerca de se devemos ou não considerar nome uma palavra como *honestidade* (é nome de uma 'coisa'?), ou uma palavra como *azul* (não é nome de uma cor?).

Assume-se aqui:

a. que todas as línguas têm classes de palavras;
b. que há palavras que pertencem a conjuntos, em princípio, ilimitados, e palavras que pertencem a conjuntos que são finitos; e
c. que o significado daquelas diz respeito à experiência no mundo, e o destas, na maioria das vezes, é quase nenhum.

12.2 HÁ CLASSES UNIVERSAIS?

Em consequência da tradição gramatical, habituamo-nos a considerar as palavras como pertencentes a dez *classes de palavras* – *nome, artigo, adjetivo, pronome, numeral, verbo, advérbio, preposição, conjunção, interjeição* – e a vê-las como o inventário das classes universais que, uma vez estabelecidas, deveriam estar sempre presentes nas descrições de toda e qualquer língua. Mas uma questão sempre foi incômoda: reconhecemos uma classe como a mesma em línguas distintas com base em critérios gramaticais particulares a cada língua. O nome em português, por exemplo, é em grande parte identificado pela co-ocorrência com o artigo, pela indicação de número e ainda gênero; o nome em latim distinguia-se, fundamentalmente, pelas marcas flexionais. Não havia artigos no latim, embora outros mecanismos pudessem marcar a definitude.

Até que ponto, porém, haveria classes universais? A questão é controversa, mas a literatura indica como universais o *nome,* o *verbo,* o *adjetivo* e a *interjeição.*

12.2.1 O nome (N) e o verbo (V)

Em seu texto clássico de 1921, Sapir afirmava que "[n]enhuma língua prescinde totalmente da distinção entre nome e verbo, embora em casos particulares a natureza dessa distinção seja difícil de captar" (Sapir, 1971 [1921]: 122).[104]

A universalidade da distinção entre nomes e verbos já foi questionada muitas vezes, e muitas vezes a afirmativa de Sapir foi negada com dados de diferentes línguas. Como notou Schachter (1985 I: 6-7), porém, em geral isso se deu com base em dados incompletos, ou, nas palavras de Dixon (2010 II: 38), "simplesmente porque não procuraram bem".

Um dos autores que negaram a universalidade da distinção entre nome e verbo foi Bloomfield (1984 [1933]: 20). Ao defender a indução na análise linguística como meio de prevenir as distorções herdadas da tradição greco-latina, Bloomfield partia da hipótese de que todas as línguas são diferentes do latim e afirmava que alguns "traços, como, por exemplo, a distinção entre palavras semelhantes a verbo e palavras semelhantes a nomes como diferentes partes do discurso são comuns a muitas línguas, mas não estão presentes em outras". Outro autor que seguiu pela mesma trilha foi Charles Hockett, que, ao tratar do nootka, apontava: "uma importância desse sistema é que ele invalida qualquer proposta de que o contraste entre nome e verbo seja universal no nível das partes do discurso" (Hockett, 1958: 224).

A razão do questionamento surge da descrição de línguas em que os nomes podem funcionar como predicados e os verbos, como argumento – caso do nootka (wakashan, Canadá). A proposta de que a essa língua faltava tal distinção partiu de exemplos como aqueles em (12.1), retirados de Schachter (1985: 11) – em lugar de nome-verbo, a língua apresentaria raízes flexionadas ou raízes não flexionadas (Hockett, 1958: 224-5):

(12.1) a. Mamu.k -ma   qu.ʔas-ʔi
           trabalhando-pres(IND) homem-DEF
           'O homem está trabalhando'
       b. Qu.ʔas-ma   mamu.k-ʔi
           homem-pres(IND)   trabalhando-DEF
           'Aquele trabalhando é um homem'

Em Schachter (1985: 11 ss) e em Anderson (1985b: 154 ss), apresentam-se reanálises em que a distinção nome-verbo é mantida, ambas remetendo ao trabalho

---

[104] Alteramos aqui a tradução de Câmara Jr. para o ing. *elusive,* para ele equivalente a "seja ilusória". O original de Sapir: "no language wholly fails to distinguish noun and verb, though in particular cases the nature of the distinction may be an elusive one".

de William H. Jacobsen Jr. (1976).[105] Concordam que tanto *qu.ʔas* como *mamu.k* podem funcionar como sujeito (e parecem, pois, com um nome) ou como predicado (e assemelha-se a um verbo), e podem ser categorizados para tempo ou definitude, marcas típicas de verbos e de nomes, respectivamente; porém, as revisões nessa análise mostraram: (a) que as partículas indicadoras de tempo não eram desinências verbais, mas clíticos de segunda posição e que, por conseguinte, apoiavam-se na primeira palavra da frase, fosse ela qual fosse; e (b) que as raízes nominais, como *quʔas*, podiam funcionar como argumentos com ou sem o afixo *-ʔi*; mas raízes verbais, como *mamuk*, somente podiam ser argumentos se sufixadas. A mesma argumentação parece poder ser aplicável à análise de Kinkade (1983) sobre três línguas salish, o alto chehalis, o columbiano e o cowlitz, duas delas atualmente já extintas.[106] Kinkade argumenta que nessas línguas há somente 'predicados' e 'partículas', e que aqueles "podem ser traduzidos para o inglês quer como um nome simples, quer como uma sentença equativa com um 'it' vazio (*dummy*) como sujeito, com o todo indicando um estado em vez de uma entidade" (1983: 28): uma palavra como *sqʼáʔxn* pode ser traduzida como 'sapato', mas também como 'é um sapato'. O próprio autor nota, porém, que a dificuldade em aceitar o banimento da distinção entre nome e verbo nessas línguas é, novamente, a presença de partículas determinantes (ou melhor, 'elementos dêiticos') que se restringem a palavras que não são predicados, elas próprias podendo funcionar como predicativos (1983: 34).

Diferença sutil essa apontada entre ambas as classes? Bastante, se as comparamos com os nomes e verbos do português: as semelhanças são "quase impossíveis", para usarmos a qualificação de Sapir. Nomes e verbos de algumas línguas parecem, portanto, mais nomes e verbos que os de outras.

12.2.2 O adjetivo (A)

Segundo Dixon (1977: 20-1), a classe dos adjetivos poderia não existir numa língua – diferentemente, portanto, do português e das demais línguas românicas –, mas o próprio Dixon reviu essa posição, reconhecendo que todas as línguas têm uma classe de adjetivos (Dixon, 2010 II: 62). Em 2010, Dixon propõe que o adjetivo em algumas línguas pode formar uma classe aberta, passível de receber novos membros, ao passo que em outras pode existir como uma classe fechada, composta por um conjunto com número variável de elementos. Podem ser apenas três adjetivos, como em yimas (Baixo Sepik, Nova Guiné):

---

[105] A referência do texto, a que não tivemos acesso, é a que se segue: Jacobsen Jr. e William H., Noun and verb in Nootkan. In: Efrat, Barbara S. (Ed.). *The Victoria Conference on Northwestern Languages*. Victoria: British Columbia Provincial Museum, 1979, pp. 83-155. (British Columbia Provincial Museum, Heritage Record, n. 4.)

[106] Atualmente o *Atlas* da Unesco (Moseley, 2010) considera extintos o alto chehalis e o cowlitz. Quanto ao columbiano, que há cerca de 20 anos Grimes (1996: 136-7) indicava ter menos de 75 falantes, o *Atlas da Unesco* informa cerca de 25 falantes, segundo dados colhidos em 2007.

(12.2) kpa 'grande'
yua 'bom'
ma 'outro'

Podem ser menos de 10, como em igbo (Nigero-congolês, cua,[107] Nigéria):

(12.3) **dimensão** **cor**
úkwú 'grande' ójí'í 'preto, escuro'
ńtà 'pequeno' ócá 'branco, luminoso'
idade **avaliação**
óhú'rú 'novo' ómá 'bom'
ócyè 'velho' óJó'ó 'mau'

Podem ser cerca de 12, como em hauçá:

(12.4) babba 'grande'
qarami 'pequeno'
qanqane 'pequeno'
dogo 'comprido, alto'
gajere 'pequeno'
danye 'fresco'
sabo 'novo'
tsofo 'velho'
baqi 'preto'
fari 'branco'
ja 'vermelho'
mugu 'mau'

Ou podem ser cerca de 40 a 50 adjetivos, como em algumas línguas bantas.

Tenha uma língua uma classe fechada e pequena de adjetivos ou uma classe aberta, os adjetivos dividem-se preferencialmente por quatro tipos semânticos: *dimensão* (como 'grande', 'pequeno'), *cor* (como 'preto', 'branco'), *idade* (como 'novo', 'velho'), *avaliação* (como 'bom', 'mau'). Adjetivos que indiquem *propriedades físicas* ('duro', 'macio') ou *propensões humanas* ('gentil', 'cruel'), ou ainda *velocidade* ('lento', 'rápido') estão associados a línguas que contam com uma classe com grande número de adjetivos ou pelo menos com um número razoável de itens, mas apenas línguas com uma grande classe de adjetivos contariam com tipos semânticos que indicassem, por exemplo, *dificuldade* ('fácil', 'difícil"), *posição* (como 'alto', 'baixo', 'longe', 'perto') (Dixon, 2010 II: 71-2).

---

[107] Estamos adotando a grafia para a denominação das línguas africanas e suas classificações e subclassificações proposta em Petter (2015).

12.2.3 As interjeições

Schachter (1985 I: 58; 23) chama a atenção para o fato de que parece provável que todas as línguas tenham uma classe *interjeição*. As interjeições são a expressão de emoções e não têm relação sintática com o restante da frase. Em geral, são apresentadas em listas segundo o tipo de emoção que expressam: em português, por exemplo, temos *ai, ui,* para dor, *oba* para satisfação.

As interjeições podem apresentar sons ausentes do sistema fonológico da língua em questão – que, por isso, as tornam um problema na representação escrita.

Em português, por exemplo, Bechara (1999: 331) chamava a atenção para o emprego de <h> em posição final para "marcar uma aspiração, alheia ao sistema do português". Podemos ainda ter cliques, na indicação da desaprovação, que o dicionário *Houaiss,* na versão eletrônica, representa como *ts* ou *tsc.*[108] Podemos ainda ter uma consoante sem vogal, como no pedido de silêncio, representável na escrita como *shh,* ou *xi* por exemplo.

As interjeições podem apresentar-se como palavras que são correntes na língua, mas que ganham um significado específico. Por exemplo: *droga!* (e a pontuação procura demonstrar o emprego como interjeição).

12.3 A CLASSIFICAÇÃO DAS PALAVRAS

12.3.1 Quanto ao tipo de significado: palavra lexical e palavra funcional

Voltemos por um instante aos elementos da proposição simples segundo Aristóteles. Sua classificação tomava por base o fato de um elemento poder ser interpretado semanticamente quando em isolado. Era o ponto de partida: 'aquilo que se fala' sobre 'algo'. *Significado*, nesse contexto, deve ser entendido como a referência ao "ambiente biossocial", à "significação externa", para usarmos a expressão de Mattoso Câmara Jr. (1973b: 342; 296), ou seja, àquilo que denominamos tecnicamente *significado lexical*. Os nomes, os adjetivos, os verbos e os advérbios são palavras que, sozinhas, referem, basicamente, seres, qualidades, estados, ações, ou condições que os afetam, como modo, tempo, lugar.

Por seu turno, os elementos "sem significado" podem ser compreendidos como tendo um tipo diferente de significado. *O, um, de, que, ele, este, quando* são considerados *palavras* porque se reconhece terem alguma autonomia. Dizemos "alguma autonomia" por duas razões bem distintas: ou porque tais elementos não

---
[108] No *Houaiss* eletrônico, em nota gramatical ao verbete "interjeição".

podem constituir-se na única palavra de um enunciado – como acontece com os artigos, por exemplo –, ou porque somente podem ser interpretados quando em relação com outros elementos do enunciado – caso dos relativos, conjunções e reflexivos, por exemplo. Se tomarmos tais palavras em isolado é difícil dizer o que significam. Esses elementos evidenciam relações gramaticais quer dentro da oração, quer entre orações.

Quando dizemos em português algo como *o livro **de Tomás***, pensamos numa relação que se estabelece entre dois nomes – de 'posse', se o livro pertence a Tomás, mas algo como 'origem', se o livro foi escrito por Tomás. É a preposição que expressa tal relação. Mas se tomamos a preposição *de* apenas, fora do exemplo, e procuramos descrever seu significado, já não nos parece tão fácil a tarefa. É que seu significado decorre, principalmente, ou exclusivamente, do contexto em que está inserida, como podemos concluir da comparação das ocorrências de *de* nos exemplos a seguir. Os significados indicados entre parênteses para cada ocorrência têm por fonte Cunha (1972: 523) e Bechara (1999: 312-3):

(12.5) a. *Ele partiu de Paris* (movimento no espaço)
b. *Ele voltou de Paris* (movimento no espaço)
c. *Sou do Rio* (origem)
d. *Sou da mamãe* (posse)
e. *Muro de pedra* (matéria)
f. *Regimento de cavalaria* (definição)
g. *Vou de carro* (meio)
h. *Gosto de pizza* (introduz complemento de verbo)
i. *Morreu de parto* (causa)
j. *De dia* (tempo)

É difícil definir o significado de *de* se excluímos o ambiente em que se insere. Nem todas as preposições, porém, são semelhantes a *de* no que diz respeito ao significado: *ante, após, até, contra, desde, entre, perante, sem, sob* aproximam-se de advérbios. *Contra*, por exemplo, significa 'noção de oposição'; *sem*, 'subtração, ausência' (Berg, 1998).

Tais palavras têm *significado gramatical*. Preposições/posposições, conjunções, artigos, pronomes, verbos auxiliares, cópulas fazem parte deste segundo grupo.

Dessa distinção entre os tipos de significado que as palavras podem expressar, aliada a características sintáticas e morfológicas, decorre uma divisão das palavras em dois grandes grupos: as *palavras lexicais* e as *palavras funcionais*. As palavras que têm significado lexical são rotuladas *palavras lexicais*, ou *palavras de conteúdo*, ou ainda *palavras plenas* ou *contentivos*. As palavras que têm significado gramatical são as *palavras funcionais*, também denominadas *palavras gramaticais*, *palavras estruturais*, *palavras vazias*, *palavras instrumentais* ou *functores*.

Quadro 3.4 – Sobre nomenclatura

Embora cada um desses conjuntos seja formado por termos relativamente sinônimos, parte dos elementos de um grupo costuma fazer par com um elemento do outro grupo. Vejamos:
a. *palavra de conteúdo – palavra de forma;*
b. *palavra lexical – palavra gramatical;*
c. *palavra plena – palavra vazia;*
d. *contentivo – functor.*

Optamos aqui pela denominação *palavra funcional* em razão de termos empregado palavra gramatical com outra acepção (cf. seção "A palavra morfossintática"). Para alguns autores, como Câmara Jr., *palavra* é termo mais restrito que vocábulo e é sinônimo de vocábulo lexical. Opõe-se a *vocábulo gramatical.*

A diferença entre os tipos de significado fundamentou a distinção entre *morfemas gramaticais* ou *afixos* e *morfemas lexicais* ou *semantemas* ou *raízes*. A significação do vocábulo resulta da soma dos significados desses elementos, pela *composicionalidade*^{G}. A raiz guarda o significado lexical. As palavras que têm raízes são aquelas que, na maioria das vezes, podem servir de base ao vocabulário novo que vai sendo criado numa língua. Palavras como *de*, no entanto, são desprovidas de raízes; por essa razão são referidas muitas vezes como *morfemas* (e nesse sentido, como diria Varrão, são *estéreis*).

Os afixos flexionais e derivacionais concentram o significado gramatical. São formas que refletem o funcionamento de uma língua particular. Seu significado se estabelece no interior da gramática, e, por essa razão, quando se procura traduzi-lo, temos glosas como 'relação' (*camp**al***, *escol**ar***, *arom**ático***) 'posse' (*solar**engo***), 'referência' (*dan**tesco***, *mour**isco***), 'agente' (*joga**dor***, *rega**dor***), 'noção coletiva e de quantidade' (*card**ume***, *negr**ume***) (dados de Cunha, 1972: 112-3). Comparem-se essas glosas com as que daríamos a formas como *gato, pão, astrólogo*.

Mas é simples assim? Se o conteúdo lexical costuma estar expresso nas raízes, e o gramatical nos afixos, é bom frisar, no entanto, como fez Sapir, que isso nem sempre acontece, e que as línguas podem tratar um mesmo conceito de modos diferentes. O esquimó, o nootka e o yana, por exemplo, "têm centenas de sufixos, e muitos cuja significação é tão concreta que, na maioria das outras línguas, teria de expressar-se por meio de radicais" (Sapir, 1971 [1921]: 74-5). Em nootka, qualquer palavra "é absolutamente incapaz de composição, no sentido que damos a este termo. Constrói-se, invariavelmente, de um só radical e maior ou menor número de sufixos, cuja significação pode ser quase tão concreta quanto a do próprio radical" (Sapir, 1971 [1921]: 73). A esse tipo de padrão morfológico se convencionou chamar *incorporação*.

Quando saímos do nível da palavra e passamos para o nível do morfema, a distinção entre significado gramatical e significado lexical parece tornar-se mais difusa. Como nota Basílio (1974b: 89), "se *pequeno* é considerado como lexical, seria o sufixo *-inho* assim considerado? Se *pequeno* não for considerado como lexical, devemos admitir que não tem raiz ou que nem toda raiz tem significado lexical ou que *-inho* também é raiz". Além do mais, para alguns elementos, sejam raízes ou afixos, é muito difícil estabelecer qualquer espécie de significado. Raízes como *-duz-* (*induzir, deduzir, reduzir*) têm significado lexical? E elementos como vogais temáticas e vogais de ligação?

As palavras funcionais pertencem a classes fechadas e ocorrem em posição determinada, como os formativos. Assim, uma construção de genitivo, como qualquer daquelas em (12.6), marcada em grego pela desinência casual *-ous* e, no exemplo em inglês, pela configuração (ou por um alomorfe ø do genitivo '*s*'[109]), estaria marcada em português pela palavra funcional *de*:

(12.6) a. **gr.**   *hē oikía Sōkrátous*
      b. **ingl.** *Socrates' house*
      c. **port.** *a casa de Sócrates*

Em razão de seu papel na estrutura de uma língua, as palavras funcionais formam classes com número restrito e fixo de elementos.

12.3.2 Quanto à possibilidade de gerar vocabulário: classes abertas e classes fechadas

Tente, por exemplo, listar todos os nomes e todos os artigos do português. A primeira lista será imensa, e a todo momento poderemos acrescentar-lhe novos itens; a segunda, ao contrário, será mínima, e as chances de que possamos adicionar ao português um novo artigo é muito remota. Na primeira lista estarão palavras que, para serem usadas, dependem muito do tema a tratar, do registro ou do dialeto; por outro lado, artigos, preposições, conjunções, por exemplo, são em grande medida independentes do assunto de que se trata, do registro ou do dialeto.

As palavras que apresentam significado lexical formam, em geral, *classes abertas*, classes em que, em princípio, sempre podem ser acrescentadas novas criações; as palavras que apresentam significado gramatical, por seu turno, formam *classes fechadas*.

Os estudos tradicionais dedicaram muita atenção às palavras lexicais: são em maior número nas línguas, carregam significado, geram vocabulário novo, seus *acidentes* nos dão as tábuas de conjugação e de declinação que ocuparam boa parte das gramáticas. Essa constatação não implica que as palavras funcionais careçam

---
[109] Quirk et al., 1987: 195.

de importância: elas são índices de propriedades.Coloca-se novamente a questão da universalidade: pode haver uma língua sem classes fechadas? Para Sapir, em sua obra clássica *A linguagem,* a resposta foi 'sim': "Em yana, o nome e o verbo são bem distintos [...]. Mas a rigor, não há outras partes do discurso" (Sapir, 1971 [1921]: 122). Em conjunto com Morris Swadesh sobre o mesmo yana, Sapir mudava o entendimento, pois ambos reconheciam sete elementos proclíticos:

> Os relacionais (ing. *relaters*) são uma classe de elementos muito heterogênea em yana, sendo funcionalmente distinta não apenas de nomes e verbos, mas frequentemente também entre si. (Sapir e Swadesh, 1960: 11)

A ampliação dos estudos acerca das línguas do mundo tem levado a uma ampliação do número de classes. Cabe ressaltar novamente que os inventários de classes não são os mesmos para todas as línguas.

PARA CONCLUIR

A palavra é "por definição, uma abstração gramatical" e "qualquer critério fonológico deve permanecer logicamente secundário" (Robins, 1959: 120). O *lexema* e a *palavra morfossintática* são os elementos que nos interessam aqui. Com eles podemos dar conta das relações existentes no vocabulário da língua como também da informação gramatical que carregam.

É importante notar que, independentemente do número de classes, todas as propostas que foram aqui sumariadas decorrem de um pressuposto fundamental: o de que as línguas têm uma estrutura. Os fenômenos não se aplicam a esta ou àquela palavra, mas a classes.

Podemos perguntar: não estamos trabalhando com morfologia? Que temos a ver com elementos que, em última análise, são constitutivos da oração e que deveriam, pois, estar no campo da sintaxe? A resposta é que o reconhecimento das partes do discurso decorre não somente de sua distribuição, das funções que podem exercer, ou dos significados que expressam. Depende também de sua *categorização*, isto é, da associação de determinadas propriedades às palavras, tais como tempo, caso, gênero – os fenômenos flexionais.

Afora as diferenças entre as línguas, a historiografia linguística revela-nos diferenças no tocante aos esquemas classificatórios propostos para as palavras, e assim descobrimos que aquele esquema de dez classes que nos é familiar não prevaleceu nem mesmo na Antiguidade clássica. Tampouco tiveram sempre acolhida algumas das distinções que nos acostumamos a considerar naturais.

Em suma: reconhecer que as palavras de qualquer língua podem ser organizadas em classes é algo aceito por quase toda a literatura linguística. Quantas e quais são, isso já é outra história.

PARTE 4
AS SUBDIVISÕES DA MORFOLOGIA

Introdução

> *Em geral, as crianças começam a adquirir as flexões antes de começarem a formação de novas palavras. As primeiras flexões de nome e verbo que surgem aparecem em algumas línguas antes de um ano e meio. Compostos sem afixação surgem logo depois das primeiras flexões, mas novas formas derivadas não surgem até depois de dois anos.*
>
> (Clark, 1998: 388)

> **Universal 29.** *Se uma língua tem flexão, ela sempre tem derivação.*
>
> (Greenberg, 1990 [1963]: 57)

A hipótese lexicalista fraca mantém a distinção entre flexão e formação de palavras. Uma vez mantida, permite, por exemplo, o aprofundamento de questões acerca da aquisição da linguagem, de previsões acerca das estruturas linguísticas.

Embora pareça haver um consenso sobre o que seria flexão e o que seria formação de palavras, a delimitação não é óbvia e as dificuldades começam ao se tentar demarcar os dois campos. Uma possibilidade para delimitar ambos os campos seria distinguir suas funções: de um lado, "a imposição de nomes a entidades da realidade extralinguística, abarcando as categorias conceptuais de substância, ação, qualidade e circunstância"; de outro, a aplicação automática, "sem qualquer envolvimento criativo dos usuários da língua" (Štekauer, Valera e Körtvélyessy, 2012: 25-6).

Quadro 4.1 – Um problema também de terminologia quando se volta aos clássicos

Para Schleicher, a *morfologia* englobava raízes e radicais, focalizadas como *formação de radicais* (al. *Stammbildung*), e a formação de palavras (al. *Wortbildung*), que diferentemente do uso atual, era equivalente à flexão. Também neogramáticos como Karl Brugmann (1849-1919) fizeram esse uso da terminologia, como exemplificado no excerto a seguir, citado a partir da tradução em Lindner (2015: 76):[110]

> Os sufixos dividem-se em sufixos de formação de palavras ou flexionais em sentido estrito, que de um lado compreendem as desinências de caso [...] e de outro desinências de pessoa, e sufixos formadores de radical [...]. É impossível traçar uma linha nítida entre os dois tipos de sufixos, porque alguns elementos que originalmente foram derivacionais (formadores de radical) se transformaram em sufixos formadores de palavras (i.e., desinências).

---

[110] BRUGMANN, Karl. *Grundriß der vergleichenden Grammatik der indogermanischen Sprachen*. Vol. 1: *Einleitung und Lautlehre*. Straßburg: Trübner, 1886.

A flexão e a formação de palavras

13.1 FLEXÃO

Imaginemos um falante que quisesse aprender português. Esse falante precisaria de aprender, por exemplo, a conjugar verbos: *falo, falei, falam...* são formas que o verbo FALAR assume numa oração, que um falante de português entende como formas de uma mesma palavra. Vem à mente a noção de *paradigma*.

Dependendo de sua língua nativa, esse falante acabaria por perceber que alguns significados que são expressos obrigatoriamente em sua língua – isto é, fazem parte da gramática –, não o são em português e vice-versa. Por exemplo: não há no verbo português uma partícula que demonstre se a informação veiculada causa surpresa, como acontece, por exemplo, em turco. A frase em português *Kemal veio* poderia ser expressa pelo menos de dois modos em turco: como *Kemal gel-di*, mas também, se esse acontecimento fosse inesperado, como *Kemal gel-mIš*, 'Kemal veio (o que é surpreendente)' (Payne, 1997: 255).

Mesmo que duas línguas contem com a mesma categoria, sua expressão pode diferir de vários modos. Em português, como nota Câmara Jr. (1973b: 143), "no puro nível gramatical da conjugação a categoria de aspecto funciona subsidiariamente".[111] É sobre uma distinção de *aspecto*, no entanto, entendido como a organização temporal interna de um evento, que se elabora a conjugação verbal latina, ao distinguir os temas do *Infectum*, em que se expressa "o processo em realização" (Câmara Jr, 1973c: 144), dos temas do *Perfectum*, em que se expressa o aspecto permansivo (Câmara Jr, 1973c: 145).

Em português, o verbo assinala as diferentes pessoas gramaticais de onde provém a ação, que podem ser:

a. o falante, único (primeira pessoa/singular) ou aquele que fala por um conjunto (primeira pessoa/plural);

---

[111] E pode, por vezes, apresentar-se fora da conjugação verbal, isto é, não gramaticalmente: na própria significação do verbo, como em PARTIR, a que é inerente a noção de começo de um processo, e em CHEGAR, indissociável da noção de final de um processo; na formação de derivados, como em CUSPINHAR, VOEJAR, SALTITAR, em que o carácter repetitivo do processo ganha relevo.

b. o ouvinte (segunda pessoa/singular) ou um grupo deles (segunda pessoa/plural); ou

c. nem o falante nem o ouvinte (terceira pessoa), seja um indivíduo ou um grupo (singular/plural).

Assim como os verbos portugueses, os verbos em grego antigo expressavam a noção de *pessoa* (primeira, segunda e terceira) aliada à de *número*, ambas referentes ao sujeito. Diferentemente do português, porém, o grego, sobretudo antes do período clássico, tinha o *número* tripartido no verbo (como também no nome): além de *singular* e *plural,* apresentava *número dual* para referência a dois seres, o que permitia formas especiais para significados equivalente a 'vocês dois' (a segunda pessoa do dual) e a 'eles dois' (a terceira pessoa do dual), inexistentes em português.[112] Assim, um verbo como LYŌ, 'desligar', faria o presente do indicativo com oito formas, como em (13.1.a) a seguir. Em inglês, por seu turno, a conjugação verbal diferencia *número/pessoa* apenas no *presente* e, mesmo assim, com menos distinções que o grego (13.1.b).

(13.1) a. LYŌ 'desligo'

S	1		lýō	'desligo'
	2		lýeis	'desligas'
	3		lýei	'desliga'
P	1		lýomen	'desligamos'
	2		lýete	'desligais'
	3		lýoysi(n)	'desligam'
D	2		lýeton	'(vocês dois) desligam'
	3		lýeton	'(eles dois) desligam'

b. DISCONNECT 'desconectar'

Presente
3s   disconnects
DEMAIS PESSOAS   disconnect
Passado   disconnected

Em (13.2) a seguir, reproduzem-se definições para flexão tomadas em três autores diferentes:

---

[112] O *dual* já estava praticamente em desuso na época clássica (séculos V e IV a.C.). Em seu lugar era mais empregado o *plural*, que passava, assim, a expressar tanto 'mais de um' como 'mais de dois' e 'dois'. O *dual* era empregado, em especial, para enfatizar a condição de dupla, como 'dois ouvidos', 'dois olhos', 'duas rodas' – Perfeito, s.d.: 25).

(13.2) a. **Câmara Jr. (1973b: 178)**
flexão – Processo de "flectir", isto é, fazer variar um vocábulo para nele expressar dadas categorias gramaticais [...]. A flexão consiste, portanto, em aplicar ao vocábulo um morfema [...] – a) aditivo (Flexão Externa), b) subtrativo, alternativo, reduplicativo (Flexão Interna), ficando a variação, respectivamente – a) fora ou – b) dentro do radical.
b. **Anderson (1988: 168)**
[...] a morfologia flexional consiste exatamente naqueles aspectos da estrutura da palavra que são sintaticamente relevantes, no sentido de serem determinados por regras sintáticas ou de serem acessíveis a regras essencialmente sintáticas.
c. **Aronoff (1994: 64)**
Vamos interpretar *flexão* em sentido amplo, como um sinônimo de *acidência,* para cobrir todas as realizações morfofonológicas de propriedades morfossintáticas [...].

As definições em (13.2) não tratam a flexão do mesmo modo. A primeira definição destaca a existência de *morfemas gramaticais*, isto é, de unidades recorrentes de som e significado gramatical, que distinguem as diversas formas de uma palavra variável. As variações dizem respeito a conjuntos de significados expressos gramaticalmente numa dada língua, por meio de morfemas específicos dentro ou fora do radical, numa posição bem determinada. Caso se tome o plural dos nomes em alemão para exemplo, seria possível propor uma flexão interna ao radical, para distinguir o singular *Mutter,* 'mãe', do plural *Mütter*; por outro lado, o plural de *Schwester*, 'irmã', *Schwestern*, seria realizado por uma flexão externa ao radical.

As definições em (b) e em (c) não tomam o morfema por base, mas a palavra – ou melhor, o *lexema.* As variações de uma palavra são tratadas como a expressão de propriedades morfossintáticas, relativas às categorias gramaticais com que pode ocorrer. Em lugar de morfemas, as propostas em (b) e (c) pressupõem que a análise morfológica propõe níveis diferentes de análise para o significado e para sua expressão sonora. Os significados que uma categoria gramatical pode assumir numa língua são tratados independentemente da realização fônica desses significados.

Assume-se aqui, como básica para a morfologia flexional, a noção de palavra. Pode-se compreender a flexão como a morfologia que completa gramaticalmente uma palavra, o que equivale a dizer que as marcas flexionais são responsáveis pela forma adequada que uma palavra tem de tomar para ser inserida num enunciado específico.

Como os processos gramaticais que envolvem a flexão são basicamente os mesmos que encontramos na derivação, e como aquilo que é expresso por flexão numa língua pode não o ser em outra, escolhemos assumir a definição proposta por Anderson (1982: 587), de que *a morfologia flexional é aquela relevante para a sintaxe*. O pano de fundo desta definição é a hipótese lexicalista fraca: se a estrutura interna da palavra é opaca para a sintaxe, isto não se aplica às propriedades que realizam dada categoria gramatical. A flexão diz respeito às categorias que, presentes numa palavra morfossintática, terão de ser levadas em conta pela sintaxe; por outro lado, no que respeita à formação do lexema, a sintaxe é cega. Por essa razão, afirma-se:

- que a flexão não altera o significado de uma palavra;
- que a flexão não cria vocabulário novo.

Nessa perspectiva, formas como *falei* e *falava* não são duas palavras diferentes, mas duas formas de uma palavra. A diferença de significado entre ambas as formas diz respeito não ao conhecimento do mundo, mas à informação sobre a gramática do português que cada uma delas veicula.

Quadro 4.2 – *Vaca* é feminino de *boi*?

A literatura linguística refere exemplos como *boi/vaca*, *sou/fui/era* sob a denominação *supletivismo*, que é a alteração máxima que se poderia aplicar a uma raiz: substituí-la por outra.

Uma alternativa a esse enfoque flexional é considerar que estamos diante de itens lexicais diferentes, relacionados semanticamente, cada um expressando propriedades distintas.

13.1.1 A questão do gênero do nome em português

Aquilo que aqui se considera flexional nem sempre coincide com os recortes apresentados em outros trabalhos, que partem de pressupostos diferentes dos que estão sendo aqui assumidos. Vamos a um exemplo, a saber, a questão do *gênero* do nome em português.

Embora nossas gramáticas nem sempre definam com clareza o que tomam por flexão, habituamo-nos a ver no gênero em português um fenômeno flexional. É uma tradição afirmar que "os substantivos variam em sua terminação, isto é, mudam de *flexão*, para indicarem os acidentes de GÊNERO, NÚMERO e GRAU" (Pereira, 1958 [1918]: 83), que "os substantivos podem variar em número, gênero e grau" (Cunha, 1972: 191).

Evanildo Bechara é uma voz discordante nesse panorama: "O substantivo, fora da flexão, pode ser dotado da marca de gênero: *menino/menina*, *gato/gata*" (Bechara, 1999: 117). E essa é uma posição que vem ganhando adeptos nas descrições do português: Rocha (1994; 1998), Botelho (1996). Para o italiano, semelhante nesse aspecto ao português, Matthews (1974; 1991) apresenta uma análise do mesmo tipo.

Rocha (1994: 9), como também Botelho (1996), sustenta sua posição com um argumento quantitativo: apenas 4,5% dos nomes em português referem-se a seres sexuados e, desses, "nem todos recebem uma marca morfológica de gênero". E completa: "Como se trata de uma minoria absoluta, não se pode generalizar e dizer que o substantivo se caracteriza pelo fato de receber flexão de gênero" (Rocha, 1994: 10). Sua argumentação segue pelo mesmo caminho daquela apresentada em Matthews (1974: 43 ss; 1991: 49), ao analisar pares do italiano como CUGINO 'primo'/CUGINA 'prima':

> Seu papel [do gênero – MCR] na construção (Nome com modificador Adjetivo, Possessivo etc.) está em paralelo com palavras que podem ser apenas lexemas independentes: LIBRO e TAVOLA, MONTE e SIEPE.[113] Estes últimos são extremamente mais numerosos, e assim estabelecem um padrão em que CUGINO e CUGINA se enquadram.

Para chegar à mesma conclusão, Bechara (1999: 117) usa de um argumento nocional:

> [...] é propriedade essencial da flexão o fato de que por esse processo mórfico variem as significações gramaticais de 2° grau (isto é, de gênero, número, tempo, aspecto, modo, pessoa, etc.) somadas, alternadamente, ao tema por meio dos morfemas próprios, sem que se altere a significação inerente da palavra semântica, que permanece a mesma em cada um dos membros do paradigma flexional. [...] Ora, o que se passa com *lobo/loba* é precisamente o contrário, porque o termo masculino e o termo feminino manifestam significações inerentes diversas, a saber, respectivamente, a de espécie macho e a de espécie fêmea do gênero (lógico) *lupus* [...]. Quer dizer que se trata aqui, não de flexão, mas antes de derivação, como a que se observa em *barco/barca*, *saco/saca* [...].

Em ambas as linhas de argumentação está implícita a possibilidade de se determinar por meio de alguma regra gramatical a presença ou não de uma propriedade numa palavra morfossintática. Levada às últimas consequências, a determinação nos dá como flexional o número no adjetivo, mas não no nome, o que foi ressaltado por Rocha (1994: 14): "Se alguém diz: – Eu não tenho *amigos*, eu tenho um *amigo*, não é a natureza da frase, a estrutura da oração que determina o emprego da forma singular ou plural do substantivo. É a situação".

Para Rocha (1994), como para Matthews ao analisar o italiano, isso significará que o critério utilizado para excluir o gênero de entre as flexões do nome não poderá ser utilizado caso se queira manter *menino/meninos* num mesmo paradigma, o de MENINO, e não em paradigmas distintos. Para esses autores, cada um dos membros de pares como MENINO/MENINA, GATO/GATA constitui um paradigma distinto:

---

[113] Respectivamente, 'livro' (MASC), 'mesa' (FEM), 'monte' (MASC) e 'cerca' (FEM).

MENINO e GATO são lexemas sempre masculinos, como PENTE ou LIVRO; MENINA e GATA são lexemas sempre femininos, como PONTE ou CANETA. Para eles, o fato de a categoria *gênero*, no nome, ser *inerente* – no sentido de *propriedade do lexema* –, retira-a do âmbito da flexão: passa a identificá-la como *lexical* (porque idiossincrática, imprevisível), não *flexional*. Em outras palavras, para eles a adjunção de um -*a* faria parte dos fenômenos derivacionais do português.

Essa análise tem muito em comum com uma proposta mais antiga, de Charles Hockett, não obstante este autor fazer referência ao espanhol, não ao português. Para Hockett (1958: 230 – ênfase no original), "os nomes *pertencem* a um gênero; alguns adjetivos *flexionam-se* em gênero. Para os adjetivos, então, o gênero é uma categoria flexional [...]. Para os nomes os gêneros são, antes, [...] categorias *seletivas*" – que não precisam estar reveladas na própria palavra, ou sequer nos contextos mais amplos em que ela ocorre: "Gêneros são classes de nomes que se refletem no comportamento das palavras associadas" (Hockett, 1958: 231). Por conseguinte, do mesmo modo que para Bechara ou Rocha, para Hockett (1958: 211-2) pares como MENINO/MENINA seriam palavras distintas, cada uma com seu paradigma:

> Em alguns casos um paradigma envolve apenas uma categoria. Os nomes do inglês e os do espanhol exibem apenas número, como *muchacho* 'menino', *versus muchachos* 'meninos'. O radical do nome espanhol é *muchacho-*; *muchacha* 'menina' e *muchachas* 'meninas' são as duas formas flexionadas de um radical diferente *muchacha-*, embora os dois radicais (*muchacho-* e *muchacha-*) sejam, por seu turno, relacionados derivacionalmente.

Voltemos à caracterização da morfologia flexional como *aquela relevante para a sintaxe*, que adotamos aqui. PENTE, por exemplo, é sempre masculino, mas essa é uma informação necessária para seus modificadores: *os pentes novos*, *a pente quebrada. Temos aqui, portanto, a categoria gênero. Falta, porém, algum processo gramatical para expressá-la no nome, como *afixação, alternância de vogais, de consoantes, de acento ou de tom, reduplicação, supletivismo*^{G}. Para Anderson (1985b: 177 – ênfase no original), isto não se constitui num problema:

> A categoria de gênero é inerente nos nomes, mas frequentemente não é a base de qualquer processo gramatical aplicado *aos* nomes: realiza-se abertamente apenas em outras áreas da flexão, através da operação de concordância. Este tipo de comportamento não está estritamente limitado à classe de nomes: por exemplo, algumas línguas [...] geralmente não marcam número nos nomes, mas indicam a pluralidade, primariamente, através da concordância, nos verbos ou em outra parte do sintagma nominal. Tal reflexo indireto de uma categoria inerente é, contudo, razoavelmente comum para sistemas de classes nominais, e bastante mais raro em qualquer outra parte da gramática.

Por esta linha de raciocínio, em palavras como GATO ou MENINO e GATA ou MENINA, respectivamente, as vogais finais -*o* e -*a* marcariam fonológica mas indiretamente o gênero, e, não, diferentes palavras morfossintáticas de um mesmo paradigma. Como já notara Khedi (1993: 30), embora defendendo hipótese diferente de Anderson, "-*o* está intimamente associado à noção de masculino", do mesmo modo que -*a* indica, quase invariavelmente (uma vez que há casos como *lhama, dia, programa, libido...*), que estamos diante de nome feminino; quanto ao -*e*, "pode estar ligado a um ou outro gênero" (Khedi, 1993: 30).

A observação de Khedi chama a atenção para o fato de que o português não se constitui, no que toca ao gênero, num *sistema estritamente semântico*. Por um lado, palavras que referem seres do sexo feminino, em geral, pertencem ao feminino, e palavras que designam seres do sexo masculino, ao masculino,[114] em geral; por outro lado, a ser levado em consideração há o aspecto formal, ressaltado por Khedi. Aliás, a existência de regularidades fonológicas (as *terminações*) para o estabelecimento do gênero em português, a par com uma atribuição de base semântica, já havia sido apontada por autores bem mais antigos, como Pereira (1958 [1918]: 84 ss) ou Said Ali (s.d.: 59-67).

Se não consideramos -*a* como expoente de feminino, tampouco -*o* como de masculino; ou se consideramos gênero uma categoria inerente do nome não expressa por um processo gramatical qualquer no nome; de qualquer destas hipóteses sobrevém, como consequência, que poderíamos considerar -*a* e -*o* (e também -*e*) vogais temáticas nominais, às quais se ligariam as terminações flexionais realizadas por processo gramatical no nome. Teríamos, assim, algo de muito semelhante, por exemplo, ao latim – em que os nomes de primeira e de quinta declinação são, em geral, femininos, ao passo que os de segunda são, em geral, masculinos –, ou ao sânscrito, em que o gênero pode ser expresso de modo indireto pela vogal final do tema.[115] Ao contrário dessas línguas, porém, no caso do nome em português, a expansão da raiz por uma vogal -*a*, -*o* ou -*e* não carrega informação relevante para a forma que a terminação de plural tomará: não se formam paradigmas (mesmo que com uma única categoria, como ressaltava Hockett) que dependam da presença desta ou daquela vogal, como acontecia em latim ou em sânscrito. Ao se expandir, por exemplo, para *gato*- ou para *gata*- a raiz *gat*-, isto não implica o emprego de diferentes formativos para plural: não podemos, por conseguinte, falar aqui, apropriadamente, em classes morfológicas.

---

[114] A palavra *criança* não é um bom contraexemplo. Segundo Corbett (1991: 14), "em várias línguas crianças pequenas são tratadas gramaticalmente como se não fossem exatamente humanas".

[115] Renou (1984: 278): "certos temas (-ā, -ī, -ū) são quase exclusivamente reservados ao gênero feminino [...] outros (a-) ao masculino-neutro".

13.1.2 E a vogal temática? (Afinal, o que é uma vogal temática?)

A *vogal temática* é um formativo que expande a raiz para a constituição do *tema*, a base para as marcas flexionais. Por definir as classes de expoentes com que pode co-ocorrer, a noção de *tema* está intimamente relacionada à noção de classes morfológicas – a que tradicionalmente nos referimos como *declinações* no caso de serem nominais, ou *conjugações* no caso de serem classes de verbos.

Basílio (1993: 295) chama a atenção para os empregos, distintos, dos termos *radical* e *tema*: aquele toca à formação de palavras; este, aos paradigmas flexionais:

> Tradicionalmente, entende-se por vogal temática uma vogal que se agrega ao radical formando o tema, definido como a base morfológica para a flexão. A vogal temática é, portanto, um elemento de definição flexional: define-se em oposição ao radical, caracterizando a base da flexão.

Essa distinção nem sempre foi marcada: autores mais antigos, como Carolina Michaëlis de Vasconcelos (1851-1925),[116] Ernesto Carneiro Ribeiro (1839-1920)[117] e Eduardo Carlos Pereira (1855-1923)[118] não traçaram qualquer distinção entre radical e tema, e os trataram como termos sinônimos.

Isto nos leva de volta à definição de que a morfologia flexional é aquela relevante para a sintaxe. Que dizer, então, de elementos que indicam ser um determinado lexema pertencente a uma classe de conjugação ou de declinação, os chamados *índices temáticos*? Não vamos tratar como flexional a vogal temática dos verbos portugueses, ou dos nomes do sânscrito, por exemplo? Novamente vamos de encontro a uma vertente comum nos estudos gramaticais, e esta questão merece que nos detenhamos nela um pouco. Vamos tomar para ilustração uma forma como aquela em (13.3) a seguir, apresentada em termos de seus expoentes:

(13.3) andá-   -va-   -mos
                TMA   NUM-PESS

Não é difícil apontar a relação entre a sintaxe e a propriedade para *número-pessoa*. As propriedades de primeira pessoa/plural indicam a relação entre o verbo e seu sujeito. Temos, no verbo, uma propriedade de concordância. No que concerne a tempo-modo-aspecto (TMA), sabemos que o fato de esta forma estar marcada para tempo a impede, por exemplo, de funcionar como complemento

---

[116] Vasconcelos (1911-1913: 55 – ênfase no original): "Preferimos a denominação *tema*, e a de *tematologia* para a parte da morfologia que estuda a construção das palavras. [...] Só consideramos como sinônimos os termos *tema* e *radical*, dando todavia a preferência a *tema*."

[117] Ver *Serões grammaticaes*, cap. 1.

[118] Pereira (1958: 181-2).

de verbos como QUERER, DEVER, uma vez que ambos exigem que o verbo de seu complemento oracional, no caso de os sujeitos serem idênticos, não seja marcado quanto a tempo, isto é, que seja uma forma *não finita* (*queríamos andar/devíamos andar*; **queríamos andávamos*/**devíamos andávamos*).

Que relação poderíamos apontar, porém, entre a vogal temática e a sintaxe? Nenhuma. Se considerarmos flexional apenas aquilo que estiver em acordo com a definição *morfologia flexional é aquela relevante para a sintaxe*, então teremos de considerar a vogal temática fora da flexão.

Cabe notar, porém, que o próprio Anderson (1985b: 191) considerou a classe de conjugação uma categoria inerente do verbo, apesar de reconhecer que "tal classe não toma parte em qualquer outro ponto na gramática (como numa regra de concordância, por exemplo): é simplesmente uma idiossincrasia formal de determinados verbos que eles pertençam a uma ou a outra conjugação".

De qualquer modo, a análise que considera a vogal temática fora da flexão não se constitui numa novidade.

Os formativos flexionais (ou morfossintáticos) são a expressão de uma categoria. Quando classificamos, no entanto, um verbo como de primeira ou de segunda declinação, a vogal temática – i.e., o elemento que nos leva a essa classificação expressa: (a) estarmos diante de um verbo; e (b) que esse verbo se comporta de modo a ser incluído numa determinada classe morfológica (em -*a*, por exemplo), que o faz tomar certas terminações (como -*va*-, para o imperfeito) e não outras (como -*ia*- também para o imperfeito: *andava*, mas não *andia, ou *comeva, *partiva); daí a estreita relação entre a vogal temática e os formativos que realizam propriedades morfossintáticas de uma dada classe de palavras. A VT seria algo que poderíamos, como Aronoff (1994), considerar *morfologia pura*: formas em relação com outras formas. Na vogal temática, "não há significação e sim, apenas, distribuição mórfica" (Câmara Jr., 1968: 372).

Considerar a vogal temática um elemento lexical nos põe perante a hipótese de que ela faz parte da estrutura básica do verbo, isto é, daquilo que intuitivamente poderíamos descrever como a palavra menos as marcas flexionais. Estamos também dizendo que essa informação não é previsível.

13.2 A FORMAÇÃO DE PALAVRAS

Com o rótulo *formação de palavras*, a Linguística procura abranger os processos que permitem a criação de vocabulário novo. Dois dos mais comuns são a *derivação* e a *composição*.

Na *derivação*, podemos criar palavras a partir de outras pela adjunção de um afixo:

blogue > *blogueiro* ('aquele que escreve blogues')
seguir > *seguidor* ('aquele que segue alguém numa rede social')
influenciar > *influenciador* ('aquele que influencia comportamentos, especialmente pela internet')

Na *composição*, a formação de palavras se dá pela "reunião de outras, cujas significações se complementam para formar uma significação nova: ex.: *guarda-chuva* 'objeto que nos guarda da chuva'; *planalto* '"plano situado no alto', porque terreno plano em montanha" [...] (Câmara Jr., 1973b: 112).

Se introduzirmos a questão da produtividade, nem sempre é imediata a decisão acerca de se estamos face a um novo composto ou a um sintagma, em especial se deixamos de lado as convenções ortográficas do português, com recursos como o emprego de hifens e de espaços em branco, estes os delimitadores por excelência da palavra gráfica.[119] Vamos a dois exemplos:

seca barriga ('relativo a qualquer produto milagroso que promete fazer desaparecer a gordura abdominal, ou secar a barriga')
primo baratinho ('produto barato que copia outro, de marca conceituada')

Assim, em *comprimido seca-barriga* e em *esse batom é o primo baratinho do da* MAC, *seca-barriga* parece não deixar margem para dúvida (pode até ter hífen!): segue um padrão produtivo para compostos em português (V + N), seu significado guarda relação com as partes formadoras e a concordância não se comporta como um verbo transitivo seguido de objeto (*produtos seca barriga não devem ser consumidos* **produtos secam barrigas não devem ser consumidos*), mas como uma unidade.

Mas e *primo baratinho*? É possível substituir *primo* por *irmão* (o *irmão baratinho*); é possível intensificar o segundo elemento (*primo/irmão mais baratinho*). Podemos chegar à mesma conclusão que Basílio (2000: 17) para *óculos escuros*: "embora o fator designação de um tipo específico de objeto nos leve a considerar uma possível autonomia lexical da expressão *óculos escuros*, a evidência do mecanismo de concordância e da possibilidade de substituição de um dos elementos por outro semanticamente equivalente nos desautoriza a considerar a sequência como um composto morfológico".[120]

---

[119] Basílio (2000: 11 e 13) levanta alguns aspectos da interferência da ortografia do português na análise. Por um lado, a dubiedade na classificação da prefixação "pelo fato de preposições serem, entre outras coisas, palavras gráficas – embora obviamente não sejam radicais"; de outro, a classificação como *locuções* para expressões como *a pé*, *de repente*, em que "o elemento considerado preposicional não pode ser descolado do outro, igualando-se a um prefixo em suas características distribucionais", mas como derivação sufixal para as formações em *-mente*.

[120] Alguns estudos sobre compostos em português: Basílio (2000, 2016), Gonçalves (2012), Pereira (2006).

Štekauer, Valera e Körtvélyessy (2012: 131 ss) juntam à composição o *cruzamento vocabular* ou *mesclagem vocabular* (ing. *blending*), que seria um traço das línguas indo-europeias: essas línguas fazem uso produtivo da composição e, por esse motivo defendem que "a composição e o cruzamento vocabular estão baseados nos mesmos princípios de formação de palavras e que o cruzamento vocabular é composição com subsequente redução da forma" (Štekauer, Valera e Körtvélyessy, 2012: 132). Gonçalves (2006: 224) também parece considerar o cruzamento "como uma subcategoria de compostos, uma vez que os morfemas que participam de sua formação são livres ou potencialmente livres" (Gonçalves, 2006: 233). Alguns exemplos do português (Gonçalves, 2006: 224) são apresentados a seguir:

chafé	(chá + café)
sacolé	(saco + picolé)
gayroto	(gay + garoto)
cariúcho	(carioca + gaúcho)
cantriz	(cantora + atriz)
psicogélico	(psicólogo + evangélico)
matel	(mato + motel)
apertamento	(apartamento + aperto)

Bauer (2003: 47), com base na opacidade destas formações, questiona se fariam parte da morfologia.

Flexão ou derivação?

A dificuldade em distinguir flexão de derivação resulta basicamente do fato de ambas poderem ser expressas pelos mesmos tipos de processos gramaticais:

> A derivação não pode ser separada da flexão em termos de sua realização formal, uma vez que nenhum dos processos gramaticais de prefixação, mudança vocálica, etc. que aparecem na gramática estão confinados a um ou a outro domínio. Do mesmo modo, a distinção não pode ser feita diretamente em termos das categorias gramaticais envolvidas, porque uma categoria que é flexional numa língua [....] pode ser derivacional em outra. (Anderson, 1985b: 162)

Tradicionalmente, distingue-se flexão de derivação por meio de um conjunto de critérios. Cada um deles, em isolado, pode ser questionado (Anderson, 1985b; Spencer, 1991; Stump, 1998). Para o português, o tratamento clássico da distinção foi o de Câmara Jr (1972a: 72) para o grau:

> [o]s adjetivos portugueses apresentam comumente uma possibilidade de indicarem por meio de um morfema gramatical, adicional, o alto grau da qualidade que expressam. Temos *tristíssimo,* para *triste, facílimo* para *fácil, nigérrimo* para *negro*, e assim por diante. As nossas gramáticas costumam definir o processo como uma "flexão de grau".

O autor atribuiu a classificação à "transposição pouco inteligente de um aspecto da gramática latina para a nossa gramática" (Câmara Jr., 1972a: 73). Em latim, para um adjetivo como *felix* 'feliz',

> havia obrigatória e coerentemente as formas *felicier* e *felicissimus*, que se empregavam em condições bem determinadas e sistematicamente com exclusividade, em lugar de *felix*: *homo felix* "homem feliz"; *homo felicier lupo* "o homem é mais feliz do que o lobo"; *homo felicissimum animalium* "o homem é o mais feliz dos animais". Ora, em português, só temos feliz. Modifica-o em cada caso um mecanismo sintático, fora da morfologia vocabular: *...mais... do que...*; *...o mais... dos ...* O uso de *-issimus* em latim para expressar, meramente, a intensificação de uma qualidade era um subproduto do seu uso gramatical num padrão de frase comparativa; não foi

ele que levou a gramaticologia latina a considerar -*issimus* dentro da flexão nominal. Se só existisse tal uso, como sucede em português, Varrão teria dito, com certeza, que se tratava de *derivatio voluntaria*. (Câmara Jr., 1972a: 73-4)

Em português, porém, "não é um mecanismo obrigatório e coerente, e não estabelece paradigmas exaustivos e de termos exclusivos entre si". Vários outros critérios apareceriam em diferentes autores (ver, por exemplo, Rocha, 1994; Gonçalves, 2006; 2011).

Talvez o critério mais recorrente seja a produtividade dos processos flexionais em face da semiprodutividade da derivação. Espera-se, por exemplo, que todo nome em português tenha *plural*, mas não se espera que todos os verbos tenham um nome derivado em *-agem*, por exemplo. Por essa razão costuma-se considerar a derivação como essencialmente semiprodutiva. Cabe uma observação: os *paradigmas defectivos* são uma demonstração de que a produtividade da flexão também tem limites. Por exemplo, espera-se que todos os nomes em português tenham singular e plural, mas há exceções que a gramática latina já havia reconhecido e rotulado como duas classes para os nomes: *pluralia tantum* (lat. 'plurais apenas', como *pêsames, anais*) e *singularia tantum* (lat. 'singulares apenas', como *arroz, preguiça*).

Uma vez que as mudanças em propriedades morfossintáticas refletem-se na sintaxe, a flexão é obrigatória. Um nome em português, *pente* por exemplo, tem *número* e *gênero* por força de conjunto de propriedades inerentes a sua classe: nomes em português têm de ser marcados para essas categorias que, pela concordância, estarão no adjetivo, por exemplo, como em *pente quebrado*. Numa língua como o latim, em que os nomes também têm *gênero* e *número*, a estruturação sintática da sentença adicionará aos nomes *caso*, cuja realização como *nominativo*, ou *acusativo*, por exemplo, dependerá não de características da palavra a que se prende, mas de determinada posição que essa palavra toma na estrutura sintática. A derivação, por seu turno, não é obrigatória. Empregar *espertalhão* ou *esperto* em português não deriva de uma exigência sintática. Ambas as palavras poderiam ser empregadas nos mesmos ambientes, mas há uma diferença entre elas: *um homem espertalhão* designa alguém que procura usar de sua esperteza para ludibriar outras pessoas; *um homem esperto* é uma expressão neutra quanto ao uso moral da esperteza.

Uma vez que a flexão nos dá *formas de uma palavra*, ela não muda a classe da palavra. Consideramos *cabe*, *coube* e *caiba* diferentes formas do verbo CABER e não palavras diferentes. A derivação pode mudar a classe: *triste* (A)/ *tristeza* (N), *lavar* (V)/ *lavável* (A). Consideramos palavras distintas os pares nome/verbo do inglês WREATH [ri:θ]/ WREATHE [ri:ð] ('*grinalda, coroa*'/ '*engrinaldar*'), HOUSE [haʊs]/ HOUSE [haʊz] ('*casa*'/ '*alojar*'). Mas pode não mudar a classe, como acontece, em geral, com a prefixação em português: *ler/reler*; *ver/antever*; *história/pré-história*. Aliás, qualquer gramática escolar do português arrola inúmeros exemplos de nomes derivados de nomes, ou verbos de verbos. Particípios, por seu turno, como nota Stump (1998: 15), embora considerados parte do paradigma verbal, têm, em muitas línguas, indubitável carácter adjetival.

Uma outra diferença entre ambos os processos apontada com frequência é o fato de os afixos flexionais estarem mais distantes da raiz que os derivacionais, uma vez que estes deveriam formar a palavra antes de os processos flexionais serem aplicados. No caso de não se utilizar a noção de cadeias de morfemas, a classificação como 'mais externo' ou 'menos externo' torna-se um conceito difícil de ser apreendido. Mesmo que se considere que a morfologia trata da concatenação de morfemas, há casos em que marcas flexionais parecem estar menos externas que as derivacionais. Vejam-se os casos a seguir:

(14.1) **derivados em -(z)inho**
pão	pães	pãozinho	pãezinhos
leão	leões	leãozinho	leõezinhos
lençol	lençóis	lençolzinho	lençoizinhos

O plural de alguns derivados portugueses em -*zinho*, como *pãezinhos*, *florezinhas*, além da marca flexional mais externa, -*s*, apresentam uma variação no radical que antecede o sufixo diminutivo -*zinho*. Nesses casos, é difícil falar-se que a flexão é externa em relação à derivação. Ou que dizer dos derivados em -*mente* cujas bases são adjetivos variáveis quanto ao gênero: *lindamente, historicamente*...

Há línguas, porém, em que o processo morfológico permite que seja visto ora como flexional, ora como derivacional. Um exemplo clássico são aumentativos e diminutivos em luganda (Bantu, E15), apresentado em Katamba (1993: 211-2). Nessa língua, aumentativos e diminutivos são marcados por prefixos que também marcam singular (*ka*- Classe 12) e plural (*bu*- Classe 14):

(14.2)
a. ka-solya   ka-myu
   SG 12 – telhado   SG 12 – lebre

   bu-solya   bu-myu
   PL 14 – telhado   PL 14 – lebre

Esses mesmos prefixos são empregados como sufixos derivacionais que marcam o diminutivo:

(14.2)
b. mu-kazi   ka-kazi
   SG 1 – mulher   SG 12 – mulher pequena

   ba-kazi   bu-kazi
   PL 2 – mulher   PL 14 – mulher pequena

Derivação ou composição?

Diante de uma formação como *infelicidade* parece haver consenso de que estamos diante de um prefixo *in-* combinado ao nome *felicidade*, um exemplo de derivação prefixal. Parece haver apenas.

No verbete *composição*, Câmara Jr. (1973b: 112) incluía entre os exemplos de compostos *infelicidade* e mais adiante, no verbete *prefixo*, afirmava que "se deve considerar o processo da prefixação como uma modalidade da composição", porque cria "uma nova significação externa para a palavra a que se adjunge" (Câmara Jr., 1973b: 315).

Diferentemente de Câmara Jr., Basílio incluiu a prefixação na derivação:

> a prefixação é utilizada para a formação de palavras quando queremos, a partir do significado de uma palavra, formar outra semanticamente relacionada, que apresente uma diferença semântica específica em relação à palavra-base.
> Existe toda uma série de relações possíveis e sempre de caráter geral. (Basílio, 1987: 9)

E distinguiu a função de ambos os processos:

> Em princípio, o processo de derivação obedece às necessidades de expressão de categorias nocionais, com contraparte sintática ou não, mas de caráter fixo e, via de regra, de teor geral. Já o processo de composição obedece à necessidade de expressão de combinações particulares. (Basílio, 1987: 27)

Esse "teor geral" seria a expressão de noções como a negação ou o grau, por exemplo, mas também noções bem menos gerais, como 'prato preparado à base de X' para *-ada* (*feijoada, peixada...*). Essa distinção foi questionada, por exemplo, para o japonês: "algumas vezes é difícil determinar se [...] são realmente prefixos ou morfemas presos para a composição" (Kageyama, 1982: 226).

Categorias e flexão

No capítulo "Classes de palavras, tipos de significado e questões relacionadas", vimos que as *partes do discurso* tiveram como um de seus fundamentos a classificação em acordo com o tipo de significado das palavras. Referíamo-nos, então, ao significado que, nos dizeres de Câmara Jr. (1973a: 113), faz "referência permanente [...] às coisas e fenômenos do mundo exterior e às sensações, volições e ideias do nosso mundo interior". É essa "referência permanente", expressa pelo *significado lexical* (ver seção "Quanto ao tipo de significado: palavra lexical e palavra funcional"), que nos permite, por exemplo, procurar palavras no dicionário, abstraindo a forma específica sob a qual se apresentam. Qualquer semelhança com as *categorias de substância* aristotélicas não é, aqui, mera coincidência.

Há, no entanto, um outro tipo de significado, que se junta à referência ao "mundo dos objetos" (Câmara Jr., 1973a: 113, citando Ernst Cassirer) e que se apresenta em conjuntos de elementos semânticos expressos morfologicamente; no âmbito de cada conjunto os elementos semânticos são mutuamente contrastantes (Cairstair-McCarthy, 1992: 174). Esses elementos emprestam *propriedades* "acidentais" à "substância". São as *categorias gramaticais*.

Focalizaremos neste capítulo as categorias, parte do estudo da flexão ou, na terminologia mais antiga, da *acidência* das palavras.

O estudo das categorias gramaticais foi tradicionalmente desenvolvido em conjunto com o das partes do discurso, no estabelecimento das dimensões em que dada classe de palavras podia variar: sem noções como tempo, gênero, número, por exemplo, as palavras ditas variáveis ficariam incompletas.

As diferenças no âmbito de cada *dimensão* – isto é, em cada um dos "tipos de contrastes no interior de um paradigma" (Matthews, 1972: 161) – dão-nos palavras morfossintáticas diversas, mas se assume que continuamos no âmbito de um mesmo lexema, elemento abstrato, sem pronúncia, compreendido como "um complexo de propriedades sintáticas e semânticas que tem um radical (ou conjunto de radicais) fonológico" (Anderson, 1997: 2). Ao nos depararmos com palavras como *anda/ andamos/andamos*, reconhecemos, a par com o significado específico que damos a ANDAR, isto é, a par com a "referência permanente", significados de outro tipo: *anda, terceira pessoa do singular do presente do indicativo*, não é o mesmo que *andamos, primeira pessoa do plural do presente do indicativo*, que não é o mesmo que *andamos, primeira pessoa do plural do pretérito perfeito do indicativo*.

Mas em que sentido podemos dizer que presente/passado/futuro não dizem respeito ao mundo físico e têm referência menos permanente que vocábulos como PRESENTE, PASSADO, FUTURO? Pelo menos num sentido: embora possamos associar os significados das categorias gramaticais a algum tipo de organização presente no mundo físico, essa associação é frágil e dependente da língua em estudo. Não podemos esquecer também que nossa decisão acerca de atribuir a um elemento morfológico uma significação "secundária" ou "gramatical" é influenciada por sua "potencialidade distribucional" (ver Basílio, 1974b)

Tomemos para exemplo o *gênero*. Em textos já clássicos em português, Câmara Jr. (1966; 1973a: 130-9) demonstra o quanto essa categoria tem de arbitrário: o gênero diz respeito ao modo como uma dada língua distribui os nomes por classes. A divisão em classes nas diferentes línguas do mundo costuma repousar numa das oito seguintes distinções semânticas (Corbett, 1991: 30, referindo R. de la Grasserie, 1898):

- *masculino/feminino/assexuado;*
- *humano/não humano;*
- *humano masculino/outros;*
- *masculino/outros;*
- *animado/inanimado;*
- *racional/não racional*
- *forte/fraco;*
- *aumentativo/diminutivo.*

Há, no entanto, distinções que fogem a esse quadro: o dyirbal[121] (Pama-Nyungan, Austrália), por exemplo, apresenta quatro gêneros, um dos quais é atribuído àquilo que é comestível que não seja carne; o fula (Nigero-Congolês, Atlântico-Congo), por seu turno, tem um gênero atribuído a nomes que designam o que é líquido (dados em Corbett, 1991: 30-1).

Mesmo nas línguas que apresentam *sistemas semânticos estritos* – isto é, em línguas em que, "dado o significado de um nome, seu gênero pode ser predito sem qualquer referência à sua forma" (Corbett, 1991: 9) –, a divisão dos nomes em classes apresenta algumas exceções. O tâmil, uma das línguas dravídicas da Índia, divide os nomes em masculino, para seres racionais masculinos,

---

[121] O dyirbal, segundo o *Atlas* da Unesco (Moseley, 2010), contava com cinco falantes em 2005.

sejam humanos ou divindades; feminino, para seres racionais femininos, quer humanos, quer divindades; e neutro, para o restante, isto é, para o que pode ser classificado como não racional. No entanto, as denominações para 'sol' e para 'lua' são classificadas como pertencentes ao masculino, estejam ou não fazendo referência a divindades.

O fato de um dado nome pertencer, no português, ao masculino ou ao feminino nem sempre tem conexão, mesmo que vaga e inconsistente, com o sexo dos seres. A maior parte dos nomes não faz referência a seres que possam ser classificados por sexo; nem por isso algum nome do português deixará de pertencer a um desses gêneros. Isso não significa, porém, que nós, falantes de português, concebemos uma *chaleira* como possuidora das características de uma fêmea, ou um *bule* com as características de um macho.

O quanto há de arbitrário na repartição do vocabulário pelas categorias de uma língua se torna mais óbvio ao tentarmos traduzir um enunciado para uma outra língua que tenha o mesmo elenco de gêneros. É comum que nos deparemos com recortes diferentes daqueles a que estamos habituados: MAR, por exemplo, que refere um significado a que não se pode atribuir sexo, pertence, em português, que divide os nomes em *masculinos* e *femininos*, ao *gênero masculino* (*o mar salgado*); é, porém, *feminino* em francês (*la mer salée*), que é uma língua que também divide os nomes em *masculinos* e *femininos*. Em latim, língua de que a forma portuguesa e a francesa derivam e em que essa dimensão era tripartite – *masculino, feminino e neutro* – *mare, maris* era *neutro* (*salsum mare*).

16.1 A COMBINAÇÃO DE ELEMENTOS SEMÂNTICOS

A expressão de uma noção semântica não se faz, necessariamente, por meio de algum processo flexional. Como já notara Câmara Jr. (1973a: 142 – ênfase adicionada), um elemento semântico, como o aspecto, pode ser expresso, como ocorre em português, "num *nível lexical*, pela mudança de semantema, ou no *nível da derivação vocabular*, em que um afixo imprime num semantema um valor particular sem afetar-lhe a significação inerente". Câmara Jr. (1973a: 142) ilustra o primeiro tipo, em que uma determinada noção é expressa lexicalmente, com os verbos PARTIR e CHEGAR: PARTIR é essencialmente *inceptivo*, pois que marca o início de um processo, ao passo que CHEGAR é essencialmente *cessativo* ou *concluso*, uma vez que marca o fim de um processo. Para usarmos outro exemplo, distinguimos no português atual SER e ESTAR na medida em que pretendemos indicar, respectivamente, um estado permanente ou *absoluto* e um estado temporário ou *acidental*:

(16.1) a. ele é médico
b. ele é índio
c. ele está em casa
d. ele está doente
e. *ele está médico
f. *ele é em casa

Fenômeno semelhante ocorre em irlandês, em que a cópula *is* indica um estado permanente ou que pode mudar de modo lento, ao passo que *tá* indica como ou onde algo se apresenta (Rosenstock, 2005: 49):

(16.2) a. tá   sí   óg
           é   ela   jovem
           'Ela é jovem'

b. is   bosca   é
    é   caixa   ele
    'É uma caixa'

c. is   cailín i
    é   menina ela
    'É uma menina'

Para ilustrar a expressão derivacional, Câmara Jr. usa como exemplo os verbos em *-itar* (SALTITAR, DORMITAR), que compara a alguns verbos derivados latinos:

> É o caso do aspecto frequentativo, acrescido de uma noção diminutiva, implícito no alcance do sufixo *-itar*, à maneira do que já sucedia em latim, onde essa era a essência de certos verbos derivados, em *-āre*, relacionados ao radical do supino de um verbo simples em *-e<re*, *-ĕre*, *-ĕre* (cf. *cantare*, *dictare*, *pulsare*, *habitare* em confronto com *cane<re*, *dice<re*, *pelle<re*, *habēre*). (Câmara Jr., 1973a: 142)

Nas seções que se seguem estaremos voltados apenas para a expressão flexional dessas noções semânticas.

16.2 CATEGORIAS E PROPRIEDADES

Para evitar a ambiguidade acarretada pelas muitas acepções com que o termo *categoria* é empregado, como também a enorme variedade terminológica nessa área, vamos aqui adotar basicamente a nomenclatura proposta por P. H. Matthews (1972). Empregaremos doravante também a grafia com a inicial maiúscula tanto para as categorias como para as propriedades morfossintáticas.

Segundo Matthews (1972: 161-2), o termo *categoria* é empregado:

a. para referir classes de palavras, como N ou V;
b. para representar as dimensões de um paradigma, como Número, por exemplo; e ainda
c. para cada uma das possibilidades de contraste no interior de uma dimensão, como Número Singular, Número Dual, Número Plural.

O uso em (a) se faz, em geral, nos trabalhos sobre sintaxe. Para o significado em (b) empregaremos o termo *categoria*, mas acrescentaremos a ele um adjetivo: *categoria morfossintática,* uma vez que estamos voltados para modificações na estrutura da palavra cuja ligação com a estrutura sintática é estreita. Denominamos *propriedades morfossintáticas* a elementos como Presente, Passado, Futuro, membros da categoria Tempo, e que ilustram (c).

Quadro 4.3 – Um problema de terminologia

O termo *categoria* também costuma ser empregado no sentido de *classe*. Nos trabalhos sobre sintaxe, *categoria* designa os constituintes de uma expressão linguística. É, por conseguinte, um termo mais amplo que *parte do discurso*, porque abrange tanto nomes, verbos, adjetivos, como posições numa estrutura, elementos abstratos, como as categorias vazias ou *pro* (que representa o sujeito nulo de línguas como o português).

A denominação *categoria* representa ainda propriedades de um sistema flexional, tais como *T(empo)* ou *Agr* (abreviação do termo inglês para *concordância*).

Nos trabalhos sobre morfologia, *categoria* costuma manter o significado mais tradicional, de conjunto de propriedades que se associa a determinada parte do discurso, como Caso, Pessoa, Tempo, Modo, Aspecto, Voz, Gênero, Número... Mas não é tão simples:

> Infelizmente a terminologia nesta área não está firmada. [...] correspondente ao nosso uso de 'propriedade', Anderson usa 'traço', e escreve, por exemplo, '[-passiva]' e '[+plural]' para nosso 'Ativo' e 'Plural'. Zwicky [...] segue Chomsky (1965) no uso de 'traço' como correspondente ao nosso uso de 'categoria', enquanto seu termo para 'propriedade' é 'valor'; desse modo, plural é um valor do traço NÚMERO. Zwicky (1990) também emprega o termo 'categoria gramatical' para abranger tanto as categorias como as propriedades na nossa terminologia (seus 'traços' e 'valores'). (Carstairs-McCarthy, 1992: 196-7)

A questão central na noção de *categoria morfossintática* é a de que temos conjuntos de noções relacionadas (as *propriedades*), mas mutuamente excludentes, que se aplicam a uma dada classe. Assim, numa língua que expresse formalmente a noção de Número, uma forma verbal, se indica Singular, não indica Plural (nem Dual); se expressar Caso, uma forma marcada como Acusativo exclui Nominativo ou qualquer outra marca de Caso. Isso foi captado pela representação tradicional em paradigmas, a que nos habituamos, por exemplo, ao estudar o verbo em português, ou a declinação de nomes nas línguas clássicas: cada linha de um paradigma^G, isto é, cada *palavra morfossintática,* representa a combinação de um lexema e determinada(s) *propriedade(s) morfossintática(s)*, mas, em cada linha, para cada dimensão, apenas uma possibilidade é permitida.

Por outro lado, podemos dizer que, em português, a presença de um nome em *-dor* (*carregador, limpador...*) tem alguma consequência especial para a sintaxe? A resposta é não. Não estamos lidando aqui, por conseguinte, com uma categoria morfossintática.

16.3 AS CATEGORIAS MORFOSSINTÁTICAS

Uma categoria morfossintática é obrigatória para uma classe de palavras como um todo numa dada língua. Esperamos que qualquer verbo em português, por exemplo, tenha a dimensão Número/Pessoa.

A realização de uma categoria morfossintática junto a um lexema como esta ou aquela propriedade depende, no entanto, de mecanismos diversos dentro de uma construção. Se pensamos na categoria Número em português, por exemplo, não precisamos de muito esforço para concluir que sua realização nos adjetivos difere de sua realização nos nomes. É claro, não nos estamos referindo às terminações que concretizam Singular ou Plural, mas aos mecanismos sintáticos relacionados ao seu aparecimento numa palavra. O adjetivo em português terá o Número do nome que funciona como núcleo do constituinte. O nome, por seu turno, não se comporta do mesmo modo. No que respeita ao Número, é dele a propriedade (Singular ou Plural) que deverá ser visível para a concordância com os modificadores ou, no caso de funcionar como seu argumento externo, com o verbo.

A realização de uma categoria morfossintática num lexema se faz a partir de um elenco restrito de possibilidades. Anderson (1982, 1985b) propôs três tipos de realização para as categorias flexionais, mais tarde ampliados para quatro tipos (1992, 1997).

16.3.1 Propriedades inerentes

São *propriedades inerentes* aquelas pertencentes a cada palavra e acessíveis à sintaxe, para que se faça, por exemplo, a concordância. Anderson (1985b: 172) caracteriza essas propriedades negativamente: tais propriedades "não são impostas pela posição estrutural ocupada pela palavra, tampouco dependem das propriedades de outras palavras na estrutura".

Stump (1998: 25) retoma Anderson (1985b) e aponta dois tipos de propriedades inerentes. O primeiro, a que denomina *propriedade da palavra* (subentenda-se *morfossintática*), diz respeito a uma propriedade que se liga a apenas parte das palavras morfossintáticas de um paradigma, e o Plural dos nomes em português ou em latim pode ser tomado para exemplo. Ao segundo tipo, a que denomina *propriedade do lexema*, pertence qualquer propriedade "invariavelmente associada com as palavras" – subentenda-se o adjetivo *morfossintáticas* – "no paradigma de um lexema", como acontece com o Gênero dos nomes em alemão.

16.3.2 Propriedades de concordância

São *propriedades de concordância* aquelas que dependem das que estão presentes em outro item na estrutura sintática. Esse elemento é o *controlador* da concordância. O controlador determina as propriedades que serão estendidas pela concordância, secundariamente, aos *alvos* – isto é, aos elementos da construção que concordam com ele. As propriedades podem pertencer inicialmente, por exemplo, ao núcleo de um constituinte (o *controlador*) e serem estendidas a seus modificadores (os *alvos*); ou pertencerem ao(s) argumento(s) do verbo, e marcas daquele(s) também indicadas neste. No exemplo que segue, do suaíli, temos, no verbo (o alvo), a concordância com o sujeito e com o objeto (os controladores); no objeto, por seu turno, os modificadores (os alvos) concordam com o núcleo nominal (controlador) quanto a Classe/Número:

(16.3) a-   na-   vi-   taka   vi-su   vi-dogo   vi-aŋgu
       3SGS   PRES.   3PL   querer   3PL   3PL   3PL
       CL 1   CL 8   CL 8   CL 8   CL 8
                              faca   pequeno meu
       'Ele quer minhas pequenas facas'

A concordância copia uma propriedade inerente. Tradicionalmente também se estende o conceito de concordância ao Caso, uma propriedade configuracional típica do nome. Se aceitamos a *concordância de Caso*, podemos dizer que, em latim, o Caso é configuracional no nome, mas se estende ao restante do constituinte por concordância. Alguns autores, porém, não consideram a chamada *concordância de Caso* uma concordância. É a posição de Corbett (1998: 195), que, exemplificando com o russo, afirma que o Caso "não é um traço do nome: é imposto, pela regência, ao sintagma nominal, por algum outro elemento sintático [...]. Assim o nome e o adjetivo [...] estão no mesmo caso porque este foi igualmente imposto a ambos". Não estaríamos, segundo essa perspectiva, perante uma propriedade de um controlador que se espalhou para os alvos, mas lidando com uma propriedade imposta a todo o constituinte em virtude de sua posição estrutural.

Uma função básica da concordância é a de assinalar que várias palavras pertencem a um mesmo constituinte. Anderson (1985b: 173) chama a atenção para o papel da concordância na identificação dos elementos de um constituinte em línguas de ordem livre, como o walpiri (Pama-Nyunga, Austrália). Nesta língua, se o sintagma nominal tem todos os seus elementos em sequência, apenas o núcleo recebe marca de Caso; se, no entanto, seus elementos aparecem separados por qualquer outro material, então todos eles recebem marcas de Caso, como em (16.4):

(16.4) a. Ngarrka   nyampu-rlu   wawirri   pantu-rnu
           homem   este-ERG   canguru   lancear-PAS
           'Este homem lanceou um canguru'

       b. Ngarrka-ngku   wawirri   pantu-rnu   nyampu-rlu
           homem-ERG   canguru   lancear-PAS   este-ERG
           'Este homem lanceou um canguru'

Estar ou não no mesmo constituinte é uma informação importante para a concordância com as propriedades inerentes do nome em alemão: o adjetivo concorda com o nome se o precede no mesmo constituinte, mas não se estiver na posição de predicativo:

(16.5) a. das   *neue*   Haus
           NOM/ NT/SG-DEF   novo -NOM-NT-SG   casa -NOM-NT-SG
           'a casa nova'

       b. das   Haus   ist   *neu*
           NOM/NT/SG-DEF   NOM/NT/SG   3SG- PRES-ser   NOM/SG

16.3.3 Propriedades configuracionais ou relacionais

São *propriedades configuracionais* (Anderson, 1982; 1992; 1997) ou *relacionais* (Anderson, 1985b) aquelas que "dependem diretamente de sua posição em construções mais amplas e talvez de propriedades lexicais de outras palavras em tal construção" (Anderson, 1982: 573). Entram aqui a indicação morfológica de *relações gramaticais*[G], incluindo-se os fenômenos tradicionalmente estudados como *regência*. Vamos a um exemplo. A distinção entre as formas latinas *lupus* (Nominativo Singular) e *lupum* (Acusativo Singular) reflete o fato de funcionarem, respectivamente, como Sujeito e como Objeto.

(16.6) a. lupi　　　　　currunt
　　　　 lobo- NOM./PL　correr-PRES.-AT-3PL
　　　　 'Os lobos correm'

b. agnus　　　　　　lupum　　　　　lavat
　 cordeiro- NOM.-SG　lobo- ACUS.-SG　lavar-PRES-AT-3SG
　 'O cordeiro lava o lobo'

Em (16.7) a seguir, porém, a forma que o pronome assume resulta da presença de um item lexical específico – neste caso, do verbo –, numa relação tradicionalmente conhecida como *regência*. Determinados verbos latinos, como AUXILIOR 'ajudar', NOCEO 'prejudicar', FIDO 'confiar', MALEDICO 'maldizer', pedem (ou regem) o dativo (exemplos em Freire, 1987: 228), ao passo que MEMINI 'lembrar-se' pode reger genitivo:

(16.7) a. Crede　　　　　**mihi**.
　　　　　acreditar IMPER　1SG/DAT
　　　　　'Acredita-me'

b. Tibi　　　non　　posse　　　　　　**auxiliari**.
　 2SG-DAT　não　poder-INF PRES.　 auxiliar-INF PRES
　 'Não poder auxiliar-te'

c. Vivorum　　　　　 memini
　 vivo-GEN-PL　　　 lembrar-se - PRES-1SG
　 'Lembro-me dos vivos'

O Modo pode servir-nos como outro exemplo: em registros formais da língua culta, o Subjuntivo "é hoje em português uma servidão gramatical, só se usando em tipos especiais de frase" (Câmara Jr., 1968: 265), como, para darmos apenas alguns exemplos, em orações integrantes, subordinadas a verbos de significação volitiva ou explicativa, ou em orações subordinadas finais ou concessivas (Câmara Jr., 1968: 361).

16.3.4 Propriedades de constituinte

Não destacadas com uma denominação especial em Anderson (1982 e 1985b), as *propriedades de constituinte* (< ing. *phrasal properties*) podem realizar-se numa única palavra da estrutura, seja no núcleo, seja na primeira ou na última palavra do constituinte. Dão conta, portanto, daquilo que Stump (1998: 25-6) classifica como "propriedades inerentes nem sempre... em relações de concordância" e que exemplifica com o amárico (Afro-asiático, Semítico – Etiópia). Em amárico a *Definitude*ᴳ é uma categoria do sintagma nominal, marcada apenas no primeiro elemento do constituinte, como exemplificado em (16.8):

(16.8) a. məSihaf – u   (Stump, 1998: 26, citando Halpern, 1992)
        livro-DEF
        'o livro'
     b. tinniš-u   məSihaf
        pequeno-DEF   livro
        'o livro pequeno'

Não é nítida a distinção entre essas propriedades e as propriedades configuracionais ou relacionais. Como nota o próprio Anderson (1997: 9), "embora o caso seja certamente uma propriedade de SNs, realiza-se em determinadas palavras do SN", isto é, no nome. O que parece interessar neste caso é o fato de que tais propriedades podem ser marcadas por meio de uma partícula – um clítico –, o que permite a Anderson não considerar os clíticos como itens lexicais, mas como traços flexionais não de uma classe de palavras, mas de um constituinte.

Quadro 4.4 – Exemplos de categorias morfossintáticas em classes abertas

Categoria	Propriedades	Significado	Classes a que tipicamente se liga	Tipo de propriedade
Número	Singular, Plural, Dual, Trial, Paucal	um, mais de um/ mais de dois/ mais de de três, dois, três, poucos (não especificados)	N PRO V A	inerente inerente por concordância por concordância
Gênero	Masculino, Feminino, Neutro, Animado, Inanimado...	masculino, feminino, assexuado, humano, não humano, animado, inanimado, racional, não racional...	N V A	inerente por concordância por concordância
Grau	Aumentativo, Diminutivo, Comparativo, Superlativo	grande, pequeno, maior que, menor que...	N A ADV	inerente inerente inerente

Definitude	Definido, Indefinido	identificável, indeterminado	N V	inerente por concordância
Caso	Direto (Nominativo, Acusativo, Dativo, Genitivo, Ergativo, Absolutivo), Oblíquo (Instrumental, Partitivo, Comitativo[13], Locativos: Inessivo, Alativo, Elativo, Ilativo, Essivo, Abessivo)	ator, alvo, posse, chamamento, localização	N A	relacional por concordância
Posse	Possuidor, Possuído	posse	N	por concordância
Tempo	Presente, Passado, Futuro	tempo presente, passado ou futuro	V, AUX N	inerente

Categoria	Propriedades	Significado	Classes a que tipicamente se liga	Tipo de propriedade
Aspecto	Ativo, Estativo, Perfectivo, Imperfectivo	Duração ou tipo de atividade indicada no verbo	V, AUX	inerente
Modo	Indicativo, Subjuntivo, Imperativo, Optativo	Perspectiva do falante quanto ao que diz: factualidade, possibilidade, incerteza ...	V, AUX	inerente
Polaridade ou Negação	Positiva, Negativa	Contraste positivo/ negativo	V	inerente
Transitividade	Transitivo, Intransitivo	Relação entre o V e seus objetos	V	relacional
Voz	Ativa, Passiva, Média, Causativa	Quem praticou a ação, que/ o que a sofreu, qual a causa	V, AUX ADV	relacional por concordância
Pessoa	Primeira, Segunda, Terceira, Quarta (ou Obviativo), Inclusiva; Exclusiva	Falante, aquele com quem se fala, aquele ou aquilo de que se fala	V PRO	por concordância inerente

PARA CONCLUIR

Tradicionalmente, distinguem-se na morfologia os processos de formação de palavras de processos que adaptam a palavra ao contexto sintático em que foi empregada. No primeiro caso temos derivação e composição; no segundo, flexão.

Podemos dizer, em termos bem simples, que estamos delineando a estrutura das palavras como constituída de dois tipos de elementos. De um lado, consideramos a existência de uma parte lexical, que se constitui na base para a criação de vocabulário e para a percepção das redundâncias que nos permitem relacionar as palavras de uma língua. De outro lado, há elementos que completam a estrutura vocabular, sem os quais as palavras não seriam inseridas corretamente em estruturas mais amplas.

Para discussão

1. Reúna as definições de *morfologia* em cinco autores. Indique para cada uma o ano e o local da publicação, o nome do autor, o tipo de obra (dicionário geral, dicionário de Linguística, manual de morfologia...), a definição apresentada e a unidade de análise. Levando em conta esses aspectos, é possível encontrar diferenças? De que tipo?

2. O quadro a seguir procura apontar alguns dos diferentes objetivos da pesquisa linguística no Ocidente a partir do século XIX. "Gramática tradicional" foi aí empregado apenas como um rótulo para indicar que precedeu o *Curso* de Saussure.

	Período	Questões gerais
Gramática Tradicional	século XIX	*Qual a origem da linguagem?*
		Como seria a língua original?
		Quais as raízes básicas dessa língua original?
Estruturalismo	século XX	*Como segmentar o enunciado?*
		Como classificar esses segmentos?
Gramática Gerativa	século XX	*O que é o conhecimento linguístico?*
		Como esse conhecimento se desenvolve na mente do falante?
		Como esse conhecimento é posto em uso em situações concretas?
		Quais são os mecanismos físicos que servem de base material para esse sistema de conhecimento e para o uso desse conhecimento?

Se tomamos esse quadro como ponto de partida, podemos enquadrar as duas análises abaixo em quais desses objetivos?

A.
Entre os termos *raiz* e *radical* ou *thema* faz-se a distincção seguinte: a raiz é o elemento geralmente monossylabico, irreductivel, commum ás palavras que ela forma, pode constar apenas de um grupo consonantico, exprime uma ideia geral e vaga, sem a ideia accessoria de tempo, lugar, pessôa ou numero; o *radical* ou

thema, porem, tem por si mesmo uma significação; é uma palavra mais ou menos completa; é o que fica intacto e invariavel, quando ao vocabulo se tiram as lettras ou syllabas que denotam os accidentes dos nomes pronomes, adjectivos e verbos.
[...]
Como exemplos de raizes citaremos *FL*, que se nota nos vocabulos seguintes: *flamma, fluxo, flavo, flecha, flexão, flexível, refluxo, influxo, effluvio, efflorescencia, flammula, affluencia, fluir, affluir, defluir, influir, defluxo, confluente, defluente, confluir, fluente, affluente, refluir, fluido, influente, flauta, flatos, fluctuar, flotilha*;
[...]
DUC, DUZ em *conduzir, adduzir, reduzir, reducção, conducção, adducção, induzir, inducção, produzir, producção, conducente, ductil, ductilidade, ducal, ducado, duque, duqueza, productivo, reproducção, educação, educar,reducção, seduzir, seducção, introduzir, introducção, reducto, viaducto.* (Ribeiro, 1955 [1890]: 104-7)

B.

O tema é, às vezes, a expansão ou alongamento da raiz. Max Müller, tomando a a palavra – *historicamente*, chega à raiz *id = his*: tira primeiro o sufixo adverbial *mente*, depois o sufixo adjetivo *ica* (= lat. *cus*), depois o sufixo *tor = dor*, que indica o agente, e encontra a forma irredutível *his*, ou antes, *id*. Este estudo, porém, mais aprofundado dos elementos morfológicos das palavras escapa ao domínio da gramática expositiva. (Pereira, 1958 [1918]: 182)

3. O dicionário de Câmara Jr., no verbete *léxico*, depois de defini-lo, "no sentido especializado", como a parte do vocabulário "correspondente às palavras providas de semantema", apontava que "o léxico se opõe à gramática" porque era a "série de semantemas da língua". Essa visão de léxico é a mesma em Bloomfield, uma vez que ambos os autores podem ser classificados como estruturalistas?

4. A Morfologia Distribuída é uma hipótese não lexicalista. Por que podemos afirmar isso?

5. Apresentamos, em seguida, quatro excertos, escrito o primeiro por José Oiticica (1882-1957) e os outros por Câmara Jr. (1904-1970).

   5a. Leia os textos e depois situe cada um dos autores numa corrente da Linguística, justificando sua resposta. Ilustre sua argumentação com a definição de *raiz* em ambos os autores.

   5b. Com base nos excertos abaixo:
   a. aponte a estrutura da forma latina *comedere*;
   b. trace sua evolução do latim ao português (utilize o sinal >);
   c. analise *comer* segundo o texto de Oiticica;
   d. analise o português atual *comer* segundo Câmara Jr.;
   e. seguindo Oiticica, defina raiz e radical;
   f. seguindo Câmara Jr., defina raiz e radical.

(I) OITICICA, José. *Manual de análise (léxica e sintática).* Rio de Janeiro: Francisco Alves, 1958, pp. 71-3.

Raiz é o elemento significativo originário da palavra. Ex.: nas palavras *luz, lua, luminoso, lúcido, lunar, lustre,* as morfoses **[i.e., os elementos mórficos]** *luc* e *lu* representam a raiz indo-europeia *leuk* ou *louk* que exprime a ideia de brilho. Essa raiz, nas línguas do grupo indo-europeu, alterou-se, ou ampliou-se com a justaposição de morfemas, e assim deu *ruc, luc, lu, lug, lum, lun, licht, light* etc. A determinação das raízes é quase sempre dificílima dadas as suas profundas transformações resultantes das alterações vocálicas e consonantais. Quem poderia ver semelhança entre *zo* de *azoto* e *vi* de *viver*? Pois ambas derivam da raiz indo-europeia *gwye*. Essas raízes modificadas chamam-se *radicais*.

Ao radical *luc*, em português, podem juntar-se alguns morfemas, palavras-prefixos[122] e palavras-sufixos,[123] como em *elucidar, elucidação*. No verbo *elucidar* há uma parte que não se altera ou não se dispensa na conjugação; é *elucid*, onde vemos o radical *luc*, o prefixo *e*, o morfema pospositivo *d* formador de adjetivos, ligado a *luc* pela vogal *i*. Essa morfose composta *elucid* chama-se *tema verbal*. A morfose que se segue imediatamente ao tema chama-se *terminação*. Em *elucidar* a terminação é *ar* [...] em *lúcido, luzerna, lua*, não há terminação porque as vogais finais são meras desinências. [...]

Pode haver, ao contrário do que se ensina geralmente, palavra sem *raiz*; ex.: *como* de *cómedo*, cujo [sic] raiz *ed* desapareceu de modo que a ideia de comer passou à preposição *com*, prefixo.

(II) CÂMARA JR., J. Mattoso. *Introdução às línguas indígenas brasileiras.* Rio de Janeiro: Livro Técnico, 1977, pp. 57-59.

Antigamente os estudos linguísticos tinham sido colocados integralmente, sem exceção, num plano histórico, de sorte que, diante de uma forma, se evocava a forma de origem (origem relativamente falando, pois a origem absoluta nos escapa) e se apreciava a forma atual de acordo com essa forma relativamente originária (para o português, por exemplo, de acordo com a forma latina). É que só se tinha a visão diacrônica da língua, e não a sincrônica, e a forma atual ficava exclusivamente colocada numa cadeia evolutiva (a partir de um dado momento histórico, como o latim para o caso do português) e não era julgada por si mesma. Como a língua é um fato histórico, concluía-se que só podia ser vista no plano da história. Assim se criou a técnica de uma análise mórfica, para as línguas indo-europeias, que nos deu os conceitos de raiz, radical, tema e desinência, que ainda hoje nem sempre se consegue transpor para a análise sincrônica pura.

---

[122] Oiticica (1958: 73): "são palavras antepostas, inalteradamente ou não, aos radicais; exs.: BENEfício, ENTREter, CONTRApor".

[123] Oiticica (1958:73): "são palavras pospostas, inalteradamente ou não, aos radicais; exs.: suaveMENTE, sacrifíCIO, laníGERO".

É imprescindível, porém, fazê-lo, porque a atitude historicista, na análise mórfica destinada a interpretar o valor e a função de uma forma num dado momento da língua, é profundamente perturbadora.

Na sua história, na sua marcha através do tempo, os elementos linguísticos se fundem com outros, desaparecem, mudam de valor ou se multiplicam dentro de uma forma, de tal maneira que é ilusório partir de uma forma primeira, considerada, relativamente, de origem. [...]

Conhecemos todos em português o verbo *comer* e sabemos o que ele significa. A atividade a que se refere o verbo está no elemento *com-*; é ele, portanto, o semantema, sendo *-er* um morfema que muda conforme as ideias gramaticais que o verbo pode apresentar em português (*como, comi, comia* etc.). Ora, o verbo *comer* provém do latim *comedere*, cuja análise mórfica nos dá a raiz *ed-*, que é o semantema, correspondendo exatamente à ideia que temos em *com-* em português, enquanto *-ere* e *com-* são morfemas, cabendo a *com-*, como prefixo, indicar que a atividade se processa entre várias pessoas reunidas (*com-* traz a ideia de reunião). É que havia em latim o verbo *edere*, com que *comedere* é comutável e que era apenas 'comer', ao passo que *comedere* era 'comer com alguém', 'comer em companhia de outrem'. Como a atividade de comer é profundamente social e tinha uma significação muito grande dentro da cultura romana, ninguém a rigor comendo sozinho, mas procurando fazê-lo em companhia num ato simbólico de confraternização, pouco a pouco *edere* foi desaparecendo e o verbo *comedere* foi ficando com o emprego geral que o outro tinha, enquanto em português se reduzia foneticamente a *comer* pelo esvaimento do *-d-* da raiz e fusão do *-e-* da raiz no morfema *-er*. Assim, do ponto de vista diacrônico diríamos que *com-* é um prefixo, como era em latim, e chegaríamos à conclusão absurda de que o nosso vocábulo é só construído de uma terminação verbal e um prefixo que indica 'reunião'. É claro que com tal interpretação o verbo não se compreenderia como designativo da atividade específica que todos lhe atribuímos, mas sim fazer qualquer coisa, fosse o que fosse, em companhia de alguém.

(III) CÂMARA JR., J. Mattoso. *Princípios de linguística geral.* Rio de Janeiro: Acadêmica, 1973, p. 41.

Em linguística sincrônica, a raiz só pode ser o núcleo do vocábulo, a um tempo semântico e formal. Em outros termos, cada vocábulo apresenta em dado estado linguístico uma raiz, que não depende das que teve em estados anteriores.

(IV) CÂMARA JR., J. Mattoso. *Princípios de linguística descritiva.* Petrópolis: Vozes, 1973, p. 51.

Os sufixos derivacionais ampliam a raiz no que se chama o radical. Ou, se adotarmos o termo "radical" para o constituinte lexical básico, a um radical primário se sucedem nas derivações um radical secundário de primeiro grau (*v. g. formal*, como derivado de *forma*), um radical secundário de segundo grau (*v.g.* o radical do verbo *formalizar*, derivado de *formal*), um radical secundário de terceiro grau (como *formalização*, derivado de *formalizar*) e assim por diante.

Para ajudar na discussão

> Ambos os autores focalizam a análise morfológica do verbo *comer*, mas com objetivos diferentes. Para o primeiro autor, um gramático tradicional, cada forma é definida de modo positivo, *i.e.*, cada forma tem um valor absoluto. É este que permite rastreá-la no tempo. Afirmar que *ed-* é uma raiz equivale a dizer que *ed-* é uma raiz de palavras do português atual, do português arcaico, do latim vulgar, do latim clássico... Ou seja: uma vez raiz, sempre raiz. Não importa a intuição do falante, porque não há falante que viva por séculos ou milênios; nem há como imaginar uma comunidade linguística para dados desse tipo. O que importa ao pesquisador é o estabelecimento de como teria sido a língua de origem. Não é essa certamente a visão do estruturalista Câmara Jr.
>
> Para Câmara Jr., os elementos são definidos negativamente: cada elemento vale pelo que não é. Dito de outro modo: cada elemento tem seu valor estabelecido em relação aos outros elementos do SISTEMA, aos outros elementos do código que funciona para comunicação de determinada comunidade. Voltando ao nosso exemplo, não pode, neste contexto, existir uma entidade *raiz* que valha para o português atual, para o romance, para o latim clássico, para o inglês, para o francês... Os elementos linguísticos têm de ser vistos como parte de um único sistema e é nele que podem, por exemplo, ser ou não definidos como raiz.
>
> No sistema do latim clássico, *ed-* funcionava como raiz, depreendida pelo método da *comutação* (*comedere/edere*). No português atual, as relações são outras: *com-* assumiu o valor que pertenceu a *ed-*, e este elemento não mais pode ser visto como a raiz do verbo *comer*, embora funcione como raiz para formas portuguesas pouco usadas como *edaz*, 'voraz, glutão', *edível*, *edule*, 'comestível, que é próprio para ser comido'.

6. Se levarmos em conta a proposta de aquisição da linguagem no texto a seguir, seria necessária, na descrição de uma língua, a distinção entre morfologia, que dá conta das palavras potenciais, e léxico permanente?

Bloomfield, Leonard. *Language.* Chicago: University of Chicago Press, 1984, pp. 29-30. [1. ed. 1933.]

Cada criança que nasce num grupo adquire [...] hábitos de fala e de resposta nos primeiros anos de sua vida. Este é, indubitavelmente, o maior feito que a qualquer um de nós é requerido. Exatamente como as crianças aprendem a falar não se sabe; o processo parece ser algo como o que se segue:

(1) Sob estimulação variada, a criança produz e repete sons vocais. Isto parece ser um traço hereditário. Suponha-se que ela faça um ruído que possa ser representado como *da*, embora, por certo, os movimentos e os sons resultantes difiram de quaisquer dos que são usados na fala convencional em inglês. As vibrações sonoras atingem os tímpanos da criança enquanto ela repete os movimentos. O resultado é um hábito: onde quer que um som semelhante atinja seu ouvido, é

provável que ela faça esses mesmos movimentos bucais, repetindo o som *da*. Tal balbucio treina-a na reprodução de sons vocais que cheguem a seus ouvidos.

(2) Alguém, por exemplo, a mãe, enuncia, na presença da criança, um som que se assemelha a uma das sílabas do seu balbucio. Por exemplo, ela diz *doll* ['**boneca**']. Quando esses sons chegam aos ouvidos da criança, seu hábito (1) entra em jogo e ela produz a sílaba de balbucio mais próxima, *da*. Dizemos que a criança começa a 'imitar'. [...].

(3) A mãe, é lógico, usa suas palavras quando o estímulo apropriado está presente. Ela diz *doll* quando está realmente mostrando para a criança a boneca ou dando-lha. A visão e o manuseio da boneca e a audição e produção da palavra *doll* (isto é, *da*) ocorrem repetidas vezes em conjunto, até que a criança forma um novo hábito: a visão e a sensibilidade em relação à boneca bastam para fazê-la dizer *da*. Ela tem agora o uso de uma palavra. Para os adultos essa palavra pode não soar como as deles, mas isso se deve meramente à imperfeição. Não parece que as crianças possam alguma vez criar palavras novas.

(4) O hábito de dizer *da* ao ver a boneca dá ensejo à formação de outros hábitos. Suponha, por exemplo, que dia após dia dá-se a boneca à criança (e ela diz *da*, *da*, *da*) imediatamente após o banho. Ela tem agora o hábito de dizer *da*, *da*, *da* após o banho. "Ela está pedindo a boneca", diz a mãe, e ela está correta, uma vez que o "pedir" ou o "querer" coisas dos adultos é sem dúvida apenas um tipo mais complicado da mesma situação. A criança entrou agora no discurso *abstrato* ou *deslocado* [ingl. *displaced*]: ela nomeia uma coisa mesmo quando esta não está presente.

Para ajudar na discussão

O texto apresenta a concepção filosófica acerca da natureza da aquisição do conhecimento, particularmente, da aquisição da linguagem, que permeou o estruturalismo e que ficou conhecida como *empirismo*. Por essa perspectiva, "*todo o conhecimento deriva apenas dos sentidos, por operações elementares de associação e 'generalização'*" (Chomsky, 1975 [1965]: 142).

A partir da experiência, desenvolvemos *hábitos* de vários tipos. Um desses tipos constitui-se nos *hábitos de fala*. Para tornar-se um hábito, um comportamento linguístico, que aparece como resposta a um estímulo ambiental, deve ser reforçado. No estágio (1) da ilustração de Bloomfield, o nome aparece na fala da criança como o resultado de condicionamento: surge da experiência direta de ver a boneca, somada à "impressão auditiva", e é aprendido em isolado, fora de frases. O processo de aprendizado do verbo (ao menos de verbos volitivos) fica um pouco menos claro: quando a boneca não estiver no seu campo visual, a criança deverá associar ao aumento de volume da voz (isto é, ao grito) a mesma sequência fonêmica que utilizava como resposta à visualização da boneca (*da*). Como, a partir daí, ela chegará a verbos como *pedir*, *querer* é obscuro.

> É a mãe que assume o papel de reforçar o aprendizado da criança no exemplo de Bloomfield. A tarefa da mãe consiste em ensinar a criança a falar, descrevendo aspectos de uma cena a que a criança assiste. Esta, por seu turno, *mutatis mutandis*, equivale a uma esponja: apenas exterioriza, ou *imita*, aquilo que absorve por ouvir infinitas vezes em associação com algum objeto que simultaneamente percebe pelos sentidos. Por conseguinte, não se considera a hipótese de uma *faculdade da linguagem*. Não há uma capacidade especial para desenvolver uma língua.

7. Elabore para cada uma das listas de palavras seguintes:
   i. *verter, inverter, reverter, converter, versão, vertebrado, subversivo, atravessar, universo.*
   ii. *morfema, morfologia, isomórfico, morfina.*
      a. argumentos favoráveis a uma análise que lhes aponte a mesma raiz no português atual; e
      b. argumentos contrários a uma análise que lhes aponte a mesma raiz no português atual.

   Em cada caso, qual o conceito de *raiz* que levou em conta?

8. Podemos propor um morfema de *negação* para as palavras do português *não, nenhum, nada, nenhures, ninguém*?

9. Podemos propor que as partes em negrito em **nariz, nasal, pincenê** são realizações de um mesmo morfema?

> Para ajudar na discussão
>
> Todas as palavras listadas em (i) apresentam a sequência /vert/, /vers/ ou /vess/ e têm o mesmo étimo: derivam de *versus*, particípio passado de *vertere*, como apontado a seguir.
>
> > verter < lat. *vertere* 'voltar, virar, transformar, destruir, mudar'
> >
> > reverter < lat. *re + vertere* 'tornar atrás'
> >
> > subverter < lat. *sub + vertere* 'fazer voltar por baixo, voltar com o de baixo para cima'
> >
> > versão < lat. *versio < versus* 'ato de tornar, voltar'
> >
> > vértebra < lat. *vertebra* 'junto'
> >
> > atravessar < lat. *transversu-* 'pôr ao través'
> >
> > universo < lat. *universus < unus + versus* 'inteiramente voltado para'
>
> Para um gramático tradicional, o étimo comum é argumento suficiente para que se atribuam todas essas formas a uma mesma raiz, uma vez que, para ele, a raiz é, por

definição, "o elemento significativo originário e irredutível da palavra, cuja determinação exige um largo conhecimento não só da história do português e do latim, mas, principalmente, das formações primitivas das línguas indo-europeias" (Cunha, 1972: 96). Afinal, a grande pergunta dos estudos linguísticos de meados do século XIX, no tocante à estrutura das palavras, dizia respeito à língua original. Por essa razão, a existência de identidade fonética distintiva era irrelevante para a determinação das raízes. Como perguntava Oiticica, "quem poderia ver semelhança entre *zo* de *azoto* e *vi* de *viver*", representantes em português da raiz **gwye*?

Como vimos anteriormente, no entanto, os estudos linguísticos do século XX não consideraram esse argumento válido, porque introduziram a noção de SISTEMA na pesquisa linguística. A noção de SISTEMA é incompatível com a visão historicista: o SISTEMA é social, funda a *comunidade linguística*, na medida em que ele permite a comunicação entre os membros dessa comunidade. Por conseguinte, o tempo não pode ser contado em milênios ou séculos, porque um falante não vive tanto. Um estruturalista como Câmara Jr., por exemplo, não abandonou a definição tradicional de raiz porque fosse dificílimo determinar esse elemento originário, mas porque o quadro teórico com que trabalhava não permitia pinçar formas isoladas em diversos sistemas, e traçar sua evolução ao contrário, em busca de uma origem comum[4].

Numa teoria que leve em conta a noção de sistema não há como apontar uma única raiz para todas as palavras acima. Isso porque a raiz passa a ser o núcleo *semântico e formal* de uma palavra. Assim, apesar da recorrência da sequência /vert/ (ou /vers/, ou /vess/), não há como relacionar semanticamente, no português atual, *atravessar*, *subversivo*, *universo* e *vertebrado*. Um falante do português atual desconhece, geralmente, os étimos das palavras de sua língua; mas, caso tais informações façam parte de seu conhecimento acerca do português, são elas irrelevantes para o seu desempenho linguístico.

As palavras em (ii), no entanto, não seriam grupadas na mesma família em qualquer das hipóteses apresentadas. Um gramático tradicional apontaria étimos diferentes para as raízes de *morfologia* e *morfina*: respectivamente, *morphe* 'forma' e *Morpheus* 'deus do sono e dos sonhos'. Um gramático que adotasse a noção de sistema apontaria a falta de relação semântica entre esses vocábulos para um falante do português atual, a despeito da identidade de uma sequência específica de fonemas.

Quanto a **não, nenhum, nada, nenhures, ninguém**. Se identificarmos {n-} como um morfema de negação em português, ficamos com a seguinte questão: segmentamos cada uma dessas palavras como /n-/ mais, respectivamente, /-enhum/, /-ada/, /-enhures/, /-inguém/? (Podemos criar ainda outras subdivisões, como /-enh-/, /-guém/, /-ures/, com base na recorrência de segmentos, a partir da comutação com dados como *algum, algures, alhures, alguém*.) O problema é que essa segmentação parece contraintuitiva, embora se possa atribuir ao /n-/ algum tipo de unidade fonético-semântica (ver seção "Alguns problemas para a análise morfêmica").

Quanto a *nariz, nasal, pincenê*. Voltamos à questão de levarmos em conta o étimo para a decisão de se estamos ou não diante de uma mesma forma. Em latim, *nasus*,

-i e a forma *naris*, *-is* prendem-se a uma raiz *nas. O port. *nasal*, o fr. *nez*, o al. *Nase* derivam diretamente de *nasus-i*, ao passo que *nariz*, *narina*, o fr. *narine*, o it. *narice* derivam de *naris*, *-is*. Para um gramático tradicional, ambos os grupos estão filiados a uma mesma família, a da protorraiz *nas. Afora essa relação, histórica, manteve-se em português a relação semântica entre *nasal* e *nariz*; não há, porém, como apontar uma unidade fonético-semântica para *nas-* e *nar-*. Caso sejamos tentados a propor uma regra de rotacismo, teremos dificuldades em especificar em que contexto ela atua, e por que estabelecemos uma regra somente para essa forma. Quanto à *pincenê* (do fr. *pince-nez*), perdeu-se, em português, a relação entre a sílaba final e o significado 'nariz', existente na língua de origem do empréstimo.

10. Uma das frases mais famosas do período estruturalista foi escrita por Martin Joos: "*As línguas podem diferir sem limites e de modos imprevisíveis*" (Joos, 1957: 96). Contra-argumente com base em dados de línguas naturais.

11. O texto a seguir analisa o verbo em português e, para isso, introduz o conceito de *raízes de formação* ou *formações priscianicas* (Matthews, 1974; 1991). Aponte as diferenças entre essa descrição e aquela apresentada por Câmara Jr. nos capítulos 13 e 14 de *Estrutura da língua portuguesa*.

    REIS, Otelo. 1965. *Breviário da conjugação dos verbos da língua portuguesa*. Rio de Janeiro: Livraria Francisco Alves, pp. 7; 18-19.

    Tempos primitivos

    A analogia da gramática latina e a observação de como em certos verbos visivelmente se derivam umas formas de outras fazem-nos admitir três *formas primitivas* na conjugação dos verbos: o *infinitivo impessoal*, o *presente do indicativo* e o *perfeito do indicativo*. As demais formas são *derivadas*. [...]

    Formação dos tempos simples

    [...] três são os *tempos primitivos* do verbo, ou *raízes de formação*: o *infinitivo impessoal*, o *presente do indicativo*, o *pret. perfeito do indicativo*.

    Da primeira raiz, isto é, do *infinitivo impessoal*, formam-se seis tempos simples: o *pret. imperfeito*, *o futuro do presente* e o *futuro do pretérito*, todos do indicativo; o *infinitivo pessoal*, o *gerúndio* e o *particípio*: Ex.: De *cab-er*: *cab-ia*, *cab-erei*, *cab-eria*, *cab-ermos*, *cab-endo*, *cab-ido*.

    Da segunda raiz, isto é, do *indicativo presente* (da 1ª pessoa), forma-se o *presente do subjuntivo*. Ex.: De *trag-o*: *traga*, *tragas*, etc.

    Da terceira raiz, isto é, do *perfeito do indicativo*, formam-se o *mais-que-perfeito do indicativo*, o *imperfeito do subjuntivo* e o *futuro do subjuntivo*. Ex.: De *trouxe*: *trouxera*, *trouxesse*, *trouxer*. O *imperativo* forma-se do *presente do indicativo* e do *presente do subjuntivo*: as pessoas *tu* e *vós* são tiradas das correspondentes do indicativo presente, suprimida a letra *s* final; as pessoas *você*, *nós* e *vocês* são tiradas do subjuntivo, sem alteração. O imperativo negativo é todo tirado do subjuntivo. Ex.: De *amas* e *amais*: *ama* e *amai*; de *ame*, *amemos*, *amem*: *ame*, *amemos*, *amem*; *Não ames*, *não ame*, *não amemos*, *não ameis*, *não amem*.

Quanto ao mecanismo da substituição das terminações para formar os tempos simples acima referidos bastará olhar a tábua geral das terminações dos verbos regulares.

12. Observe o esquema a seguir, para o **pretérito imperfeito** em português:

raiz	+1	+2	+3
	a	va	ø
	i	ve	s
		ia	ø
		ie	mos
			is
			m

   a. Se entendermos flexão como aquilo que na palavra é relevante para a sintaxe, quais seriam as marcas indubitavelmente flexionais na sequência anterior?
   b. A vogal temática é diretamente relevante para a sintaxe? Vamos considerá-la um elemento flexional ou derivacional?

Glossário

Ablaut, *v. apofonia*

adjetivo
Palavra de uma classe que funciona como modificador do nome, como *branco* em *o cavalo branco*.

adposição
Termo que engloba *preposições* e *posposições,* elementos que ocorrem, respectivamente, antes ou depois de um complemento que inclui um nome, pronome, sintagma nominal ou oração que funciona como um sintagma nominal e, em conjunto com o complemento, expressam sua relação com outra unidade na oração (*SIL– Glossary of Linguistic Terms*).

advérbio
A tradição incluiu entre os advérbios vários tipos de elementos que podem ser vistos como constituindo diversas classes menores. Essa constatação levou Ilari et al. (1991: 80) a afirmarem, no primeiro volume da *Gramática do português falado*, que "[t]odas as evidências de que dispomos apontam para o fato de que o advérbio *não* é uma classe de palavras com características morfossintáticas uniformes". Funcionalmente, os advérbios têm sido apresentados como modificadores por excelência – entendendo-se "por modificação o mesmo que predicação" (Castilho, 2010: 542) – do verbo, do adjetivo e do advérbio, além do sintagma verbal e da própria sentença (isto é, o que não é nome), embora Castilho (2010: 543) apresente também exemplos em que o escopo é o nome, como em "ele é *muito* homem" ('muito viril') e "ele é *muito* gente" ('muito generoso'). Ilari et al. (1991: 85-7) expandem o conceito de advérbio para abranger elementos "com funções próprias na organização discursiva", como *agora, então, aí, inclusive*: ***Agora**, eu não gostei nada de ouvir isso;* ***Inclusive** ele desmentiu.*
Em geral, os advérbios modificadores da sentença expressam a atitude do falante em relação àquilo de que fala (***Felizmente** ele não estava mais aqui*); os que modificam o verbo expressam tipicamente tempo, lugar, direção, modo (*Falava **lentamente***); os que modificam o adjetivo ou outro advérbio costumam expressar grau (É ***extremamente*** rico) (Schachter, 1985: 20).
Ao contrário do nome, do verbo e do adjetivo, o *status* do advérbio como classe independente dos adjetivos é frequentemente questionado. Para alguns autores, como Reis (1997), a classe de *redondo* seria a mesma, adjetivo, e se adverbilizaria ou não na sintaxe em exemplos como: *a cerveja que desce **redondo**, a cerveja que desce **redondamente**, a*

cerveja que desce **redondissimamente**; *bola* **redonda**, *bola* **redondíssima**, **bola* **redondamente**.
Nem todos os subconjuntos de advérbios formam classes abertas. Em português, por exemplo, a formação de novos advérbios, especialmente de modo, se faz com o sufixo *-mente* (Sandmann, 1989: 76 ss), a partir de adjetivos. Para as noções de tempo e espaço a produtividade é quase inexistente.

afixo
Elemento que se distingue pela posição que toma em relação à raiz ou à base. Assim, em relação a essa estrutura morfológica, os *prefixos* a antecedem, como *re-* em *reler*; os *sufixos* a seguem, como *-al* em *arrozal*; os *infixos* são inseridos na raiz; à combinação de prefixo e sufixo considerados como uma única unidade, *circunfixo* (**a**-*manh*-**ecer**).

anafórico
Elemento que não tem referência independente, mas sim ligada a um termo antecedente.

apofonia
Variação morfológica da vogal da raiz, como a alternância entre *e* e *o* em diferentes línguas indo-europeias ou na mesma língua, como gr. *pod-* (*pous, podós*), lat. *ped-* (*pes, pedis*); V. Ablaut.

argumento
Posição sintática exigida pelo verbo. Uma construção como *O menino quebrou a janela* tem dois argumentos: *o menino* (sujeito transitivo) e *a janela* (objeto transitivo).

auxiliar
Verbo que expressa categorias do *verbo lexical* que acompanha, como tempo, modo, aspecto, voz: ***vou** cantar*, ***tinha** comprado*.

base
A unidade sobre a qual atua um processo morfológico como, por exemplo, a adição de um afixo: *transform-* e *terceiro-mundo* são as bases, respectivamente, de *transformar* e *terceiro-mundista*. Bauer (2004: 21) considera a raiz e o radical subtipos de base.

benefactivo
Caso que indica em favor de quem algo é feito.

circunfixo, *v. afixo*.

classe aberta ou principal
Classe de palavras cujos membros não podem ser enumerados exaustivamente, porque sempre poderia ser adicionado mais um elemento. Em português, nomes, adjetivos e verbos são classes abertas.

classe de palavras
Grupo de palavras que compartilham características sintáticas e morfológicas. Nesse sentido, o nome é uma classe, como também o adjetivo, o verbo, a preposição. Na nomenclatura tradicional, *parte do discurso*. (Em algumas correntes gerativas, *categoria lexical* inclui apenas nome, verbo, adjetivo e preposição.)

classe fechada ou menor
Classe de palavras cujos membros podem ser enumerados exaustivamente, uma vez que são em número limitado e porque dificilmente há a entrada de um novo elemento. Em português, conjunção, preposição, determinantes (por exemplo, *o, a, este, esse*) constituem-se em classes fechadas.

classificador
Algumas línguas exigem que nomes modificados por numerais sejam acompanhados por partículas selecionadas pelo nome, na medida em que o nome refira um ser humano, um animal etc.

clítico
Forma que sintaticamente se assemelha a uma palavra e fonologicamente, a um afixo. No estudo das línguas românicas, o termo *clítico* praticamente se tornou sinônimo de pronome pessoal átono; no entanto, a denominação é mais geral que isso. As dez proclíticas do grego (Freire, 1997: 153) servem para exemplificar o quanto pode parecer heterogêneo esse grupo, que, ao contrário dos demais, não é definido funcionalmente:
a. o artigo: ὁ, ἡ, οἱ, αἱ
b. três preposições: ἐκ, εἰς, ἐν
c. duas conjunções: ὡζ, εἰ
d. a negação: οὐ
Ao contrário dos demais tipos de palavras, o clítico:
(a) tem uma posição fixa em relação a um outro elemento da oração (que nos dá as *proclíticas* e as *enclíticas*); (b) tem posição relativamente fixa em relação a outros clíticos – em português de Portugal (uma vez que no Brasil é construção em desuso), por exemplo, o clítico de dativo antecede o de acusativo: *lha, mo, ta, to* (mas não **alhe, *ome...*); (c) em geral se apresenta sem acento, embora em determinadas condições possa receber acento: as proclíticas gregas são acentuadas se antes de uma enclítica.

composicionalidade
Princípio descritivo segundo o qual o significado de uma expressão, seja uma palavra, um sintagma ou uma frase, resulta da soma dos significados de suas partes formadoras.

comunidade linguística
Nas palavras de Charles Hockett (1958: 8), "*o conjunto total de pessoas que se comunicam entre si, direta ou indiretamente, por meio de uma língua comum*". Estudos sobre o aspecto social das línguas conduziram a uma revisão do conceito de *comunidade linguística*: não é um grupo de falantes que necessariamente tem uma língua comum, como afirmava Hockett, mas um grupo que compartilha da mesma conduta linguística em diferentes situações (Silva-Corvalán, 1989).

conjunção
Palavra que une elementos:
a. com *status* sintático equivalente, caso das conjunções coordenativas (*cama* **e** *mesa, feio* **mas** *gostoso, entrou cedo* **ou** *saiu tarde*); ou
b. com diferente *status* sintático, em que um elemento se subordina ao outro, caso das conjunções subordinativas (*satisfeito*, **embora** *cansado*).
Segundo Câmara Jr. (1973a: 119), alguns autores reservam a denominação *conjunção* apenas para as coordenativas, considerando as subordinativas e as preposições como conectivos subordinativos.
Dentre o conjunto das conjunções subordinativas, costumam-se destacar três tipos. *Completizadores* ou *complementizadores* indicam que a oração que delimitam é complemento de um verbo, de um nome ou de um adjetivo. São exemplos no português as conjunções subordinativas *que, se*, que introduzem orações subordinadas declarativas finitas. Os *relativizadores* marcam uma oração como relativa, sem, no entanto, exercer qualquer função – e nisso se distinguem dos pronomes relativos. *Adverbializadores*, por seu turno, são indicadores de que a oração apresenta função adverbial, como tempo, propósito, resultado (Schachter, 1985: 51).

cópula

A *cópula* (ou *verbo de ligação*) praticamente não tem significado independente e expressa uma relação de equivalência semântica existente entre um sujeito e um complemento. Em português, um pequeno conjunto de verbos exerce essa função: *ser, estar, andar, parecer, continuar*. Em algumas línguas distingue-se a cópula dos *predicadores* porque estes são empregados quando não há sujeito claramente expresso (Schachter, 1985: 55).

definitude

Elemento do constituinte nominal que permite distinguir se sua referência se faz a um elemento determinado ou não. No português, esse elemento é o artigo; em outras línguas essa marca pode ser um afixo.

determinante

Artigos, como *o, um*, e *demonstrativos*, como *este, esse, aquele*, são determinantes. Para alguns autores, este rótulo está restrito apenas a artigos e demonstrativos. Num uso mais amplo, artigos e demonstrativos são *determinantes referenciais* e destacam-se de dois outros tipos de determinantes: os *quantificadores*, palavras que denotam quantidade, como *todos, ambos, cada, algum* e numerais cardinais; e os *possessivos*, como *seu, meu*, por exemplo.

dimensão

Cada um dos "tipos de contrastes no interior de um paradigma" (Matthews, 1972: 161).

distribuição

O conjunto de ambientes em que uma forma pode ocorrer.

distributivo

Item que refere individualmente cada elemento de um conjunto, como *cada, todo, nenhum*.

forma finita

Aquela limitada por tempo/modo, número/pessoa.

ideofone

Palavra onomatopaica que, em diferentes línguas, funciona como nome, verbo, adjetivo ou advérbio, mas que forma classe fechada. Em uari, por exemplo, os *ideofones* são numerosos e funcionam como verbos e nomes. No caso dos verbos, a cadeia sonora reproduz o ruído produzido pela ação; no caso dos nomes, imita vozes de animais, ou ruídos provocado por objetos, como os **ideofones verbais** (Everett e Kern, 1997: 427-31): *axem* 'espirrar', *pa'/parapa'* 'matar', *we'* 'vomitar'; **ideofones nominais:** *ahoo'ahoo* 'jaguar', *too* 'objeto de metal'. Essas formas podem receber flexões como quaisquer outros verbos ou nomes (Everett, 1998: 702).

infixo, *v. afixo*.

interjeição

Forma para a expressão de emoções que não tem relação sintática com o restante da frase. Em geral, as interjeições são apresentadas em listas segundo o tipo de emoção que expressam: em português, por exemplo, temos *ai, ui*, para dor, *oba* para satisfação.

leis fonéticas

A mais famosa das leis fonéticas e a primeira a ser proposta foi a *lei de Grimm*. A *lei de Verner* e a *lei de Grassmann* procuraram complementá-la. A *lei de Grimm* (de Jacob Grimm, 1785-1863) estabelece alternâncias sistemáticas entre consoantes do latim, do grego, do sânscrito e do gótico. Assim, por exemplo, onde havia /p/ no latim, grego e sânscrito, as línguas germânicas tinham /f/; onde as primeiras tinham /d/, as línguas germânicas tinham /t/. Assim 'pé': lat. *pedis*, gr. *podós* e sanscr. *padas*, mas gót. *fotus*. Havia, no entanto, alguns dados que pareciam contradizer as correspondências propostas por Grimm. Por exemplo, se ao lat. *frater* 'irmão' correspondia o gót. *broθer*, ao lat. *pater* 'pai' correspondia *fadar* e não a forma esperável *faθar*. Karl Verner (1846-1896) conseguiria explicar a aparente exceção ao levar em conta a posição do acento na palavra correspondente em sânscrito. Hermann Grassmann (1809-1877) procuraria explicar outras exceções à lei de Grimm propondo que ela não se aplicaria caso fosse possível postular aspiradas em sequência no protoindo-europeu

metafonia
"Mudança fonética associada à estrutura morfológica do vocábulo, o que explica que o elemento assimilador possa ser foneticamente mais fraco do que o elemento assimilado, quando o sufixo flexional é átono e a raiz ou sufixo lexical tem acento vocabular" (Câmara Jr, 1973b: 259); V. Umlaut.

morfe
Sequência fônica a que é possível atribuir significado e que será posteriormente classificado num morfema. O morfema é, por conseguinte, uma abstração em relação ao morfe, do mesmo modo que o fonema o é em relação ao fone: um *morfema é uma classe de morfes*, isto é, cada *morfe*, ou *alternante morfêmica*, é um elemento de um conjunto (que pode ser unitário) formador de uma unidade estrutural, que é o morfema.

nome
Em termos gerais, a função principal do nome é funcionar como núcleo de um sintagma nominal, um argumento de um predicado; e a do verbo, como núcleo de um predicado. Para Dixon (2010: II, 41), seria esse o esquema canônico. Mas há línguas em que o nome pode ser núcleo do predicado, ou em que tanto o verbo como o nome podem ocupar esses núcleos. "A classe dos nomes sempre inclui termos que se referem a objetos concretos e a classe dos verbos sempre inclui lexemas que descrevem ações" (Dixon, 2010 II: 38).

paradigma
O conjunto de formas de uma palavra de determinada classe flexional para a expressão das diferentes categorias gramaticais.

posposição, *v. adposição.*

predicador, *v. cópula.*

prefixo, *v. afixo.*

preposição, *v. adposição.*

pró-formas
Palavras que substituem uma palavra lexical, ou um sintagma, ou mesmo uma oração ou sentença. Os pronomes substituem nomes ou sintagmas nominais. Vários tipos de pronomes são reconhecidos de há muito: pessoais, reflexivos, recíprocos, demonstrativos, relativos. Pró-adjetivos, pró-advérbios e pró-verbos podem substituir, respectivamente, tanto um A, um Adv ou um V, como um sintagma. Um exemplo de pró-verbo

em português (ou *verbo vicário*, na nomenclatura tradicional) são certos usos de *fazer* em frases do tipo: *Ainda não comprei o vestido, mas faço isso hoje.*
A pró-oração substitui uma oração. Vejamos alguns exemplos:
a. ptg. Ele vem, né?
   fr. Il vient, n'est-ce pas?
b. ptg. Eu acho que sim.
   ingl. I believe so.

Entende-se por pró-sentença a palavra que pode, em isolado, servir de resposta a uma pergunta polar, como nos exemplos do português e do francês (a-b), ou a perguntas existenciais que equivalem a uma sentença afirmativa ou a uma sentença negativa:
a. Você vai à festa? Não.
   Você gosta de bolo? Sim.
b. Il vient? Oui. (Schachter, 1985: 32)
   Il ne vient pas? Si.

radical, *v. raiz*

radical primário, *v. raiz.*

radical secundário, *v. raiz.*

raiz
Elemento mínimo de significado lexical. Se for ampliado por derivação ou por composição, forma o radical ou radical secundário. Em *transformar*, por exemplo, temos um *radical* ou *radical secundário transform-*. Retirado o prefixo (*trans-*), ficamos com a *raiz* ou *radical primário* form-. Em *terceiro-mundista*, temos um radical, *terceiro-mundo*, que é a base do derivado em *-ista*; temos, porém, duas raízes.

relações gramaticais
As relações entre predicados e argumentos. *Sujeito, objeto direto, objeto indireto, ergativo, absolutivo* são termos com que designamos relações gramaticais. Essas relações são marcadas, em geral: (a) sintaticamente, pela ordem dos constituintes (em português, o sujeito costuma preceder o verbo, ao passo que o objeto costuma vir depois dele); (b) morfologicamente, pela marcação de Caso (*direto*, se a estrutura nominal diz respeito a um predicado, ou *oblíquo*, se a estrutura não tem relação direta com um predicado), e pela indicação, no verbo, dos participantes (o que nos habituamos a chamar *concordância verbal*). (ver Payne, 1997; Palmer, 1994).

sufixo, *v. afixo.*

supino
Forma nominal do verbo latino em *-um*, empregada com verbos de movimento, ou em *-u*, com adjetivos. O supino pode ser traduzido como indicando a finalidade (algo como *lusum*, 'para jogar', *auditum* 'para ouvir').

supletivismo
A introdução da heteronímia no paradigma flexional.

Umlaut, *v. metafonia*

Referências bibliográficas

(Nota: Levando em conta que o endereço de rede indicativo de cada Localizador Padrão de Recursos – URL – referido neste livro pode não funcionar dias depois de ser acessado, informo que cada um foi conferido em 17 de maio de 2018 e que, então, respondia satisfatoriamente.)

ABREU, Kátia. *Um caso de morfologia improdutiva no português do Brasil*: a formação de siglas e de acrônimos. Rio de Janeiro, 2004. Dissertação (Mestrado em Linguística) – Universidade Federal do Rio de Janeiro.
_____. *Um estudo sobre as siglas do português do Brasil.* Rio de Janeiro, 2009. Tese (Doutorado em Linguística) – Universidade Federal do Rio de Janeiro.
ALI, Manuel Said. *Grammatica secundaria da lingua portugueza*. São Paulo: Cia. Melhoramentos de São Paulo, s.d.
_____. *Gramática histórica da língua portuguesa*. 7. ed. melhorada e aumentada de *Lexeologia e formação de palavras e sintaxe do português histórico*. Estabelecimento do texto, revisão, notas e índices Maximiano de Carvalho e Silva. Rio de Janeiro: Livraria Acadêmica/Melhoramentos, 1971 [1. ed. 1931].
ALLARD, J.; FEUILLÂTRE, E. *Grammaire grecque*. Paris: Hachette, 1969.
ALLEN Jr., Joseph H. D. "Portuguese Word-Formation with Suffixes". *Language*. 17(2), Language Dissertation 33, 1941.
ALTER, Stephen G. "Darwin and the Linguists: the Coevolution of Mind and Language, Part 1. Problematic Friends". *Studies in History and Philosophy of Biological and Biomedical Sciences*. 38, 2007, pp. 573-84.
AMSLER, Mark. *Etymology and Grammatical Discourse in Late Antiquity and the Early Middle Ages*. Amsterdam: J. Benjamins, 1989.
ANCHIETA, José de. *Arte de grammatica da lingoa mais usada na costa do Brasil.* Coimbra: Antonio de Mariz, 1595.
ANDERSON, Stephen R. "Where's Morphology?" *Linguistic Inquiry*. 13 (4), 1982, pp. 571-612.
_____. Typological Distinctions in Word Formation. In: SHOPEN, Timothy (Ed.). *Language Typology and Syntactic Description*. v. 3. Cambridge: Cambridge University Press, 1985a, pp. 3-56.
_____. Inflectional Morphology. In: SHOPEN, Timothy (Ed.). *Language Typology and Syntactic Description*. v. 3. Cambridge: Cambridge University Press, 1985b, pp. 150-201.
_____. Morphological Theory. In: NEWMEYER, Frederick (Ed.). *Linguistics*: The Cambridge Survey. v. 1. Cambridge: Cambridge University Press, 1988, pp. 146-91.
_____. *A-Morphous Morphology*. Cambridge: Cambridge University Press, 1992.
_____. "A Formalist's Reading of Some Functionalist Work in Syntax". 1996. Disponível em: <https://cowgill.ling.yale.edu/sra/milwaukee.pdf>.
_____. *Morphology and the Architecture of Grammar*. Súmula das aulas do V Encontro de Estudos em Gramática Gerativa, 28 de julho a 1º de agosto de 1997, Rio de Janeiro, UFRJ, 1997. Manuscrito.
ANÔNIMO. *Estoria de muy nobre Vespesiano emperador de Roma*. Lisboa: Valentim Fernandes, 1496.
APOLÔNIO DÍSCOLO. *Sintaxis*. Intr., traducc. y notas por V. Bécares Botas. Madrid: Gredos, 1987.
ARISTÓTELES. *Arte retórica e arte poética*. Pref. de Goffredo Telles Jr.. Trad. Antônio Pinto de Carvalho; introd. e notas de J. Voilquin e J. Vapelle. Rio de Janeiro: Tecnoprint, s.d.
_____. Metaphysics. In: *Aristotle in 23 Volumes*. v. 17, 18. Trad. Hugh Tredennick. Cambridge/London: Harvard University Press/William Heinemann Ltd. 1933, 1989. Disponível em: <http://www.perseus.tufts.edu/hopper/text?doc=Perseus%3Atext%3A1999.01.0052%3Abook%3D5%3Asection%3D1014a>.

_____. *Organon*. v. 1: I. *Categories*; II. *De l'Interprétation*. Traduct. et notes par J. Tricot. Paris: Librairie Philosophique J. Vrin., 1997 [1. ed. 1959].

_____. *Topics*. Trad. W. A. Pickard-Cambridge. Adelaide: University of Adelaide, 2015. Disponível em: <https://ebooks.adelaide.edu.au/a/aristotle/a8t/complete.html#book1>.

ARNAULD, Antoine; LANCELOT, Claude. *Grammaire générale et raisonée, contenant les fondements de l'art de parler, les raisons de ce qui est commun a toutes les langues, et des principales différences qui s'y rencontrent, etc*. Paris: Republications Paulet, 1969 [1. ed. 1660].

_____; _____. *Gramática de Port-Royal ou Gramática geral e razoada* [...]. Trad. Bruno F. Basseto e Henrique G. Murachco. São Paulo: Martins Fontes, 1992 [1. ed. 1660].

ARONOFF, Mark. *Word Formation in Generative Grammar*. Cambridge: MIT Press, 1976.

_____. "A Decade of Morphology and Word Formation". *Annual Review of Anthropology*. 12, 1983, pp. 355-75.

_____. *Morphology by Itself*: Stems and Inflectional Classes. Cambridge: MIT Press, 1994.

_____. Morphology between Lexicon and Grammar. In: BOOIJ, Geert; LEHMANN, Christian; MUGDAN, Joachim (Eds.). *Morphology*: an International Handbook on Inflection and Word-Formation. v. 1. Berlin: Walter de Gruyter, 2000. pp. 344-49.

_____. Darwinism Tested by the Science of Language. In: BOWERN, Claire; HORN, Laurence; ZANUTTINI, Raffaella (Eds.). *On Looking into Words (and Beyond)*. Berlin: Language Science Press, 2017, pp. 443-56.

_____.; ANSHEN, Frank. Morphology and the Lexicon: Lexicalization and Productivity. In: SPENCER, Andrew; ZWICKY, Arnold (Eds.). *The Handbook of Morphology*. Oxford: Blackwell, 1998, pp. 236-47.

_____. FUDEMAN, Kirsten. *What is Morphology?* Oxford: Blackwell, 2005.

_____; VOLPE, Mark. Morpheme. In: BROWN, Keith (Ed.). *Encyclopedia of Language and Linguistics*. 2. ed. v. 8. Boston: Elsevier, 2006, pp. 274-276.

AULETE, Francisco Júlio de Caldas. *Diccionario contemporaneo da lingua portuguesa*. Lisboa: Imprensa Nacional, 1881, 2 v.

BARATIN, Marc. *La naissance de la syntaxe a Rome*. Paris: Minuit, 1989.

BARROS, João de. *Grammatices rudimenta*. 1538. Disponível em: <http://purl.pt/25000>.

_____. *Grammatica da lingua portuguesa*. Olyssipone: apud Lodouicum Rotorigiu[m], Typographum, 1540.

BASÍLIO, Margarida. "Segmentação e classificação de morfes". *Cadernos da PUC-RJ*. 15, 1974a, pp. 79-87.

_____. "Operacionalização do conceito de raiz". *Cadernos da PUC-RJ*. 15, 1974b, pp. 89-94.

_____. *Estruturas lexicais do português*: uma abordagem gerativa. Rio de Janeiro: Vozes, 1980.

_____. *Teoria lexical*. São Paulo: Ática, 1987.

_____. "Verbos em -a(r) em português: afixação ou conversão?" *D.E.L.T.A.*. 9(2), 1993, pp. 295-304.

_____. "Em torno da palavra como unidade lexical: palavras e composições". *Veredas*. 4(2), 2000, pp. 9-18.

_____. "O conceito de vocábulo na obra de Mattoso Câmara". *D.E.L.T.A.*. 20, n. especial, 2004, pp. 71-84.

_____. "Metáfora e metonímia em nomes compostos em português: um estudo de construções S-ADJ". *Linguística*. 12(1), 2016, pp. 95-109.

BATHE, William. *Janua linguarum siue modus maxime accomodatus, quo patefit aditus ad omnes linguas intelligendas*. Salamanca: Francisco de CeaTesa, 1611.

BAUER, Laurie. "Query: Origin of 'un système où tout se tient'". *Linguist List*. 14.1954, 2003. Disponível em: <http://linguistlist.org/pubs/sums/summary-details.cfm?submissionid=31271>.

_____. *A Glossary of Morphology*. Washington: Georgetown University Press, 2004.

BECHARA, Evanildo. *Moderna gramática portuguesa*. Ed. rev. e ampliada. Rio de Janeiro: Lucerna, 1999.

BECKER, A. L. *Beyond Translation*: Essays towards a Modern Philology. Ann Arbor: University of Michigan Press, 1995.

BERG, Márcia Barreto. "A natureza categorial da preposição". *Revista de Estudos da Linguagem*. 7(1), 1998, pp. 107-24.

BISCHOFF, B. *Latin Paleography*: Antiquity and The Middle Ages. Cambridge: Cambridge University Press, 1986.

BLAND, Cynthia Renée. *The Teaching of Grammar in Late Medieval England*. East Lansing: Colleagues Press, 1991.

BLOOMFIELD, Leonard. A Set of Postulates for the Science of Language. In: JOOS, Martin (Ed.). *Readings in Linguistics I*: the Development of Descriptive Linguistics in America (1925-56). Chicago: University of Chicago Press, 1966, pp. 26-31 [1. ed. 1926].

_____. *Language*. Chicago: University of Chicago Press, 1984 [1. ed. 1933].

BOTELHO, José Mário. *O gênero imanente do substantivo no português*. Rio de Janeiro, 1996. Dissertação (Mestrado) – Pontifícia Universidade Católica do Rio de Janeiro.

BOTHA, Rudolph P. *Challenging Chomsky*: the Generative Garden Game. Oxford: Basil Blackwell, 1989.

BOUISSAC, Paul. *Saussure*: a Guide for the Perplexed. London: Continuum, 2010.
BRAGA, Teophilo. *Manual da historia da litteratura portugueza*. Porto: Chardron, 1875.
BRUSCIOTTO DE VETRALLA, Giacinto. *Grammar of the Congo Language as Spoken Two Hundred Years Ago, Translated from the Latin of Brusciotto*. Edited (with a preface) by H. Grattan Guinness. London: Harley House Hodder & Stoughton, 1882 [1. ed. 1659].
CÂMARA JR., Joaquim Mattoso. *Estrutura da língua portuguesa*. Petrópolis: Vozes, 1972 [1. ed. 1970].
_____. Morfologia e sintaxe. In: *Dispersos de J. Mattoso Câmara Jr*. Sel. e introd. por Carlos Eduardo Falcão Uchôa. Rio de Janeiro: Fundação Getúlio Vargas, 1972a, pp. 9-14.
_____. Considerações sobre o gênero em português. In: *Dispersos de J. Mattoso Câmara Jr*. Sel. e introd. por Carlos Eduardo Falcão Uchôa. Rio de Janeiro: Fundação Getúlio Vargas, 1972b, pp. 115-29.
_____. *Princípios de linguística descritiva*. Petrópolis: Vozes, 1973 [1. ed. 1971].
_____. *Dicionário de filologia e gramática referente à língua portuguesa*. 5. ed. Rio de Janeiro: J. Ozon, 1973a.
_____. *Princípios de linguística geral*: como introdução aos Estudos Superiores de Língua Portuguesa. 4. ed. revista e aumentada. Rio de Janeiro: Acadêmica, 1973b.
_____. *História da Linguística*. Trad. Maria do Amparo Barbosa de Azevedo. Petrópolis: Vozes, 1975.
_____. *Introdução às línguas indígenas brasileiras*. Rio de Janeiro: Ao Livro Técnico, 1977 [1. ed. 1965].
CARSTAIRS-MCCARTHY, Andrew. *Current Morphology*. London/New York: Routledge, 1992.
CARVALHO, Joaquim Brandão de. "Phonological Conditions on Portuguese Clitic Placement: On Syntactic Evidence for Stress and Rhythmical Patterns". *Linguistics*. 29, 1989, pp. 405-36.
CASTILHO, Ataliba T. de. *Nova gramática do português brasileiro*. São Paulo: Contexto, 2010.
CHAFE, Wallace. Information Flow in Speaking and Writing. In: DOWNING, Pamela; LIMA, Susan; NOONAN, Michael (Eds.). *The Linguistics of Literacy*. Amsterdam: John Benjamins, 1992, pp. 17-30.
CHATELAIN, Héli. "Bantu Notes and Vocabularies. n. 1. The Language of the Bashi-Lange and Ba-Luba". *Journal of the American Geographical Society of New York*. 25, 1893, pp. 512-541. Disponível em: <http://www.jstor.org/stable/197054?seq=1#page-scan-tab-contents>.
CHOMSKY, Noam. *Current Issues in Linguistic Theory*. The Hague: Mouton, 1970 [1. ed. 1964].
_____. Remarks on Nominalization. In: *Studies on Semantics in Generative Grammar*. Mouton: The Hague, pp. 11-61, 1972 [1. ed. 1970].
_____. *Syntactic Structures*. The Hague: Mouton, 1975 [1. ed. 1957].
_____. *Aspectos da teoria da sintaxe*. Trad. J. A. Meireles e E. P. Raposo. Coimbra: Arménio Amado, 1975 [1. ed. 1965].
CINTRA, Luís Felipe Lindley. *Sobre "formas de tratamento" na língua portuguesa (Ensaios)*. Lisboa: Livros Horizonte, 1972 [1. ed. 1967].
CLARK, Eve V. *The Lexicon in Acquisition*. Cambridge: Cambridge University Press, 1993.
_____. Morphology in Language Acquisition. In: SPENCER, Andrew; ZWICKY, Arnold (Eds.). *The Handbook of Morphology*. Oxford: Blackwell, 1998, pp. 374-389.
COMRIE, Bernard (Ed.). *The World's Major Languages*. New York/Oxford: Oxford University Press, 1990.
_____; MATTHEWS, Stephen; POLINSKY, Maria (Eds.). *The Atlas of Languages*: the Origin and Development of Languages Throughout the World. New York: Facts on File, Inc., 1996.
CONTO, Luana de. *Gramática na antiguidade tardia*: Prisciano e sua Institutio de nomine et pronomine et verbo. Curitiba, 2011. Dissertação (Mestrado) – Universidade Federal do Paraná.
CORBETT, Greville. *Gender*. Cambridge: Cambridge University Press, 1991.
_____. Morphology and Agreement. In: SPENCER, Andrew; ZWICKY, Arnold (Eds.). *The Handbook of Morphology*. Oxford: Blackwell, 1998, pp. 191-205.
CRYSTAL, David. *The Cambridge Encyclopedia of Language*. Cambridge: Cambridge University Press, 1987.
_____. *An Encyclopedic Dictionary of Language and Languages*. London: Penguin. 1992.
CUNHA, Celso. *Gramática da língua portuguesa*. Rio de Janeiro: MEC/Fename, 1972.
CUTLER, Anne. Segmentation Problems, Rhythmic Solutions. In: GLEITMAN, Lila; LANDAU, Barbara (Eds.). *The Acquisition of the Lexicon*. Cambridge: MIT Press, 1994, pp. 81-104.
DANIELS, Peter T. The History of Writing as a History of Linguistics. In: ALLAN, Keith (Ed.). *The Oxford Handbook of the History of Linguistics*. Oxford: Oxford University Press, 2013, pp. 53-69.
DASCAL, Marcelo; BORGES NETO, José. "De que trata a linguística, afinal?". *Histoire Épistémologie Langage*. 13(1), 1991, pp. 13-50.
DARWIN, Charles. *The Descent of Man*. In: WILSON, Edward O. (Ed.). *From so Simple a Beginning*. The Four Great Books of Charles Darwin. Edited, with introduction by E. O. Wilson. New York/London: W. W. Norton & Co., 2006, pp. 767-1248 [1. ed. 1871].

DAVIES, Anna Morpurgo. *Nineteenth-Century Linguistics*. In: LEPSCHY, Giulio (Ed.). *History of Linguistics*. Volume IV. London: Longman, 1998.
DERBYSHIRE, Desmond C. *Hixkaryana and Linguistic Typology*. Dallas: SIL. 1985.
DIAS, Pedro. *Arte da lingva de Angola, oeferecida [sic] a Virgem Senhora N. do Rosario, Māy, & Senhora dos mesmos Pretos*. Lisboa: Officina de Miguel Deslandes, 1697. [Edição fac-similar: Rio de Janeiro: Fundação Biblioteca Nacional, 2006. Edições eletrônicas disponíveis em: <http://www.archive.org/details/artedalinguadean00dias> e <http://www.archive.org/details/artedalinguadean00dias>].
DIMMENDAAL, Gerrit J. *Historical Linguistics and Comparative Study of African Languages*. Amsterdam/Philadelphia: John Benjamins, 2011.
DIRINGER, David. *A escrita*. Trad. A. Luiz. Lisboa: Verbo, 1985.
DI SCIULLO. Anna Maria; WILLIAMS. Edwin. *On the Definition of Word*. Cambridge: MIT Press, 1987.
DIXON, Robert M. W. "Where Have All the Adjectives Gone?". *Studies in Language*. 1(1), 1977, pp. 19-80.
_____. *Basic Linguistic Theory*. Oxford: Oxford University Press, 2010, 3 v.
DOKE, C. M. *Bantu Linguistic Terminology*. London: Longmans, Green and Company, 1935.
_____. "Early Bantu Literature – the Age of Brusciotto". *African Studies*. 18:2, 1959, pp. 49-67.
DONATUS. *Ars Grammatica*. In: KEIL. Heinrich (Ed.). *Grammatici Latini*. v. 4. Leipzig: B. G. Teubner, 1864.
ENGLER. Rudolf. "Sous l'égide de l'histoire (Les métamorphoses d'un terme et ses enjeux théoriques dans la constitution d'une science linguistique au XIXe siècle)". *Langue Française*. 48, 1980, pp. 100-12.
EVERETT, Daniel. Wari´ (Amazonian). In: SPENCER, Andrew; ZWICKY, Arnold (Eds.). *The Handbook of Morphology*. Oxford: Blackwell, 1998, pp. 690-706.
_____; KERN, Barbara. *Wari´*. London/New York: Routledge, 1997.
FÁBREGAS. Antonio; SCALISE. Sergio. *Morphology*: from Data to Theories. Edinburgh: Edinburgh University Press, 2012.
FERNANDES, Gonçalo. "Primeiras descrições das línguas africanas em língua portuguesa". *Confluência*. 49, 2015, pp. 43-67.
FREIRE, António. *Gramática latina*. Braga: Livraria Apostolado da Imprensa, 1987.
_____. *Gramática grega*. São Paulo: Martins Fontes, 1997.
GLEASON Jr., H. A. *Workbook in Descriptive Linguistics*. New York: Holt, Rinehart & Winston, 1955.
_____. *Introdução à linguística descritiva*. Trad. J. Pinguelo. Lisboa: Calouste Gulbenkian, 1978 [1. ed. 1961].
GÓES, Carlos. *Diccionario de affixos e desinências*. Rio de Janeiro: Francisco Alves, 1938 [1. ed. 1937].
GONÇALVES. Carlos Alexandre. "Usos morfológicos: os processos marginais de formação de palavras em português". *Gragoatá*. 21, 2006, pp. 219-241.
_____. *Iniciação aos estudos morfológicos*: flexão e derivação em português. São Paulo: Contexto, 2011.
_____. "Atuais tendências em formação de palavras no Português Brasileiro". *Signum: Estudos Linguísticos*. 15(1), 2012, pp. 169-199.
GRAY. Russel D.; ATKINSON. Quentin D.; GREENHILL. Simon J. "Language Evolution and Human History: What a Difference a Date Makes". *Philosophical Transaction of the Royal Society B*. 366, 2011, pp. 1090-100.
GREENBERG, Joseph H. Some Universals of Grammar with Particular Reference to the Order of Meaningful Elements. In: DENNING, Keith; KEMMER, Suzanne (Eds.). *On Language*: Selected Writings of Joseph H. Greenberg. Stanford: Stanford University Press, 1963, pp. 40-70.
_____. *Language Typology*: an Historical and Analytic Overview. The Hague: Mouton, 1974.
GRIMES, Barbara (Ed.). *Ethnologue*: Languages of the World. Dallas: SIL, 1996
GRONDEUX. Anne. "*Corpus dicitur quidquid videtur et tangitur*: Origins and Implications of a Definition". *Voces*. 14, 2003, pp. 35-76. Disponível em: <http://revistas.usal.es/index.php/1130-3336/article/viewFile/5480/5518>.
GUINDASTE, Reny Maria Gregolin. *Agramatismo*: um estudo de caso em português. Campinas, 1996. Tese (Doutorado) – Universidade Estadual de Campinas.
HALLE. Morris. "Prolegomena to a Theory of Word Formation". *Linguistic Inquiry*. 4, 1973, pp. 3-16.
HAMMOND. Michael; NOONAN. Michael. Morphology in the Generative Paradigm. In: HAMMOND. Michael; NOONAN. Michael (Eds.). *Theoretical Morphology*: Approaches in Modern Linguistics. San Diego: Academic Press, 1988, pp. 1-19.
HANLON, Robert E.; EDMONDSON, Jerold. "Disconnected Phonology: A Linguistic Analysis of Phonemic Jargon Aphasia". *Brain and Language*. 55, 1996, pp. 199-212.
HARRIS, Zellig. Morpheme Alternants in Linguistics Analysis. In: JOOS, Martin (Ed.). *Readings in Linguistics I*: the Development of Descriptive Linguistics in America (1925-56). Chicago: University of Chicago Press, 1966, pp. 109-15 [1. ed. 1942].
_____. From Morpheme to Utterance. In: JOOS, Martin (Ed.). *Readings in Linguistics I*: the Development of Descriptive Linguistics in America 1925-56. Chicago: University of Chicago Press, 1966, pp. 142-53

[1. ed. 1946].
HAUGEN, Einar. Directions in Modern Linguistics. In: JOOS, Martin (Ed.). *Readings in Linguistics I*: the Development of Descriptive Linguistics in America 1925-56. Chicago: University of Chicago Press, 1966, pp. 357-63 [1. ed. 1951].
HERVÁS, Lorenzo. *Idea dell'Universo, che contiene la Storia della vita dell'uomo, Elementi cosmografici, Viaggio estático al mondo planetário e Storia della Terra. Tomo XV; Tomo XVI: Storia dela Terra*. Cesena: Gregorio Biasini, 1783-1784.
_____. *Saggio pratico delle lingue*. Cesena: Gregorio Biasini, 1787. Disponível em: <https://archive.org/details/saggiopraticode00hervgoog>.
HOCKETT, Charles. *A Course in Modern Linguistics*. New York: MacMillan, 1958.
_____. A System of Descriptive Phonology. In: JOOS, Martin (Ed.) *Readings in Linguistics I*: the Development of Descriptive Linguistics in America 1925-56. Chicago: University of Chicago Press, 1966, pp. 97-108 [1. ed. 1942].
_____. Problems of Morphemic Analysis. In: JOOS, Martin (Ed.) *Readings in Linguistics I*: The Development of Descriptive Linguistics in America 1925-56. Chicago: The University of Chicago Press, 1966, pp. 229-42 [1. ed. 1947].
_____. A Note on 'Structure'. In: JOOS, Martin (Ed.) *Readings in Linguistics I*: The Development of Descriptive Linguistics in America 1925-56. Chicago: The University of Chicago Press, 1966, pp. 279-80 [1. ed. 1948].
_____. Two Models of Grammatical Description. In: JOOS, Martin (Ed.) *Readings in Linguistics I*: The Development of Descriptive Linguistics in America 1925-56. Chicago: The University of Chicago Press, 1966, pp. 386-99 [1. ed. 1948].
HOVDHAUGEN, Even. *Foundations of Western Linguistics*. Oslo: Universitetsforlaget, 1984 [1. ed. 1982].
ILARI, Rodolfo et al. Considerações sobre a posição dos advérbios. In: CASTILHO, Ataliba Teixeira (Org.). *Gramática do Português Falado*. Volume I: a ordem. Campinas: Unicamp/Fapesp, 1991, pp. 63-141.
ISIDORO. *The Etymologies of Isidore of Seville*. Trad. Stephen A. Barney, W. J. Lewis, J. A. Beach, Oliver Berghof. Cambridge: Cambridge University Press, 2006.
JACQ, Christian. *Fascinating Hieroglyphics*: Discovering, Decoding & Understanding the Ancient Art. New York: Sterling, 1994.
JACKENDOFF, Ray. "Morphological and Semantic Regularities in the Lexicon". *Language*. 51, 1975, pp. 639-71.
JAHN, Ilse. L'Ottocento – Biologia: Le origini della morfologia in Germania. In: *L'Enciclopedia Italiana*, 2012. Disponível em: <http://www.treccani.it/enciclopedia/l-ottocento-biologia-le-origini-della-morfologia-in-germania–(Storia-della-Scienza)/>.
JANKOWSKY, Kurt R. Comparative, Historical, and Typological Linguistics Since the Eighteenth Century. In: ALLAN, Keith (Ed.). *The Oxford Handbook of the History of Linguistics*. Oxford: Oxford University Press, 2013, pp. 635-54.
JENSEN, John T. *Morphology*: Word Structure in Generative Grammar. Amsterdam: John Benjamins, 1990.
_____; STONG-JENSEN, Margaret. "Morphology is in the Lexicon!". *Linguistic Inquiry*. 15(3), 1984, pp. 474-98.
JOOS, Martin. Description of Language Design. JOOS, Martin (Ed.) *Readings in Linguistics I*: The Development of Descriptive Linguistics in America 1925-56. Chicago: University of Chicago Press, 1966, pp. 349-56 [1. ed. 1950].
_____ (Ed.). *Readings in Linguistics I*: The Development of Descriptive Linguistics in America 1925-56. Chicago: University of Chicago Press, 1966 [1. ed. 1957].
JONES, William. The Third Anniversary Discourse, on the Hindus, Delivered 2d of February, 1786. In: *The Works of Sir William Jones in Six Volumes*. v. 1. London: G. G. and J. Robinson, Pater-Noster-Row and R. H. Evans, 1799 [1. ed. 1786].
JOSEPH, Brian D. Diachronic Morphology. In: SPENCER, Andrew; ZWICKY, Arnold (Eds.). *The Handbook of Morphology*. Oxford: Blackwell, 1998, pp. 351-73.
KAGEYAMA, Taro. "Word Formation in Japanese". *Lingua*. 57, 1982, pp. 215-58.
KATAMBA, Francis. *Morphology*. Houndmills/London: Macmillan, 1993.
KEIL, Heinrich. *Grammatici Latini*. G. B. Teubner: Leipzig, 1855-1880, 8 v.
KESTLER, Izabela Maria Furtado. "Johann Wolfgang von Goethe: arte e natureza, poesia e ciência". *História, Ciência, Saúde-Manguinhos*. 13, suppl.: 39-54, 2006. Disponível em: <http://dx.doi.org/10.1590/S0104-59702006000500003>.
KILBURY, James. *The Development of Morphophonemic Theory*. Amsterdam: John Benjamins, 1976.
KINKADE, M. Dale. "Salish Evidence Against the Universality of 'Noun' and 'Verb'". *Lingua*. 60, 1983, pp. 25-40.

KHEDI, Valter. *Morfemas do português*. São Paulo: Ática, 1993 [1. ed. 1990].
KLAVANS, Judith L. *Some Problems in a Theory of Clitics*. Bloomington: Indiana University Linguistics Club, 1982.
LALLOT, J. Introduction. In: DIONÍSIO DA TRÁCIA. *La grammaire de Denys le Thrace traduite et annotée par Jean Lallot*. Paris: CNRS Editions, 2003. pp. 13-40.
_____. Dionysius Thrax and Hellenistic Language Scholarship. In: BROWN, Keith (Ed.). *Encyclopedia of Language & Linguistics*. v. 4. 2. ed. Boston: Elsevier, 2006, pp. 598-600.
LAST, Joseph Thomas. *Polyglotta Africana Orientalis or, a Comparative Collection of Two Hundred and Fifty Words and Sentences in Forty-Eight Languages and Dialects Spoken South of the Equator*. London: Society for Promoting Christian Knowledge, 1885.
LAW, Vivien. *Grammar and Grammarians in the Early Middle Ages*. London: Longman, 1997.
_____. *The History of Linguistics in Europe*: From Plato to 1600. Cambridge: Cambridge University Press, 2003.
LEES, Robert B. "The Grammar of English Nominalization". *International Journal of American Linguistics*. 26(3), 1960, parte II.
LEITE, Yonne. "A gramática de Anchieta: 500 anos de língua tupi". *Ciência Hoje*. 28(163), 2000, pp. 42-7. Disponível em: < http://www.etnolinguistica.org/artigo:leite-2000>.
LENOIR, Timothy. *The Strategy of Life*: Teleology and Mechanics in Nineteenth Century German Biology. Dordrecht/Boston/London: D. Reidel Publishing Co., 1982.
LIMA, Carlos Henrique da Rocha. *Gramática normativa da língua portuguesa*. Curso médio. 11 ed. Rio de Janeiro: F. Briguiet & Cia., 1965.
LINDNER, Thomas. Word-Formation in Historical-Comparative Grammar. In: MÜLLER, Peter O.; OHNHEISER, Ingeburg; OLSEN, Susan; RAINER, Franz (Eds.). *Word-Formation*. An International Handbook of the Languages of Europe. v. 1. Berlin: De Gruyter Mouton, 2015, pp. 74-92.
LOUNSBURY, Floyd. The Method of Descriptive Morphology. In: JOOS, Martin, ed. 1957. *Readings in Linguistics I*: The Development of Descriptive Linguistics in America 1925-56. Chicago: The University of Chicago Press, 1966, pp. 379-385. [1. ed. 1953].
LUHTALA, Anneli. Grammar as a Liberal Art in Antiquity. In: KIBBEE, Douglas A. (Ed.). *History of Linguistics 2005*: Selected Papers from the Tenth International Conference on the History of the of the Language Sciences (ICHOLS X), 1–5 September 2005, Urbana-Champaign/Amsterdam: John Benjamins, 2005, pp. 67-79.
MACHADO, José Pedro. *Dicionário etimológico da língua portuguesa com a mais antiga documentação escrita e conhecida de muitos dos vocábulos estudados*. 2. ed. Lisboa/São Paulo: Confluência/Horizonte, 1967, 3 v.
MALLORY, J. P.; ADAMS, D. Q. *The Oxford Introduction to Proto-Indo-European and the Proto-Indo-European World*. Oxford: Oxford University Press, 2006.
MARANTZ, Alec. "No Escape from Syntax: Don't Try Morphological Analysis in the Privacy of Your Own Lexicon". *University of Pennsylvania Working Papers in Linguistics*. 4(2), 1997, pp. 201-225. Disponível em: <https://repository.upenn.edu/cgi/viewcontent.cgi?article=1795&context=pwpl>.
MARTINHO, Marcos. "Dionisio da Trácia". *Arte. Letras Clássicas*. 11, 2007, pp. 153-79. Disponível em: <http://www.revistas.usp.br/letrasclassicas/article/view/82556/85531>.
MATTHEWS, P. H. *Inflectional Morphology*: a Theoretical Study Based on Aspects of Latin Verb Conjugation. Cambridge: Cambridge University Press, 1972.
_____. *Morphology*. An Introduction to the Theory of Word-Structure. Cambridge: Cambridge University Press, 1974.
_____. *Morphology*. An Introduction to the Theory of Word-Structure. 2. ed. Cambridge: Cambridge University Press, 1991.
_____. Greek and Latin Linguistics. In: LEPSCHY, Giulio (Ed.). *History of Linguistics*: Classical and Medieval Linguistics. London /New York: Longman, 1994, pp. 1-133.
_____. *The Concise Oxford Dictionary of Linguistics*. Oxford/New York: Oxford University Press, 1997.
MORELAND, F. L.; FLEISCHER, R. M. *Latin*: an Intensive Course. Berkeley: University of California Press, 1977.
MOSELEY, Christopher. *Atlas of the World's Languages in Danger*. 3 ed. Paris, Unesco Publishing. Disponível em: <http://www.unesco.org/new/en/culture/themes/endangered-languages/atlas-of-languages-in-danger/>.
MUGDAM, Joachim. On the History of Linguistic Terminology. In: NIEDEREHE, Hans-Josef; KOERNER, E. F. K. (Eds.). *History and Historiography of Linguistics*: Proceedings of the Fourth International Conference on the History of the Language Sciences (ICHoLS IV), Trier, 24–28 August 1987. Volume 1: Antiquitity–17th Century. Amsterdam: John Benjamins, 1990, pp. 49-61.
MÜHLHÄUSLER, Peter. *Growth and Structure of the Lexicon of New Guinea Pidgin*. Canberra: The Australian National University, 1984 [1. ed. 1979].

MÜLLER, Max. *Lectures on the Science of Language*. Delivered At The Royal Institution of Great Britain In April, May, and June, 1861. New York: Charles Scribner, 1862 [1. ed. 1861].

_____. *Lectures on the Science of Language*. Delivered At The Royal Institution of Great Britain In February, March, April, and May, 1863. London: Longan, 1864 [1. ed. 1863]. Disponível em: <https://ia802700.us.archive.org/28/items/s2lecturesonscie02mluoft/s2lecturesonscie02mluoft–bw.pdf>.

_____. *Three Lectures on the Science of Language, Delivered at the Oxford University Extension Meeting, with a Supplement My Predecessors*. Chicago: Open Court Pub. Co., 1882. Disponível em: <https://archive.org/details/threelecturesons00mulliala>.

NEBRIJA, Elio Antonio de. *Grammatica castellana*. Salamanca: [s.e.], 1492.

NIDA, Eugene. *Morphology*: The Descriptive Analysis of Words. Ann Arbor: University of Michigan Press, 1949.

NUNBERG, Geoffrey. *The Linguistics of Punctuation*. Stanford: Center for the Study of Language and Information, 1990.

NUNES, Jairo. "Directionality of Cliticization, Distribution of Clitics, and Null Objects in Brazilian Portuguese", 1992. Manuscrito.

O'NEILL, Paul. Lexicalism, the Principle of Morphology-free Syntax and the Principle of Syntax-free Morphology. In: HIPPISLEY, Andrew; STUMP, Gregory (Eds.). *The Cambridge Handbook of Morphology*. Cambridge: Cambridge University Press, 2016, pp. 237-71.

OITICICA, José. *Manual de análise* (léxica e sintática). Rio de Janeiro: Francisco Alves, 1958.

PADLEY, G. A. *Grammatical Theory in Western Europe. 1500-1700*. Trends in Vernacular Grammar I. Cambridge: Cambridge University Press, 1985.

PALMER, F. R. *Grammatical Roles and Relations*. Cambridge: Cambridge University Press, 1994.

PASSALACQUA, Marina. Priscian's Institutio de Nomine et Pronomine et Verbo in the Ninth Century. In: LAW, Vivien (Ed.). *History of Linguistic Thought in the Early Middle Ages*. Amsterdam: John Benjamins, 1993, pp. 193-204.

PASTRANA, Juan de. *Grammatica Pastranae*. Thesaurus Pauperum siue Speculum Puerorum. Coment. Petrus Rombus. Lisboa: Valentim Femandes, 1497.

PAYNE, Thomas E. *Describing Morphosyntax*: a Guide for Field Linguistics. Cambridge: Cambridge University Press, 1997.

PAUL, Hermann. *Princípios fundamentais da História da Língua*. Trad. Maria Luisa Schemann. Lisboa: Fundação Calouste Gulbenkian, 1966 [1. ed. 1880].

PAZ, Francisco da. *Compendio dos principios da grammatica hebraica, no qual se explicão breve, e claramente as regras fundamentaes desta lingua*. Coimbra: Real Imprensa da Universidade, 1826 [1. ed. 1773].

PEETERS, Bert. "Encore une foie 'où tout se tient'". *Historiographia Linguistica*. 17(3): 1990, pp. 427-36. Disponível em: <http://www.academia.edu/5892022/Encore–une–fois–o%C3%B9–tout–se–tient–>.

PEREIRA, Eduardo Carlos. *Gramática expositiva* – Curso superior. 112. ed. São Paulo: Cia. Ed. Nacional, 1958 [1. ed. 1918].

PEREIRA, Pamela Alves. *Para uma distinção entre radical e prefixo*: será não-composto um composto ou um derivado? Rio de Janeiro: UFRJ/ Programa de Pós-Graduação em Linguística, 2006.

PERFEITO, Abílio Alves. *Gramática de grego*. Porto: Porto Editora, s.d.

PETTER, Margarida (Org.). *Introdução à linguística africana*. São Paulo: Contexto, 2015.

PONTES, Eunice. *Estrutura do verbo no português coloquial*. Belo Horizonte: UFMG, 1965. Versão revisada da tese de Mestrado "Sistema Flexional do Verbo Português", defendida na Universidade de Brasília em junho de 1965 para obtenção do grau de Mestre em Letras. Disponível em: <https://archive.org/details/ERIC–ED030873>.

PORTUGAL. Comissão Nacional para as Comemorações dos Descobrimentos Portugueses/CNCDP. *A galáxia das línguas na época da Expansão*. Nota prévia Maria Leonor Carvalhão Buescu. Lisboa: CNCDP, 1992.

PLATÃO. *Teeteto*. Crátilo. Trad. Carlos Alberto Nunes. 3. ed. rev. Belém: EDUFPA, 2001.

_____. *Theaethetus*. Sophist with an English Translation. Trad. Harold North Fowler. Cambridge/London: Harvard University Press/William Heinemann, 1961.

PRISCIANO. *Institutio de Nomine et Pronomine et Verbo*. In: KEIL, Heinrich. *Grammatici Latini*. v. 3. G. B. Teubner: Leipzig, 1855-1880, pp. 441-56.

QUINTILIANO, Marcos Fábio. *Instituição oratória*. Trad. e notas Bruno F. Basseto. Campinas: Editora da Unicamp, 2015, 4 v.

QUIRK, Randolph et al. *A Grammar of Contemporary English*. London: Longman, 1987 [1. ed. 1972].

REBOREDO, Amaro de. *Methodo grammatical para todas as linguas*. Lisboa: Pedro Craesbeck, 1619.

RENOU, Louis. *Grammaire sanscrite*. Tomes I et II réunis. 12eme éd. revue, corr. et augm. Paris: Librairie d'Amérique et d'Orient, 1984.

REIS, Maria Carolina Ferreira. *Sintagmas adjetivais e sintagmas nominais em função adverbial*: a questão dos traços de concordância. Belo Horizonte, 1997. Dissertação (Mestrado) – Universidade Federal de Minas Gerais.

REIS, Otelo. *Breviário da conjugação dos verbos da língua portuguesa*. Rio de Janeiro: Livraria Francisco Alves, 1965.

RIBEIRO, Ernesto Carneiro. *Serões grammaticaes ou Nova grammatica portugueza*. Salvador: Livraria Progresso, 1955 [1. ed. 1890].

ROBINS, R. H. "In Defence of WP". *Transactions of the Philological Society*. 1959, pp. 116-44.

_____. *Pequena história da linguística*. Trad. Luiz Martins Monteiro de Barros. Rio de Janeiro: Ao Livro Técnico, 1979 [1. ed. 1967].

ROCHA, Luiz Carlos de Assis. *Flexão e derivação no português*. Belo Horizonte: NAPq/Fale/UFMG. 1994.

_____. *Estruturas morfológicas do português*. Belo Horizonte: UFMG. 1998.

ROCHA, Fabiane de Mello Vianna da; BRANDÃO, Silvia Figueiredo. "Vogais médias pretônicas na Fala da Região Sudeste: um panorama geo-sociolinguístico". *Signum: Estudos Linguísticos*. 18(1), 2015, pp. 333-64.

RONCAGLIA, A. *Principi e applicazioni di critica testuale*. Roma: Bulzoni, 1974-5.

ROSA, Maria Carlota. "Um exemplo de descrição pedagógica no século XVIII: o *Specimen Linguae Brasilicae Vulgaris* e a tradição jesuítica de ensino de segunda língua". *Terceira Margem*. 2(2), 1994a, pp. 181-89.

_____. *Pontuação e sintaxe em impressos portugueses renascentistas*. Rio de Janeiro, 1994b. Tese (Doutorado) – Universidade Federal do Rio de Janeiro.

_____. "Uma coleção gramatical setecentista". *Revista de Estudos da Linguagem*. 9, 2000, pp. 17-49.

_____. "Era uma vez uma gramática que não tinha morfologia". *Diadorim*. v. especial, 2013, pp. 25-38.

_____. Refletindo a tradição gramatical: a letra numa "arte de ler" de Quinhentos. In: OSÓRIO, Paulo; SIMÕES. Darcilia; ROSA. Maria Carlota (Orgs.). *Da constituição histórica do português ao seu ensino*. Estudos de Linguística Portuguesa. Rio de Janeiro: Dialogarts/Ailp (Associação Internacional de Linguística do Português), 2017.

_____; ABREU, Katia. *Gramática(s) e discurso(s)*: morfologia, no prelo.

_____; SAÚDE, Simone C. L.; ABREU, Kátia. "Combinações de sufixos e produtividade". *Lusorama*. 73-74, 2008, pp. 50-93.

ROSENSTOCK, Gabriel. *Beginner's Irish*. New York: Hippocrene Books, 2005.

SALMON, Paul. The Term Morphology . In: BOOIJ, Geert et al. (Eds.). *Morphologie/Morphology*. Ein internationales Handbuch zur Flexion und Wortbildung/An International Handbook on Inflection and Word Formation. v. 1. Berlin: De Gruyter, 2000. 2 v.

SANDMANN, Antônio José. *Formação de palavras no português brasileiro contemporâneo*. Curitiba: Scientia et Labor/Ícone, 1989.

_____. *Morfologia lexical*. São Paulo: Contexto, 1992.

SAPIR, Edward. *A linguagem*: introdução ao estudo da fala. Trad. J. M. Câmara Jr. Rio de Janeiro: Acadêmica, 1971 [1. ed. 1921].

_____. SWADESH, Morris. *Yana Dictionary*. Berkeley/Los Angeles: University of California Press, 1960.

SAUSSURE, Ferdinand de. *Curso de linguística geral*. Organizado por Charles Bally e Albert Sechehaye com a colaboração de Albert Riedilinger . Trad. A. Chelini, J. P. Paes e I. Blikstein. São Paulo: Cultrix, 1972 [1. ed. 1916].

_____. *Cours de linguistique générale*. Édition critique par T. de Mauro. Paris: Payot, 1980 [1. ed. 1916].

SCALISE, Sergio; GUEVARA. Emiliano. The Lexicalist Approach to Word-Formation and the Notion of Lexicon. In: ŠTEKAUER, Pavol; LIEBER, Rochelle (Eds.). *Handbook of Word-Formation*. Dordrecht: Springer, 2005, pp. 147-87.

SCHACHTER, Paul. Parts-of-Speech Systems. In: SHOPEN, Timothy (Ed.). *Language Typology and Syntactic Description*. v. 1. Cambridge: Cambridge University Press, 1985, pp. 3-61.

SCHLEICHER, August. "Morphologie der Sprache". *Mémoires de l'Académie Impériale des Sciences de St.-Pétersbourg*. VIIe série, tome I, n. 7, 1859.

_____. *A Compendium of the Comparative Grammar of the Indo-European, Sanskrit, Greek and Latin Languages*. Trad. Herbert Bendall. London: Trübner & Co., 1874 [1. ed. 1861]. 2 v.

_____. *La théorie de Darwin et la Science du Langage/De l'importance du langage pour l'Histoire Naturelle de l'homme*. Trad. M. de Pommayrol. In: *Recueil de travaux originauxou traduits relatifs a la Philologie & a l'Histoire Littéraire avec un avant-propos de M. Michel Bréal*. Paris: A. Franck, 1868 [1. ed. 1863/1864].

SEPPÄNEN, Minna. *Defining the Art Of Grammar*: Ancient Perceptions of γραμματική and Grammatica. Turku: University of Turku, 2014. Disponível em: <http://www.doria.fi/handle/10024/94624?show=full>.

SERGIUS. De Littera, de Syllaba, de Pedibus, de Accentibus, de Distinctiones Commentarius. Explanationes Artis Donati. In: KEIL, Heinrich (Ed.). *Grammatici Latini*. v. 4. Leipzig: B. G. Teubner.

SEXTO EMPÍRICO. *Contra os gramáticos*. Ed. bilíngue. Trad. R. Huguenin e R. P. de Brito; apresentação A. P. G. El-Jaick, F. da Silva Foretes; comentários Aldo Lopes Dinucci [et al.]. São Paulo: Ed. Unesp, 2015.
SERVIUS. *Servii Commentarius in Artem Donati*. In: KEIL, Heinrich (Ed.). *Grammatici Latini*. v. 4. Leipzig: B. G. Teubner. 1864.
SIL. *Glossary of Linguistic Terms*. Disponível em: <https://glossary.sil.org>.
SILVA, Antônio de Moraes. *Diccionario da lingua portugueza*. Lisboa: Typographia Lacerdina, 1858. 2 v.
SILVA, Maria Cristina Figueiredo; MEDEIROS, Alessandro Boechat de. *Para conhecer morfologia*. São Paulo: Contexto, 2016.
SILVA-CORVALÁN, Carmen. *Sociolingüística*: teoría y análisis. Madri: Alhambra, 1989.
SNYDER, Laura J. William Whewell. In: ZALTA, Edward N. (Ed.). *The Stanford Encyclopedia of Philosophy (Winter 2017 Edition)*, 2017. Disponível em: <https://plato.stanford.edu/archives/win2017/entries/whewell/>.
SPENCER, Andrew. *Morphological Theory*. Oxford: Basil Blackwell, 1991.
_____. *Phonology*. Oxford: Blackwell, 1996.
_____; ZWICKY, Arnold (Eds.). *The Handbook of Morphology*. Oxford: Blackwell, 1998.
ŠTEKAUER, Pavol; VALERA, Salvador; KÖRTVÉLYESSY, Lívia. *Word-Formation in the World's Languages*: A Typological Survey. Cambridge: Cambridge University Press, 2012.
STUMP, Gregory T. Inflection. In: SPENCER, Andrew; ZWICKY, Arnold (Eds.). *The Handbook of Morphology*. Oxford: Blackwell, 1998, pp. 13-43.
SWADESH, Morris. "The Phonemic Principle". *Language*. 10(2), 1934, pp. 117-29.
SWIGGERS, Pierre. Comparatismo e grammatica comparata: tipologia linguistica e forma grammaticale. In: MAURO, Tullio de; FORMIGARI, Lia (Eds.). *Leibniz, Humboldt, and the Origins of Comparativism*. Amsterdam/Philadelphia: John Benjamins, 1990, pp. 281-300.
TAYLOR, Daniel J. *Declinatio*: A Study of the Linguistic Theory of Marcus Terentius Varro. Amsterdam: John Benjamins, 1974.
_____. Classical Linguistics: an Overview. In: KOERNER, E. F. K.; ASHER, R. E. (Eds.). *Concise History of the Language Sciences*: From the Sumerians to the Cognitivsts. s.l.: Pergamon, 1995, pp. 83-90.
_____. Priscian's Pedagogy: A Critique of the Institutio de Nomine et Pronomine et Verbo. In KIBBEE, Douglas A. (Ed.). *History of Linguistics 2005*: Selected Papers from the Tenth International Conference on the History of the Language Sciences (ICHoLS X), 1–5 September 2005, Urbana-Champaign, Illinois. Amsterdam: John Benjamins, 2007, pp. 80-8.
THORP, John. "Standing up Falling Down: Aristotle and the History of Grammar". *Echos du Monde Classique/ Classical Views*. 33(8), 1989, pp. 315-31. Disponível em: <http://collections.mun.ca/PDFs/classjour/ClassicalViewsvol33no031989.pdf>.
TRAVAGLIA, Luiz Carlos. Sobre a produtividade da regra de formação de palavras [X]Adj ->[[X]Adj Sufixo] Subst. no português. In: *Anais do III Encontro Nacional de Linguística*. Rio de Janeiro: PUC-RJ, 1979, pp. 93-169.
TRENTMAN, J. A. Speculative Grammar and Transformational Grammar: A Comparison of Philosophical Presuppositions. In: PARRET, H. (Ed.). *History of Linguistic Thought and Contemporary Linguistics*. Berlin: Walter de Gruyter, 1976, pp. 279-301.
TUITE, Kevin. "Voltaire on Etymology". *Linguist List*. 5 Aug 2002. Disponível em: <http://listserv.linguistlist.org/pipermail/histling/2002-August/001561.html>.
VARRÃO, Marco Terêncio. *On the Latin Language*. Books VIII-X and Fragments. v. 2. Trad. Roland. G. Kent. Cambridge/London: Harvard University Press, 1993.
VASCONCELOS, Carolina Michaëlis de. *Lições de Filologia Portuguesa segundo as preleções feitas aos cursos de 1911/12 e de 1912/13 seguidas das Lições práticas de português arcaico*. Lisboa: Livraria Martins Fontes, 1911-1913.
VIARO, Mário Eduardo. *Etimologia*. São Paulo: Contexto, 2011.
VIEIRA, DOMINGOS. *Grande diccionario Portuguez; ou, Thesouro da lingua Portugueza*. v. 4. Porto: Ernesto Chardron & Bartholomeu H. de Moraes, 1871-1874. 5 v.
WELLS, Rulon. Immediate Constituents. In: JOOS, Martin (Ed.). *Readings in Linguistics I*: The Development of Descriptive Linguistics in America 1925-56. Chicago: University of Chicago Press, 1966, pp. 186-207. [1. ed. 1947].
WELLMON, Chad. Goethe's Morphology of Knowledge, or the Overgrowth of Nomenclature. In: PURDY, Daniel (Ed.). *Goethe Yearbook 17*. Rochester: Camden House, 2010, pp. 153-77.
ZWARTJES, Otto. *Portuguese Missionary Grammars in Asia, Africa and Brazil, 1550-1800*. Amsterdam: John Benjamins, 2011.

Índice de assuntos

Ablaut, v. apofonia
Acidência, 37, 151, 167
Acidente, 37, 38
Advérbio, 31, 189
Afixo, 44, 55, 65, 77, 79, 93, 96, 97, 107, 127, 138, 142, 143, 158, 169, 190
  circunfixo, 99, 190
  infixo, 97, 190
  prefixo, 48, 97, 99, 100, 113, 127, 131, 163, 165, 193
  sufixo, 97, 98, 99, 107, 109, 115, 116, 131, 142, 143, 148, 163, 170, 194
Alomorfe, 98, 100, 101, 102
  descontínuo, 98
  zero, 101, 143
Alomorfia, 104, 114
Argumento, 41, 137, 172, 173, 190
Artigo, 31, 41, 42, 192
Apofonia, 101, 190

Base, 78, 79, 97, 127, 156, 165, 190
Benefactivo, 98, 190
Biunivocidade, 107
Bloqueio, 82

Caso
  direto, 177
  oblíquo, 35, 42, 177
  reto, 35, 50
Categoria, 170, 177
  gramatical, 90, 151, 152, 171
  morfossintática, 171, 172

Categorização, 144
Classes
  abertas, 133, 143, 176, 190
  fechadas, 102, 143, 144, 190
  de palavras, 81, 136, 157, 167, 172, 176, 190
Clítico, 123, 125, 128, 138, 176, 191
Composicionalidade, 142, 191
Comunidade linguística, 68, 191
Comutação, v. substituição
Concordância
  alvo da concordância, 173
  controlador da concordância, 173
  v. propriedades de concordância
Conjunção, 31, 191
Constituinte imediato, 72, 93, 96, 117

Definitude, 176, 177, 192
Derivação
  como recurso descritivo, 94
Dimensão, 167, 169, 171, 172, 192
Dissecação, 55
Distribuição, 105, 106, 144, 157, 192
Distributivo, 125, 192

Expoente, 117, 132, 155, 156
Fonestemas, 108
Forma, 80
  de citação, 133
  de palavra, 42, 133
  dependente, 118, 128
  livre, 128, 133
  presa, 72, 128, 129

Formação prisciânica, 90, 91
Formativo, 74, 117
   de sintagma, 129

Gênero, 135, 136, 144

Hapax legomena, 113
hospedeiro, 129

Ideofone, 136, 192
Incorporação, 142
Índice temático, 156
Interjeição, 34, 140, 192

Leis, 55, 58, 192
Lexema, 133
Léxico, 77-83, 95, 132
   permanente, 80
   potencial, 80, 81

Metafonia, 101, 193

Morfe
   cranberry, v. *hapax legomena*
   cumulativo, 93, 94, 110
   portmanteau, v. morfe
cumulativo
   supérfluo, 108, 109
   vazio, 110
   zero, 93

Morfema
   aditivo, 96, 97, 103
   alternativo, 96, 98, 101
   reduplicativo, 99
   subtrativo, 96, 102
   zero, 93, 94, 96, 101, 116
Morfofonêmica, 107
Morfotática, 95, 106

Padrão geral, 92
Palavra
   existente, 115
   fonológica, 127
   gráfica, 122, 123, 124, 125
   morfossintática, 89, 133, 134, 142, 144, 152, 153, 172
   potencial, 80, 81
Produtividade, 81-82, 158, 162
Proposição, 31, 141

Raiz de formação, 91, 92

Separadores, 123-125
Substituição, 92
Supletivismo, 152, 154, 194

Tema, 48, 156

Umlaut, v. metafonia

Vogal temática, v. índice temático

A autora

Maria Carlota Rosa é Doutora em Letras (Linguística) pela Universidade Federal do Rio de Janeiro. É professora do Departamento de Linguística e Filologia, lecionando Linguística para o bacharelado em Letras, e do Programa de Pós-Graduação em Linguística (mestrado e doutorado) da Faculdade de Letras dessa mesma Universidade. É autora de obras publicadas no Brasil e no exterior, além de numerosos artigos e resenhas em periódicos nacionais e internacionais.